中美股票市场信息效率检验及内在机制研究

刘 捷 著

中国财经出版传媒集团
中国财政经济出版社

图书在版编目（CIP）数据

中美股票市场信息效率检验及内在机制研究／刘捷著．--北京：中国财政经济出版社，2022.3
 ISBN 978-7-5223-1087-9

Ⅰ.①中… Ⅱ.①刘… Ⅲ.①股票市场-对比研究-中国、美国 Ⅳ.①F832.51 ②F837.125

中国版本图书馆CIP数据核字（2022）第023176号

责任编辑：刘孺泾　　　　　　责任印制：张　健
策划编辑：刘孺泾　　　　　　责任校对：胡永立

中美股票市场信息效率检验及内在机制研究
ZHONGMEI GUPIAO SHICHANG XINXI XIAOLU JIANYAN JI NEIZAI JIZHI YANJIU

中国财政经济出版社 出版

URL: http://www.cfeph.cn
E-mail: cfeph@cfeph.cn

（版权所有　翻印必究）

社址：北京市海淀区阜成路甲28号　邮政编码：100142
营销中心电话：010-88191522
天猫网店：中国财政经济出版社旗舰店
网址：https://zgczjjcbs.tmall.com
北京富生印刷厂印刷　各地新华书店经销
成品尺寸：165mm×240mm　16开　22.75印张　300 000字
2022年3月第1版　2022年3月北京第1次印刷
定价：88.00元
ISBN 978-7-5223-1087-9
（图书出现印装问题，本社负责调换，电话：010-88190548）
本社质量投诉电话：010-88190744
打击盗版举报热线：010-88191661　QQ：2242791300

1965年，美国芝加哥大学金融学教授尤金·法玛发表了题为《股票市场价格行为》的博士毕业论文。1970年，法玛提出有效市场假说（Efficient Markets Hypothesis，EMH）。有效市场假说认为，在法律健全、功能良好、透明度高、竞争充分的股票市场上，一切有价值的信息已经及时、准确、充分地反映在股价走势当中，其中包括企业当前和未来的价值，除非存在市场操纵，否则投资者不可能通过分析以往价格获得高于市场平均水平的超额利润。

有效市场作为一种可以解释资本市场诸多现象的工具，从20世纪70年代开始提出以后广为流传。有效市场理论对于推动资本市场理论向前发展起到了里程碑式的作用。这一点已得到了世界范围内多数学者认可。但是该理论的合理性却始终受到理论界与实务界的质疑，在理论上面临检验难题。后来的行为金融学说等就是对有效市场假说最直接的挑战。法玛将有效市场假说成立的充分条件概括为：金融市场不存在交易成本；参与者可以无成本地获得所有可得信息；每个人都已掌握当前信息对于当前价格和未来价格分布的含义。但是，有学者指出如果所有市场信息都已反映到价格中，那么投资者进行套利的努力就是徒劳的，一旦套利行为消失，那么市场就不可能完全有效，这表明有效市场假说关于任何时点的价格都已充分反映所有可得信息的假设并不成立。

另外，以上三个假设显然都与下列现实状况不符合。根据信息学的理论：金融市场显然存在交易成本；参与者不能无成本地获取信息，尽管在互联网环境下获取成本已经大幅度降低，但是参与者受时间精力的限制不可能获取所有信息；每个人都掌握当前信息对于当前价格和未来价格分布的含义，这是最不可能的：首先，不同的人认知能力是不一样的，并非每个交易者都是金融学的博士；其次，并没有全能的公式告诉投资者对于一个信息究竟应当如何反映，即使是教科书也有不同的流派；最后，人的理解还是存在差异的，比如估值模型参数的选取。

以上假设可能只有到人工智能（AI）时代都由机器来投资才有可能实现，还要确保所有人工智能都必须使用同一个程序。即使如此，如果预期完全一致，就不会存在交易。既然在二级市场乃至一级市场不存在交易，那么如何买入股份、卖出股份或者实现股份转让呢？交易所也都不会存在了。

所以，从理论来看，有效市场几乎不可能存在，只有可能是通过有效的信息资源管理使得市场效率逐步提升接近有效市场。信息资源的有效管理主要体现在以下几个方面：信息的获取难度降低以及成本不断降低；投资者获取信息的数量和质量不断提升；机构投资者占比不断提升促使对价格反映的趋同度提升；未来量化交易、指数基金以及人工智能投资变得日益流行。一旦这些信息资源管理的条件得到满足，市场会逐渐趋近有效市场，却难以到达完全意义的有效市场。

有效市场的结论也和现实状况不符合：现实当中任何时候永远存在高收益的投资者和低收益的投资者，而且高收益投资者并不都是随机游走的，很多是长期持续的。在实践当中，有效市场理论不能够解释为什么巴菲特等能长期不断战胜市场，另外强有效乃至半强有效市场也没有得到好的验证；各种市场"异象"的存在（如封闭基金折价、低利率之谜以及收益公告后漂移等），也使有效市场假说不断受到质疑。

因此，对有效市场问题的研究具有深层次的理论和现实意义。

其理论意义在于：有效市场理论、资产组合理论以及衍生品定价理论，构成了现代金融经济学的三大基础，其中有效市场理论在其中起着核心作用，成为现代金融经济学大厦的基础。对有效市场理论进行研究，有助于促进金融经济学理论的发展。

此外，证券市场信息效率问题涉及三个关键的概念：信息、价值和价格。信息与价值（价格）的关系是现代金融领域内核心问题之一。信息是消除随机不确定性的东西；信息通过影响市场中投资者的决策行为，进而决定了价格的变动、收益率的差异化以及市场整体的波动情况。因此，研究有效市场假说对于信息管理学理论的完善和发展有一定帮助。

其现实意义在于研究中美股票市场的有效性，有助于投资者进行合理判断，采用正确的投资方法获取合理的回报率；有助于政府采取措施解决证券价格形成过程中在信息披露、信息传输、信息解读以及信息反馈各个环节所出现的问题，提高证券市场的有效性，促进市场健康发展。

从已经获得的文献来看，发达国家的市场基本实现了弱有效但是没有实现半强有效，发展中国家的股市弱有效和半强有效都没有实现。这些文献支持了有效市场当前在普遍意义上并不存在。同时，基本面价值投资的普遍成功说明了是可以有系统性的方法在长期实现投资成功。

既然有效市场理论不但在理论上存在难以解释的地方，也和实际脱节，那么探寻原因就很有意义。本书是在作者博士论文的基础上修订而成的。作者从信息学、信息经济学、信息管理学以及财务管理学等角度进行了深入的研究；从不同学科理论的角度探寻了市场并非有效的原因，进而从该学科的角度指出超额收益率可以存在的原因。进一步来说，正是由于信息技术的不断进步推动了经济的不断发展，所以信息产业的迭代速度和垄断性都大有增强。

具体来看，创新和科技的传递有先后次序，首先渗透到的区域和行业产生高回报率，在渗透的早期容易形成寡头垄断和垄断竞争，产品在早期容易差异化同时大部分具有网络效应和规模经济，最终表现为财务的高资本回报率和股市的高回报率。

本书的探讨虽然简陋，但是仍有一定的创新之处。以往对于有效市场的研究主要基于对于市场是否有效的检测，对于市场缺乏有效的原因，主要也是从信息的获取难度和成本的角度进行分析，而缺乏从信息学、经济学（尤其是信息经济学）、管理学（尤其是信息管理学）角度的研究。本书在研究视角上的创新在于信息在不同产业当中的生成、反馈、作用机制导致了不同产业的理论上的回报率差异，而且这种机制长期持续从而实践中的超额回报率也长期存在。

本书在成稿过程中得到了导师侯卫真教授和中国人民大学信息资源管理学院各位师长的精心指导，也得到了家人、朋友、同事的大力帮助，谨以此成果作为答谢。

本书的出版得到了北方工业大学优势学科项目（编号 18XN047）的资助，在此一并感谢！

同时，希望本书能够为后续理论研究提供一些思路、对投资实践有所裨益。

刘　捷

2021 年 8 月

目 录

第1章 绪论 （1）

    1.1 理论背景 （3）

    1.2 现实背景 （5）

    1.3 主要的研究问题和方法 （10）

    1.4 研究贡献和创新 （13）

第2章 市场信息效率研究文献综述 （17）

    2.1 市场信息效率基本概念 （19）

    2.2 信息弱有效文献综述 （22）

    2.3 信息半强有效文献综述 （37）

    2.4 信息强有效文献综述 （43）

    2.5 市场信息效率研究已有文献综评 （48）

    2.6 研究内容及框架 （51）

第3章 中美股市信息效率实证检验 （55）

    3.1 美国股市信息效率弱有效检验 （57）

3.2 中国股市信息效率弱有效检验 ……………………………………（64）
3.3 美国股市信息效率半强有效检验 …………………………………（72）
3.4 中国股市信息效率半强有效检验 …………………………………（79）
3.5 中美市场信息效率的差异比较 ……………………………………（92）

第4章 市场信息效率理论的缺陷与现实矛盾 ……………………………（97）
4.1 市场信息效率的理论存在缺陷 ……………………………………（99）
4.2 市场信息效率假说与现实情况不符 ………………………………（108）
4.3 市场信息效率的归因分析 …………………………………………（114）

第5章 市场信息效率低下的信息学解释 …………………………………（133）
5.1 信息学的特定规律导致市场低效 …………………………………（135）
5.2 梅特卡夫定律在某些领域创造了高回报率 ………………………（145）
5.3 学习曲线在某些领域创造了高回报率 ……………………………（163）
5.4 品牌创造了高回报率 ………………………………………………（171）
5.5 网络效应和学习曲线决定了不同领域生意的回报率 ……………（174）
5.6 超额回报率的检验 …………………………………………………（178）

第6章 市场信息效率低下的信息经济学解释 ……………………………（183）
6.1 信息经济学理论认为有效市场不存在 ……………………………（185）
6.2 信息学和信息经济学理论阐明了创新的超额收益 ………………（190）
6.3 学习曲线会创造超额回报率 ………………………………………（194）
6.4 信息不确定性的缩小会影响市场的有效性 ………………………（196）
6.5 破坏性创新创造超额收益率 ………………………………………（199）

第 7 章　如何应用信息资源管理手段提升信息效率 ………………（229）

　　7.1　大数据会提高信息的全面性和及时性 …………………（231）

　　7.2　信息获取方式的变化影响企业运营 ………………………（247）

　　7.3　人工智能应用促使信息效率提升 …………………………（264）

第 8 章　股票市场信息效率的发展趋势 ………………………………（273）

　　8.1　强信息有效仍然很难实现 …………………………………（275）

　　8.2　主动管理继续存在并会持续取得超额收益率 ……………（278）

　　8.3　信息管理加强导致主动管理减少 …………………………（314）

第 9 章　结论 …………………………………………………………（325）

参考文献 ………………………………………………………………（331）

第 1 章

绪论

1.1 理论背景

1.1.1 当前市场信息效率理论

1965年,美国教授Fama[1]发表了论文《股票市场价格行为》。Fama在论文中首次使用了"有效市场"这个概念,认为:有效市场中存在大量交易频繁且理性的投资者。在交易过程中,所有的投资者都进行详细的公司价值分析,同时市场中的投资者能够不付费得到决策有关的信息。市场中,投资人决策的结果是:每时每刻股价都反映了已经发生的事件和未来将要出现的事件。也就是说,在一个有效市场上,证券在任何时候的价格都是其内在价值的良好预测。

Fama(1970)[2]在分析有关EMH理论和实证文献的基础上,将之前的证券价格市场理论重塑为整体的有效市场观点,形成了有效市场假说(Efficient Markets Hypothesis,EMH)。该假说认为,在法律和竞争完善的股票市场,各种有意义的信息都已经被及时、准确、充分地反映。投资者难以通过分析历史的价格获得超额回报率。Fama按照信息集的差异将EMH的检验分为几种:弱有效:股价已经体现了历史的所有价格;半强有效:股价已经体现了所有公众信息;强有效:股价体现一切信息(包括公众和内部信息)。

1.1.2 市场信息效率理论自身的缺陷

有效市场作为一种可以解释资本市场诸多现象的工具,在20世纪70年代提出以后广为流传。其对促使证券市场有关理论的进步有显著的推动,这一点已经被多数学者认可。

虽然有效市场理论已有较长的时间周期,但该理论并没有获得学术界与金融界的完全认可，主要是因为还无法获得有效检验，行为金融学就是一个有力的挑战。Fama概括了有效市场的成立条件：金融市场不存在交易成本；所有信息都能够免费得到；所有人都明白当前及今后价格在信息影响下的走势。市场参与者无法在价格反映相关信息以后还能获利，导致交易和市场都消失。有效市场假说关于价格会充分反映一切信息的假设自己就难以相互印证。

另外，以上三个假设显然都和下列现实状况不符合。金融市场显然存在交易成本；参与者不能无成本地获取信息，即使在互联网环境下获取成本已经大幅度降低，但是参与者的时间和精力有限、不可能获取所有信息；每个人都掌握当前信息对于当前价格和未来价格分布的含义，这是最不可能的：首先，不同人的认知能力是不一样的，并非每个交易者都是金融学的博士；其次，并没有全能的公式告诉投资者对于一个信息究竟应当如何反映，即使是教科书也有不同的流派；最后，人的理解还是存在差异的，比如估值模型参数的选取。

只有到人工智能（AI）时代，由机器来进行投资操作，以上假设才有可能实现。以上假设可能只有到人工智能（AI）时代都由机器来投资才有可能实现，还要确保所有AI都必须使用同一个程序。即使如此，如果预期完全一致，就不会存在交易。既然在二级市场乃至一级市场不存在交易，那么如何买入股份或者卖出股份呢？交易所也都不会存在了。

所以从理论来看有效市场几乎不可能存在，只有可能是市场效率逐步提升接近有效市场。市场效率的提升主要体现在以下几个方面：信息的获取难度降低以及成本不断降低；投资者获取信息的数量和质量不断提升；机构投资者占比不断提升促使对于价格反映的趋同度提升；未来量化交易、指数基金以及AI投资变得日益流行。一旦这些条件满足后，市场会逐渐趋近有效市场，但难以到达完全意义的有效市场。

1.2 现实背景

有效市场的结论也和现实状况不符合：现实当中任何时候永远存在高收益的投资者和低收益的投资者，而且高收益投资者并非都是随机游走的，很多是长期持续的。在实践中，有效市场理论不能够解释为什么巴菲特等人能长期、不断战胜市场，另外强有效乃至半强有效市场也没有得到好的验证。

1.2.1 个别投资者长期不断战胜市场

巴菲特的伯克希尔公司，过去60年（1957—2018）通过不断的价值累计，公司价值累计增长了77548倍，年复合增长率达到19.91%。同期标普500指数从46.06到3230，累计涨幅仅为52.7倍，年化回报只有6.64%（见表1-1）。[①]

1.2.2 资本市场异象的存在

目前，资本市场上有些现象用有效市场理论难以解释。比如股市的大幅波动、收益大幅度偏离现象、股市债市收益率差异和周末效应。这些现象显示，投资者的决策并非理性。事实上，认知偏见将影响投资决策行为并影响价格。这些都是基于有效市场理论无法解释的问题。因此，学者和金融工作者会对有效市场假说（EMH）存在疑问。

---

① 巴菲特1965年收购伯克希尔·哈撒韦后，收益率以该公司账面价值增加值测算。

表1-1 巴菲特历年年收益率统计

净值单位：美元

年份	第N年	年收益率(1)	模拟累计净值	年化收益	标普500指数收益(2)	相对变动(1)-(2)	年份	第N年	年收益率(1)	模拟累计净值	年化收益	标普500指数收益(2)	相对变动(1)-(2)
1957	1	10.50%	1.11	10.50%			1975	19	21.90%	34.63	20.51%	37.20%	-15.30%
1958	2	40.90%	1.56	24.78%			1976	20	59.30%	55.16	22.20%	23.60%	35.70%
1959	3	25.90%	1.96	25.15%			1977	21	31.90%	72.76	22.65%	-7.40%	39.30%
1960	4	22.80%	2.41	24.56%			1978	22	24.00%	90.22	22.71%	6.40%	17.60%
1961	5	45.90%	3.51	28.56%			1979	23	35.70%	122	23.25%	18.20%	17.50%
1962	6	13.90%	4.00	25.99%			1980	24	19.30%	146	23.08%	32.30%	-13.00%
1963	7	38.70%	5.55	27.73%			1981	25	31.40%	192	23.40%	-5.00%	36.40%
1964	8	27.80%	7.09	27.74%			1982	26	40.00%	269	24.00%	21.40%	18.60%
1965	9	23.80%	8.78	27.30%	10.00%	13.80%	1983	27	32.30%	355	24.30%	22.40%	9.90%
1966	10	20.30%	10.56	26.58%	-11.70%	32.00%	1984	28	13.60%	404	23.90%	6.10%	7.50%
1967	11	11.00%	11.72	25.08%	30.90%	-19.90%	1985	29	48.20%	598	24.67%	31.60%	16.60%
1968	12	19.00%	13.95	24.56%	11.00%	8.00%	1986	30	26.10%	755	24.72%	18.60%	7.50%
1969	13	16.20%	16.21	23.90%	-8.40%	24.60%	1987	31	19.50%	902	24.54%	5.10%	14.40%
1970	14	12.00%	18.15	23.01%	3.90%	8.10%	1988	32	20.10%	1083	24.40%	16.60%	3.50%
1971	15	16.40%	21.13	22.55%	14.60%	1.80%	1989	33	44.40%	1564	24.97%	31.70%	12.70%
1972	16	21.70%	25.72	22.50%	18.90%	2.80%	1990	34	7.40%	1680	24.41%	-3.10%	10.50%
1973	17	4.70%	26.92	21.37%	-14.80%	19.50%	1991	35	39.60%	2345	24.82%	30.50%	9.10%
1974	18	5.50%	28.41	20.43%	-26.40%	31.90%	1992	36	20.30%	2821	24.69%	7.60%	12.70%

续表

年份	第N年	年收益率(1)	模拟累计净值	年化收益	标普500指数收益(2)	相对变动(1)-(2)
1993	37	14.30%	3224	24.40%	10.10%	4.20%
1994	38	13.90%	3672	24.11%	1.30%	12.60%
1995	39	43.10%	5255	24.57%	37.60%	5.50%
1996	40	31.80%	6926	24.74%	23.00%	8.80%
1997	41	34.10%	9288	24.96%	33.40%	0.70%
1998	42	48.30%	13774	25.47%	28.60%	19.70%
1999	43	0.50%	13843	24.83%	21.00%	-20.50%
2000	44	6.50%	14743	24.38%	-9.10%	15.60%
2001	45	-6.20%	13829	23.60%	-11.90%	5.70%
2002	46	10.00%	15212	23.29%	-22.10%	32.10%
2003	47	21.00%	18406	23.24%	28.70%	-7.70%
2004	48	10.50%	20339	22.96%	10.90%	-0.40%
2005	49	6.40%	21640	22.60%	4.90%	1.50%
复合年收益(1957—2018)		19.91%			6.64%	
2006	50	18.40%	25622	22.51%	15.80%	2.60%
2007	51	11.00%	28441	22.27%	5.50%	5.50%
2008	52	-9.60%	25710	21.57%	-37.00%	27.40%
2009	53	19.80%	30801	21.53%	26.50%	-6.70%
2010	54	13.00%	34805	21.37%	15.10%	-2.10%
2011	55	4.60%	36406	21.04%	2.10%	2.50%
2012	56	14.40%	41649	20.92%	16.00%	-1.60%
2013	57	18.20%	49229	20.87%	32.40%	-14.20%
2014	58	8.30%	53315	20.64%	13.70%	-5.40%
2015	59	6.40%	56727	20.39%	1.40%	5.00%
2016	60	10.70%	62797	20.22%	12.00%	-1.30%
2017	61	23.00%	77240	20.26%	21.80%	1.20%
2018	62	0.40%	77549	19.91%	-4.40%	4.80%
总收益(1957—2018)		7754800%			5271.00%	7749529.00%

数据来源：巴菲特致股东的信 2019。

第一,股市的大幅波动。EMH最难以解释的是股市的波动。有效市场假说的结论是,股市涨跌主要是基于公司的信息,投资者为了降低风险进行投资操作导致的。股市波动如果无法用股票价值波动来解释,那么市场有效性的假设会受到质疑。

耶鲁大学教授席勒(1981)[3]对美国股票市场的波动性进行了许多实证研究。席勒回顾了自1971年以来标准普尔500股票支付股利的现值,在此基础上将股利现值变化与股价变化做了分析。比较结果表明,股票价格波动的测量结果比理论值高出5~13倍,因此不能将其归因于将来的实际股利的新信息。有效的市场理论在这里没有产生作用,不能将其归因于数据错误、价格指数问题或税法变更。

West教授(1988)[4]指出标准期望收益理论难以验证大幅波动的疑问。股票价格的大幅波动与公开信息关系不大,主要是受到资本市场的投机行为影响。有效市场理论接受着前所未有的挑战。

第二,尖峰和粗尾现象。尖峰和粗尾是显著的异常现象:信息会成堆出现,而非平稳连续出现。密集信息的市场反馈导致尖峰或粗尾。结果是投资者对所有之前漠视的信息都做出了累积反应。这说明现在的市场会受到过去信息的影响。这明显与有效市场假设相悖。

第三,股市债市回报溢价。Mela和Prescott(1985)[5]发现,从1926年至1997年,尽管股票比国债的风险更大,但是期望回报也更高,而且收益的年度差异不能用风险因素来解释。股票作为所有权收益率更高。

第四,周末现象。有效市场理论认为,股价不反映与股票价值没有关系的信息。但这不符合事实。事实上,很多股价波动通常都莫名其妙。Cutler(1991)[6]研究了过去45年美国单日波动最大的50只个股,揭示大幅波动之前没有任何信息。在2020年3月,股票市场经历了4次熔断,分别发生在3月9日(星期一)、3月11日(星期三)、3月12日(星期四)和3月16日

(星期一)。熊市通常在星期一急剧下跌,牛市通常星期一急剧上升。周末效果非常显著,主要是周末会有很多情绪累积,牛市会累积乐观情绪,熊市会在周末累积悲观情绪。Cutler 和 2020 年的"股市熔断"的研究验证了席勒发现的"波幅现象"。

1.3 主要的研究问题和方法

1.3.1 主要研究的问题及意义

本书试图在对现有国内外文献进行分析的基础上,通过实证检验,判断中美股票市场的有效性,并从信息学和信息经济学等角度解释市场无法达到有效的原因。

对有效市场的探索具有长远的理论和现实意义。

(1) 理论意义

现代证券市场信息效率理论包括:有效市场理论、资产组合理论以及衍生品定价理论。有效市场信息效率理论在当中起着核心作用。

证券效率涉及三个要素:价值、价格和信息。信息与价值(价格)的关系是斯蒂格利茨信息经济学中备受关注的重要问题——信息是消除随机不确定的东西;市场参与者会受信息的影响,由此操作行为会影响股价,并形成不同的收益率以及市场波动。因此,研究市场效率问题对于信息经济学理论的完善和发展有一定的帮助。

另外,虽然有效市场的讨论旷日持久,但是从信息学角度解释为什么市场有效性不够高的讨论比较少。本书从信息学和信息经济学角度来解释为什么会系统性地出现市场的无效性,也提出学习曲线和网络效应是超额收益的重要来源。

(2) 现实意义

研究中美股票市场当中信息的效率,可以帮助投资者获取决策相关信息,采用正确的投资方法获取超额收益率。同时,有助于政府采取措施解决证券价格形成过程中在信息披露、信息传输、信息解读以及信息反馈各个环节所出现的问题,提高证券市场的有效性,促进市场健康发展。

1.3.2 主要的研究方法

为了使文章有理有据,本书在吸收现有文献资料研究成果的基础上,结合信息学、信息经济学等相关理论知识,主要运用了以下研究方法。

1. 主要研究方法

(1) 规范研究法

本书在有效市场理论发展、中美有效市场实证检验等两大领域的文献综述部分,较全面地归纳阐述了众多国内外学者的研究成果,为本书研究提供充足的依据。

(2) 实证研究法

本书主要采用实证研究法,实证检验了美国股票市场和中国股票市场的有效性。在此基础上,进一步考察了中美不同经济环境对市场有效性的影响,并从信息学、信息经济学等角度分析了有效市场不存在的原因。其中,在判断市场弱式有效性时,采用 ADF 检验法和游程检验来测试股价收益率序列是否满足随机游走过程。检验的方法主要有混合截面数据下的普通多元线性回归,VAR 检验、T 检验、格兰杰因果检验、脉冲响应函数等。在判断市场的半强式有效性时,采用了事件研究法。

(3) 比较研究法

本书采用比较研究的方法,从理论和实证两个角度检验了有效市场假说是否成立。

(4) 定性分析和定量分析相结合的方法

本书采用定性分析和定量分析相结合的方法检验中美股票市场有效性,分析其原因,并结合文字阐述、数字检验与图表进行说明,力求做到有理有据、科学严谨。

2. 主要部分的研究方法

(1) 信息学

本书运用信息学原理检测网络效应以及学习曲线对于投资回报率的影响。网络效应中的梅特卡夫定律可以采用腾讯、比特币的历史回报和用户数量进行检测。研究方法主要是比较具有网络效应的行业如互联网和其他产业在资本回报上的差异。

(2) 信息经济学

本书依据信息经济学原理检测创新带来的超额收益率。研究方法主要是比较新产业和成熟产业的回报率差异。

1.4 研究贡献和创新

本书的创新是运用信息学和信息经济学的原理解释了信息效率低下的原因和信息产业领域高回报率的内在机制。

从市场信息效率理论提出以来，各类文献针对该理论是否有效做了大量的实证检验。但是对于实务层面为何会产生超额回报以及如何用理论去解释这种超额回报很少有研究。

本书明确提出超额回报来源于行业和公司的高增长以及高资本回报率，并且通过中国股市沪深300的样本在长周期内予以检测。这和Fama等用低市净率、低市盈率去解释超额回报完全不同。

更重要的是，本书还从信息学和信息经济学的原理解释了高资本回报和高增长存在的来源。

（1）网络效应、学习曲线和品牌带来高资本回报率

信息学揭示了信息传播和复制的本质。信息的传播在客户和客户之间、客户和企业之间以及企业内部发生。如果能够将信息高效率地传达给用户或者员工并且留在他们的记忆当中就能产生巨大的价值。用户能够再向其他用户传递这种信息，甚至自己产生信息回传给企业或者传递给其他用户，那就形成了网络效应以及品牌。员工能够再向其他员工传递信息，甚至通过自己的长期积累形成经验累积可以回传给企业或者传递给其他员工，由此形成了学习曲线。

如果用户可以自发地给其他用户传播信息，那么营销成本就很低；如果用户可以自己产生内容，那么内容成本就很低。强大的网络或者品牌的信息特征就是用户自己产生内容信息且自发传递。

如果员工可以自觉积累经验和技能，那么培训成本就很低；如果员工可以传承技能，经验就可以保持；如果员工还能持续创造新的技能，并且相互传递，整个企业就具有强大的学习曲线，产品品质更好且成本更低。因此，持续具有高回报率的行业通常分布在具有网络效应、学习曲线和品牌的行业，这些都是与信息相关的产业。信息学解释了网络效应、学习曲线和品牌对于投资回报率的影响。

网络效应的公司会通过信息来构建链接用户与用户、供应商与用户、供应商与供应商的网络。典型的网络效应是梅特卡夫定律：一个网络的价值与该网络用户数的平方成正比，单个用户价值增速和用户数增速类似。脸书（以下简称"Facebook"）和腾讯都是梅特卡夫定律和网络效应的典型代表。

学习曲线是指随着累计产品产销量的增加，由于组织以及个人经验的积累，单位产品的品质以及价格会以一定比例上升，或者产品的单位成本会以一定的比例下降。

品牌是指随着产品和用户信息联系的加强，产品的情感认同上升带来价格上涨。奢侈品行业是典型的品牌行业。

因此，随着用户数据、经验以及情感这些信息的累积，单用户价值、品质以及单价得到提升；也可能会出现单位产品成本不断下降。结果是产品的利润率和资本回报率不断上升。由于这种价值不是与当前的用户数据、经验和情感相关，而是与历史累计的用户数、经验和情感有关，需要足够多的投资以及长时间的信息积累才可能被赶超，因此高回报率可以长期持续。

（2）创新带来高增长

创新会带来高增长，从而带来高回报。熵是反映系统的不确定性的数量表述。经济信息的作用是消除经济系统的不确定性。信息量等于熵的减少量。香农提出的信息熵把创新、惊异和利润联系在了一起，成为经济信息论的核心。一项发明或者创新成功的标志是能够给人带来信息惊异，信息惊异后才能带来超额回报。

信息经济学检测了创新带来的超额收益率。斯蒂格利茨在《信息经济学》中证明了为何现代工业经济中的竞争都集中于创新行为，因为企业通过创新可能带来新的信息从而获得利润，而主动挑起价格竞争不会带来新信息也不创造利润。通过研发创新得到的专利信息可能会降低生产的边际成本、增加产品质量或者提高产品的差异化，进而提高定价或者降低成本。

信息和收益率的关系如下：信息的复制速度、复制成本以及复制以后的活跃度决定了收益率。创新大小决定了新的信息扩张的速度。生意的网络效应、学习曲线和品牌强弱决定了一个信息系统的复制难度和生意好坏。前者决定价值扩张的快慢，后者决定价值如何分配。在信息经济中，信息传递得越快，信息就能够有效地传达到每一个人，生意扩张的速度就越快，生意创造的回报也就越高。

第 2 章

市场信息效率研究文献综述

2.1　市场信息效率基本概念

有效市场是指市场中的所有信息能迅速被市场参与者理解并反映在价格中。市场有效性的强弱体现在证券市场是否已经充分地反映了所有的信息，对股票进行研究是否可以获得超额收益。

从研究历史的角度来看，并不是 Fama 第一个提出有效市场的概念。目前来看对有效市场概念的最早解释来自于乔治·吉布森（1889 年）[7]在《伦敦，巴黎和纽约的证券交易所》一文中提出"股市上一旦股票被公众认可时，其股价就是投资者得到的价值"。尽管乔治·吉布森尚未提出有效市场的概念，但上述陈述与有效市场的含义相当接近。随后奥斯本（1962）[8]提出了"随机游走理论"。他认为在股票市场中，股票价格是随机变化的。

萨缪尔森[9]1965 年发表了论文《理性预期下价格随机波动的证明》，在信息充分和投资者理性的条件下，股价具有不可预测性。萨缪尔森把新古典经济学的原理引入分析，证明了公平游戏与随机游走之间的关系，并指出股票价格波动满足鞅，随机游走只是一种特殊形式。在萨缪尔森论文发表约半年后，Eugene Fama（1965）[10]在他的博士论文《股票市场的价格行为》中写道："有效"的市场是指众多投资者参与并彼此竞争的市场。所有投资者都努力分析信息从而获得未来证券价值，投资者可以免费获取信息，结果是价格会充分反映所有信息。

Harry Roberts（1967）[11]将市场分为弱有效、半强有效和强有效三类市场。在弱有效市场中，一切历史价格信息都已经反应在当前价格之中，所以技术分析没有超额回报。半强有效反映了所有公告的信息，对一家公司的各类公开信息做分析，不能获得超额回报。强有效市场信息包括所有公开信息和内幕信息，如果强有效市场假设成立，内部信息也不能获得超额收益。具体分类和定义见表2-1、图2-1。

表2-1　　　　　　　　　　有效市场的三种形式[15]

类别	价格所反映信息含量的差异	特点
弱形式	当前价格已经反映历史价格	在弱有效市场中，很难预测股票价格，资本市场首先达到弱有效
半强形式	价格已充分反映出所有已公开信息	在半强有效市场中，已经公开的信息不可能有超额回报
强形式	价格已充分反映出关于公司营运的所有信息	在强有效市场中，公开信息包括内部信息都体现在股价上，内部信息难以验证

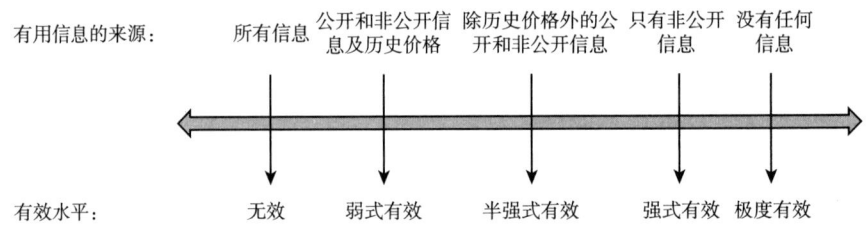

图2-1　有效市场理论市场划分与信息来源关系图

资料来源：张晓瑞，郭立夫. 中国股票市场有效性分析［J］. 工业技术经济，2004，23（6）：112-114.

Eugene Fama（1970）[12]提出，有效市场即价格能"完全反映"所有信息的市场。因此，在一个有效的资产市场上，资产价格的变化基于新信息的发生。新信息的发生不可预测，资产的未来价格难以真正预测，从而资产价格变化具有随机性和独立性。Jensen（1978）[13]的定义是，"如果根据任何一组信息做投资都无法赚取超额收益，那么市场有效"。Fama（1991）[14]对有效市场做了一个新的定义，有效市场中资产价格"完全反映可得到的信息"。

根据 EMH 研究，Fama（1991）重新调整 EMH 的分类：把原来第一类市场弱型有效检验，从主要研究基于过去价格的预测能力，扩展到了包括与收益可预测性（tests of return predictability）相关的、更广泛的领域。第二类和第三类 EMH 的范围不变，但名称变了，具体为：半强型有效检验称为事件研究（event analysis），强型有效检验称为内幕信息检验（tests for private information）。下文分别阐述不同类型的有效市场（见表 2-1、图 2-1）。

2.2 信息弱有效文献综述

对信息弱有效的检验是检验股价回报率序列是否符合某个随机过程,如随机游走过程等。其检验方法有相关检验、游程检验等。非线性模型有时也被采用,如 R/S 分析方法、BDS 检验等。

长期以来,学术界围绕金融资产价格的波动以及金融市场有效性进行了诸多开创性的研究工作。

2.2.1 国外关于信息弱有效检验文献

国外对于信息弱有效的文献综述如表 2-2 所示。总体而言,现实市场信息有效或者至少弱式有效的证据确实广泛存在。

2.2.2 国内关于信息弱有效检验文献

国内对信息弱有效的文献综述如下。

1. 中国股市尚未达到信息弱有效

俞乔(1994)[165]通过运用游程检验、误差项的序列相关检验和非参量性检验的方法研究股价运动,测试到未来股价的变化会受到过去股价变动的影响,得到了中国股市非弱式有效的结论。

吴世农(1996)[166]运用时间序列法研究了深沪股市 20 种股票的日收益率,结果表明:中国股市并非弱式有效市场。结论主要是源于这种时间序列不存在显著的系统性变动趋势。

第 2 章 市场信息效率研究文献综述

表 2-2 国外弱有效市场信息效率研究文献梳理

年份	作者	检验原理与方法	数据	结论	贡献
1828	Brown[16]	—	—	在显微镜下，观察悬浮在水中的花粉可以发现它们在做快速的振动运动	提出物理学中的布朗运动，为后来的对数正态随机漫步理论奠定了基础
1900b	Bachelier[17]	—	—	投资者期望为 0，股价的波动遵循"随机游动"模型，过去、现在以及将来事件的折现值已经反映在市场价格之中	提出随机游走模型；首次检验股票价格时间序列具有随机游走性质
1933	Cowles[18]	依据大量数据统计	1928 年 1 月—1932 年 6 月，20 个火灾保险公司和 16 个金融服务机构这两组间进行对比，来判断哪个证券组的收益会更高；用 24 个金融出版物的数据来预测股市的走势	市场价格无法预测，金融分析师和机构投资者无论是在预测大势上还是个股的选择上均没有战胜市场	首次用实证分析来研究市场有效性
1934	Working[19]	刻画误差时间曲线	1883—1934 年，小麦的价格	商品期货的价格变动是高度随机的，或者说是随机行走的	误差时间相关检验
1937	Cowles 和 Jones[20]	做图比较	1928 年 1 月—1932 年 6 月，1200 个股票价格指数	通过实证研究发现股票的平均时间序列指数是自相关的	反对市场有效
1953	Kendall[21]	序列相关，自回归模型	19 世纪英国指数，美国两大商品交易所商品价格的变化	股价变化符合随机游走过程	检验数据的随机性，分析市场是否有效

23

续表

年份	作者	检验原理与方法	数据	结论	贡献
1958	Working[22]	相关性系数，玉米价格与政府玉米产量预测的相关性	1921—1922年，1938—1939年，美国玉米价格	玉米价格受政府玉米产量预测的影响很小，r=−0.88	建立预期市场模型
	Roberts[23]	—	1956年，道琼斯工业指数周收益（周五到下周五）	随机游走与价格序列非常相似	价格序列的随机游走描述
1959	Osborne[24]	理论证明	1955—1956年，在纽约证交所上市的股票的月度收益率和年度收益率以及道琼斯指数1916—1956年的月度收益率	收益率服从高斯分布，具有随机游走特点，指出股价不可预测；根据技术图形不变的说法，预测未来股价不可能实现	用更多的数据来验证布朗运动模型
	Working[25]	理论证明	—	—	证明价格序列的平均引起正相关
1960	Cowles[26]	符号检验，检验序列是否具有一阶自相关	1955年8月—1959年7月，道琼斯工业指数日收盘价；1918—1935年，Standard Statistics weekly Index周三收盘价；1936—1958年，标准普尔工业指数日收盘价；1834—1865年，哈佛大学月滚动指数	1009个日收盘价，选择位置共336个，正3的倍数的数据共190个，正负相连的146个，说明日数据得到的周、月收益具有一阶相关性	每个时间单元的值用该时间单元的平均值会引起序列相关

续表

年份	作者	检验原理与方法	数据	结论	贡献
1961	Houthakker[27]	止损策略，买入一期货，4个月到期，到期前价格达到止损点则卖出，反之则最后一个交易日以收盘价卖出	1921年10月—1939年10月，小麦、玉米期货；1947年10月—1996年10月，小麦、玉米期货；1944年10月—1958年10月，棉花期货	持有5月、10月小麦、玉米期货有利可图，说明价格有一定的趋势，但持有短期程无影响，而持有9月小麦、玉米期货无法获利，9月期货价格具有随机性，发现价格序列呈现尖峰、非平稳特征，怀疑具有非线性	止损投资策略（stop order）①不会对收益有持续的影响（滤波的情形）；止损点的选择关键
	Alexander[28]	计算机游程，滤波	1929—1957年，道琼斯工业指数日收盘价；1929—1959年，标准普尔工业指数日收盘价	价格序列服从随机游走，但一旦有一个趋势开始，这个趋势会继续	时间段内值用平均值代替会引起正的序列相关
1962	Cootner[29]	均方差差检验，滤波	对数价格周变化，1956—1960年，纽约股市45只股票	限制点附近外的多数价格变化不相关，但限制点附近则呈现负相关；通过滤波可以获得17%的收益	股票价格不服从随机游走，市场不是完美的
	Osborne[30]	理论证明	1958—1960年，NYSE约1100只股票	价格序列及其差分序列具有时间同周期性	股价偏离于简单随机游走

① 止损投资有三种：以任何价格购买（at the market），低于某一给定价格时购买（limited），达到某一定价格时购买（on the top）。

续表

年份	作者	检验原理与方法	数据	结论	贡献
	Mandelbrot[31]	做图比较	1816—1940年，（15年一组）棉花价格日变化与月变化	棉花价格变化服从稳定帕累托分布	使用价格自然对数与稳定分布的价格模型
1963	Granger 和 Morgenstern[32]	谱分析	—	揭示股价变化具有与分子运动相似特性和股价运动独立性的证据	谱分析应用于随机价格游走的检验
	Fama[33]	价格序列是否服从正态分布的重尾指数	道琼斯30种工业指数中的每只股票	服从稳定帕累托分布	提出价格序列服从帕累托分布
	Steiger[34]	检验非随机性	—	不服从随机游走	—
1964	Godfrey[35]等	—	—	—	提出股票市场行为的随机游走假设
	Alexander[36]	滤波是否比"buy and hold"策略获得更多收益	1897—1929年，道琼斯工业指数；1929—1959年，标准普尔指数日价格	滤波技术不能持续获得超额收益	提出股票市场行为的随机游走假设
1965	Fama[37]	游程检验，序列自相关	1958—1962年，道琼斯指数与单个公司日价格数据	服从帕累托分布，且 $\alpha < 2\alpha_2$	道琼斯指数的自相关系数接近于0，股价是随机游走的；首次说明市场是"有效"的
	Samuelson[38]	理论说明	—	—	正式论证市场

续表

年份	作者	检验原理与方法	数据	结论	贡献
1966	Fama 和 Blume[39]	滤波	1957—1962 年，道琼斯工业指数与单个公司日价格	考虑交易费用和股利影响之后，所有的滤波交易策略均无法获得超过买入持有策略的收益	序列相关与滤波技术在检验价格序列独立的能力相同
1967	Mandelbro[40]	理论证明	—	完全市场中证券价格服从鞅	价格序列的鞅模型
1967	Roberts[41]	定义三个层次的效率	—	—	提出"有效市场假说"及强式弱式两种检验
1968	Mandelbrot, Van Ness[42]	理论证明	—	—	Mandelbrot 推广了布朗运动的概念，定义了分形布朗运动，具有自相似性、稳定增量性、长或短期记忆性
1970	Fama[43]	综述自相关检验、游程检验、滤波等	1957—1962 年，道琼斯工业 30 只股票平均日数据	认为市场有效	综述，定义有效性，分为三个层次的检验
1976	Grossman[44]	理论证明	—	提出一个模型	描述了在信息不能完全有体系下不能完美配置信息，并能排除个人动机
1977	Beja[45]	理论证明	—	认为现实市场不可能完全有效，定价可以从交易者需求考虑	提出了现实市场不可能完全有效

续表

年份	作者	检验原理与方法	数据	结论	贡献
1978	Ball[46]	回归分析	1946—1966年，标准普尔公司收益与市场收益	公司盈利公告后股票价格依然存在按未预期盈余方向持续漂移的趋势	首次提出存在异象
	Jensen[47]	综述游程检验、理性预期假说等	—	认为效率是市场有效性的θ，但不能用这个信息集获利	综述了市场有效性研究思路
	LeRoy和Porter[48]	方差界限检验	1955—1973年，股价的S&P综合指数，以及相关股利、收益序列	股价的震荡幅度太大，无法完全以股利震荡来解释，以此结果否定了市场的有效性	提出股市表现出"过度波动"
1981	Shiller[49]	方差界限检验（改进界限条件，避免LeRoy等研究的联合假设问题）	1871—1979年，综合S&P指数	实际股票价格的过度波动性，难以用基本面的变化来解释	在检验市场有效性时提出的有界方差检验
1984	Osborne和Murphy[50]	回归分析	1975年10月—1981年12月，橙汁期货价格，产地天气	尽管与气候相关的信息可以解释价格的变动，但也仅只能解释一部分	用气候因素解释价格的变化
1985	DeBondt和Thaler[51]	基于过度反应构造投资策略	1926年1月—1982年12月，NYSE所有股票月收益数据	考察的时间区间内，"输家组合"比"赢家组合"平均每年收益高约为8%，股价出现过度反应现象	最早提出股票价格对信息过度反应，提出运用过去价格信息来预测未来价格的方法

续表

年份	作者	检验原理与方法	数据	结论	贡献
1986	Marsh 和 Merton[52]	方差界限检验（用样本的平均价格代替股票内在价值）	1871—1979 年，每月股票价格综合 S&P 指数	公司经理经常调整、熨平股利，必然导致其方差小于股价的方差，仅仅根据股利的方差不能证实泡沫的存在	对 Shiller（1981）分布假设与估计的分布性质提出质疑
1986	Black[53]	理论证明	—	噪声交易提供了流动性，但噪声交易降低了市场的有效性	将市场有效性和噪声结合起来
1986	French 和 Roll[54]	计算交易日与非交易日股价波动并比较	1963—1982 年，NYSE、AMEX 普通股日收益数据	私人信息对价格的变动起主导作用，信息量之间存在正相关关系	确认个股存在自相关
1988	Fama 和 French[55]	后期收益对前期收益进行回归分析	1926—1985 年，NYSE 所有股票月收益综合数据	25%～45% 的变化可以从过去的收益中预测；发现股票长期的收益呈现显著序列负相关特点	认为长期收益负相关是随时间变化的理性期望收益变动导致的结果
1988	Campbell 和 Shiller[56]	在实际价格和实际红利协积模型的条件下重建了一个时间序列模型	1897—1986 年，美国股票市场数据	长期的股票收益可以高度预测出来	发现即使是单位根过程，也存在过度波动的证据

续表

年份	作者	检验原理与方法	数据	结论	贡献
1989	Fama 和 French[57]	回归分析	1927—1987 年，NYSE 股票组合；到期日超过一年的 100 只公司债券	风险溢价与长期的经济情况相关	—
	Cutler 等[58]	比较各变量回归的拟合优度回归分析	1926—1985 年，NYSE 月收益；1871—1986 年，年收益	当重要消息发生时，股票价格通常只有些许的变动，随后任没什么大消息时发生巨幅变动	—
	Laffont 和 Maskin[59]	以分析知情交易者为主的交易策略，使用理性预期的分析框架	—	资产回报的波动不太大，知情者不使价格反映私人信息；资产回报波动很大，会无法自动达到有效市场	—
1990	Jegadeesh[60]	回归分析	1929—1982 年，美国股票月收益	短期（小于1个月）历史累计收益与未来股票截面收益负相关，而中期（3～12个月）呈现正相关从而拒绝股票价值随机游走假说	—
	Lehmann[61]	构造投资策略	1965—1985 年，NYSE&AMEX 股票	发现股票收益的周反转效应，拒绝"有效市场假说"	—
1991	Kim 等[62]	蒙特卡洛模拟	1926—1986 年，股票月收益序列（来自 CRSP）	第二次世界大战后，纽约股票市场收益率并没有发现均值回归的现象	用随机选择法来估计未知的方差比率分布

第2章 市场信息效率研究文献综述

续表

年份	作者	检验原理与方法	数据	结论	贡献
1993	Jegadeesh 和 Titman[63]	构造交易策略将股票收益进行分解	1965年7月—1989年1月 NYSE&AMEX 股票	买入过去6个月的赢家且同时卖出6个月的输家的策略在随后6个月获得了近1%的月均收益	首先提出了惯性策略（买进赢家组合而卖空输家组合）
1994	Roll, Ross[64]	理论研究	—	从很强的非有效市场中获利是很困难的	—
	Lakonishok, Shleifer, Vishny[65]	构造反向投资策略，买入价值股而卖出热门股	1963年4月—1990年4月 NYSE&AMEX 股票	这种策略可以获得更高收益并且其更大的风险，而是由于这是特定投资者的欣赏行为	—
	Chan 等[66]	价格动量策略	1977年1月—1993年1月，NYSE&AMEX 及 NASDAGI 股票	股票分析师的赢利预测对以前信息的反应是迟缓的，市场对新信息的反应是逐渐的	—
1996	Fawson C, Glover T F, Fang W 等[67]	Ljung-Box Q 检验、二项分布检验、游程检验和股票价格平稳性的单位根检验	1967年1月—1993年12月我国台湾股票市场月度股票收益	我国台湾股市的月度股价表现出弱形式效率	指出弱式效率测试自然是基于当前和过去的股票价格之间的相互关系的检测
1997	Dockery, Vergari[68]	方差比检验方法	布达佩斯交易所股票收益	布达佩斯证券交易所是一个随机游走市场，符合弱式有效	—

续表

年份	作者	检验原理与方法	数据	结论	贡献
1998	Fama[69]	理论分析	—	之所以出现反应不足和反应过度现象是由环境型和技术问题造成的	股票长期具有偶然性，方法上的改进能使该异象的大部分消失
1999	Zhang YC[70]	结论分析	—	—	提出边际有效市场
	Ojah, Karemera[71]	多重方差比检验	15个新兴资本市场的股票收益率	其中，多数市场都已达到弱式有效；投资者不可能通过利用过去的信息在许多被考察的市场中获得系统的非零利润	新兴市场的实证检验
2001	Abeysekera[72]	游程、自相关和协整检验	1991年1月—1996年11月科伦坡证券交易所（CSE）的股价行为	科伦坡证券交易所的股票价格行为与有效市场假说所的弱式不一致	—
2002	Chen, Yeh[73]	用人工智能技术作为期望组成机制，设计代理商模型	—	以代理商为基础的人工股票市场并不能拒绝有效市场假说或理性预测假说	—
2003	Worthington A C, Higgs H[74]	序列相关系数、游程检验、增强Dickey Fuller（ADF）、Phillips Perron（PP）、KPSS单位根检验和方差比（MVR）试验	阿根廷、巴西、智利、哥伦比亚、墨西哥、秘鲁、委内瑞拉各国的日回报率	市场没有随机游动的特点，因此不是弱形式有效的	—

续表

年份	作者	检验原理与方法	数据	结论	贡献
2004	Worthington A C 和 Higgs H[75]	序列相关系数和游程检验，增强 Dickey - Fuller（ADF）检验，Phillips - Perron（PP）和 Kwiatkowski, Phillips, Schmidt and Shin（KPSS）单位根检验和多重方差比（MVR）检验	16个发达市场（奥地利、挪威、葡萄牙、西班牙、瑞典、瑞士和英国等）和4个新兴国家市场（捷克、匈牙利、波兰和俄罗斯）	匈牙利的特点是随机游走，因此是弱形式有效的，而在发达国家市场上只有德国、爱尔兰、葡萄牙、瑞典和英国遵守了最严格的随机游走标准规定	—
	Timmermann 等[76]	理论研究	—	如果可以通过信息集获得经济利润，那么公平市场是有效的；市场可以完全和正确地反映相关信息并决定资产价格	"有效市场假说"导致了在给定信息集情况下最优性的预测检验
2005	Malkiel[77]	做图比较	1970年1月—2003年12月，共同基金收益；1992—2002年，欧洲权益基金，MSCI 欧洲股票市场指数	美国及国外有专业投资经理的业绩并没有超越指数标准	—
	Toth 和 kertesz[78]	做图比较，检验收益的截面相关性	1993—2003年，NYSE 高频数据；1982—2000年，NYSE116 只最大股票收盘价相关数据	收益截面相关性逐渐下降，市场有效性增加了	—

续表

年份	作者	检验原理与方法	数据	结论	贡献
2009	Worthington A C, Higgs H[79]	序列相关系数和游程检验、Dickey Fuller检验、Phillips Perron和Kwiatkowski、Phillips、Schmidt和Shin（KPSS）单位根检验和多重方差比检验	澳大利亚股票市场1958年4月6日至2006年4月12日回报率及1875年2月至2005年12月的每月回报率	澳大利亚股票市场未达到弱有效	—
2010	Suleman M T, Hamid K, Ali Shah S Z 等[80]	自相关、Ljung-Box Q统计量检验、游程检验、单位根检验和方差比检验	亚太地区股票市场2004年1月—2009年12月期间月度观测值	月收益不是正态分布的，因为它们是负偏态和尖峰态的。结论是，亚太地区所有国家的月度价格不遵循随机游走	—
2015	Ortiz R, Contreras M[81]	标准方差比检验	纽约证券交易所股票市场指数在1950—2013年的长期行为	对于等加权指数，在整个期间拒绝随机游走假设，而加权市场价值指标，零假设从20世纪90年代开始被接受	—
2015	Fouad Jamaani, Eduardo Roca[82]	非参数、单位根和Johansen协整检验	2003年12月至2013年1月，沙特阿拉伯、阿联酋、科威特、阿曼、卡塔尔和巴林海湾合作委员会（GCC）股票市场的效率	不遵循随机游走模型，存在显著自相关	—
2016	Rounaghi, Zadeh[83]	自回归移动平均模型ARMA模型	标准普尔500指数和伦敦证券交易所数据	两个市场都是有效的，在繁荣和萧条时期都具有金融稳定性	—

贾权和陈章武（2003）[167]以1998年以前在交易所上市的所有707只A股股票为样本，实证检验了1998年1月—2002年12月股票的收益率与市场p值、流通市值、市盈率和市净率等4个因素之间的关系。发现p值与收益率呈现出负相关关系，这反映了中国股市的非有效性。

陆蓉、徐龙炳（2004）[168]用EGARCH模型研究不同信息对不同市场的影响：熊市"利空"比"利好"作用大，牛市"利好"比"利空"作用强，由此认为中国股市没有达到弱式有效。

吴振翔、陈敏（2007）[169]通过构建多种组合的方式对中国股市的统计套利情况进行了检验。实证结果说明中国股市的弱式有效性不成立。

甘元霞、谭硕（2013）[170]指出2005年4月28日前，上交所历史交易量与当前收益率之间存在相关关系，市场不是弱式有效；在2005年4月29日至2010年12月31日，历史交易量与当前收益率没有相关关系，市场达到弱式有效。深交所1996年12月16日至2010年12月31日，历史交易量与当前收益率具有显著的负向相关性，未达到弱式有效。

汪天都、孙谦（2015）[171]基于沪深两市的数据，系统地检验了双重移动均线交叉等常用的技术交易规则，发现通过技术分析能够获得明显的超额回报率，这说明我国证券市场尚未达到弱式有效。

2. 中国股市已经达到弱式有效

陈小悦、陈晓、顾斌（1997）[172]采用D-F检验方法考察了沪、深两市1991年1月至1996年1月的数据，发现沪市从1993年以后达到弱式有效，深市则较早达到弱式有效。

Groenwold等（2003）[173]运用ADF和PP法对中国主要股指进行检验，发现没有达到弱式有效的只有沪A股和沪成分股。

张兵、李晓明（2003）[174]以2001年数据，采用AR模型来检测市场有效性，得出中国股市1997年已经弱有效。

高蓉等（2012）[175]采用广义谱法，通过对深沪两市大盘指数检验，发现中国股市在多数时间有效。

屈博、庞金峰（2016）[176]通过分析机构投资者的常用量化投资策略的收益情况，判断中国股票市场是否为弱式有效。实证结果表明，被动投资的收益高于主动投资，中国股票市场具有弱式有效性。

从科学的角度出发，只要有文献可以证明尚未实现弱有效，那么市场仍然没有实现弱有效。本书也会从投资者以及经济波动的特征说明为什么中国市场仍然不是弱有效。

2.3 信息半强有效文献综述

判断股市信息半强有效的主要方法是 Fama、Fisher、Jensen 和 Roll (1969)[84]提出的"事件研究"法。这种方法以某一特殊事件为中心，通过事件前后股价的变化来检测股市的半强式有效性。其中，盈余波动事件较为常见。

收益波动预警信息披露的信号传递效应和反映的信息内容是金融数学、会计等学科实证研究领域的重要问题之一。它探讨了某些信息集的公开是否会影响投资者的决定（如股票投资、银行贷款等）。如果用户由于获取了此信息而更改了其最初的决定，那么可以认为该信息集是具有信息有用性的，否则该信息集不具有有效性。信息对信息用户行为的影响体现了信息的价值。

2.3.1 国外关于信息半强有效检验文献

关于股价对公司收益信息的反馈的最早研究是由芝加哥大学的 Ball 和 Brown 教授（1968）[85]进行的。他们对 1957 年至 1965 年在纽约证券交易所上市的 261 家公司进行了研究。对收益信息披露之前的 12 个月和之后的 6 个月内股票价格进行实证研究，通过比较披露前后的异常收益进行评估此类信息的内容和可预测性。他们发现：第一，股价和盈利变动方向一致；第二，通过其他信息可以提前了解公告信息，导致市场提前反映盈利变化；第三，因为市场不能完全预测，盈利信息发布时市场还是会有巨大反应。

自 Ball 和 Brown（1968）展开会计盈余有效性研究以来，学术界采用多种方法检测了会计盈余的有用性。国外对于公告前后股价的波动进行了大量的研究。研究主要涉及盈利公告、增发公告、增持公告等,得出了很多研究结果。

Fama 等(1969)采用事件研究法,对 1927 年至 1959 年纽约证券交易所的 940 次增发进行研究。结果发现,增发往往伴随着股息增加,且市场能够对其做出正确的调整,信息反映在价格中,市场是有效的,增发不会带来超额收益。

Basu(1977)[86]发现纽交所市盈率与收益率显著负相关,假如在 1957—1971 年,挑选低市盈率的股票构建组合,能够获得 6.75% 的年平均收益率,获得显著的超额收益。

Benz(1981)[87]根据规模把纽交所的股票分为 5 组,发现规模最小的组的平均收益率比最大的组高出了 19.8%。Reinganum(1981)[88]也发现股票收益与其规模大小负相关,这被称为"规模效应"。

Fama 和 French(1992)[89]根据 1963 年到 1990 年各种股票的市净率(MV/BV),将它们分为 10 组,结果发现市净率最小的组比最大的组有更高的月收益率。

De Bondt 和 Thaler(1987)[90]、Lakonishok 等(1994)[91]发现市净率高的股票有更高的市场风险,在大的熊市和衰退时市场尤其差。

Hoffman A J(2012)[92]研究了 1985 至 2010 年约翰内斯堡交易所上市股票的异常收益率。解释变量包括市值、市净率、市盈率、净资产收益率、营运资产收益率和总资产增长率等。结果发现,补偿风险后异常回报的行为仍然存在,在不同股票规模类别中存在不同类型的超额收益。这项研究明确反对半强式有效市场假说。

Basu S、Duong T、Markov S 等(2013)[93]使用 Ball 和 Shivakumar's(2008)[94]方法探讨盈余宣告是否构成主要信息来源。R^2 度量:年收益方差

比由四个季度盈余公告收益的比例变化来解释。发现盈余公告日 R^2 是11%，高于股利宣告日等其他4天的 R^2；获得了一年中最大可实现的绝对收益率。和管理者预测和预报一样，盈余公告传达极端坏消息；相比于其他任何类型的消息，盈余公告更频繁。据此可知，盈余公告是股票市场新信息的一个重要来源。

Truong B、Tran D T（2014）[94]检验在季报公布后，公司股价的股价动能和折扣效应。证据表明，在收益公布后的1~2天内会出现中长期股价动能势头。在这一点后，似乎有一个净折扣效应。也就是说，盈余公告前的价格变化与盈余公告后的价格变化正相反。

Bin Miao 和 Gillian H. Yeo（2014）[95]分析了美国市场的1251个投资组合，从1985年到2005年超过110000份盈余公告，发现在3天的公告窗口的平均只反映了盈余公告的一半，盈余消息预测异常收益率高达11.2%。Sanjay Sehgal 和 Kumar Bijoy（2015）[96]研究了印度股市股价对盈余公告的反应。采用469家公司数据，研究期间从2002年12月至2011年11月，涵盖37个季度期间。37个季度中有32个存在显著的事前异常收益，这可能是由于信息不对称产生的卓越的分析的结果。37个季度中有35个存在显著的事件后异常收益，这表明就盈余公告强烈拒绝半强效率假设。

国外对于公开增发通常认为是负面的，有关理论主要包括信息不对称（Masulis、Korwar，1986）[98]、逆向选择（Myers，1984）[99]等。从原理上来看，上市公司股东不看好公司经营或者股价偏高才会减持，上市公司股东也只有在认为股权融资比债权融资成本更低的时候才会融资。对于中国上市公司，大股东经常会参与定增，投资者会认为大股东在定向增发前后会对于股价有诉求而有动力释放盈利而产生超额收益率。大量研究也表明中国定增市场一度有显著的超额收益率，直到2016年监管政策对于定增有所抑制。

Takashi Hatakeda、Nobuyuki Isagawa（2004）[100]研究表明日本上市公司股价会在回购公告发出后上涨。Demissew D. Ejara、Kimberly C. Gleason 和 Chun I. Lee（2010）[101]研究了法国、德国、意大利和英国公司的股票回购计划的股价效应及决定因素，发现：德国和意大利的股票回购有积极和显著的股价反应，英国回购公告具有小的正的异常收益，而法国股票回购收益率并未显著异于零，结果与美国完全不同。

由上可见，上市公司的公告作为比较典型的事件，国内外已经进行了较为充分的研究。但是有时候会产生偶发性的经济事件或者政治事件，这往往不是对于单一公司而是对于大量公司价格产生突发性影响，尤其是事前产生预期的概率较小，因此是观察市场有效性的极好窗口。Alexander Wagner、Richard J. Zeckhauser 和 Alexandre Ziegler（2017）[102]研究了特朗普在2016年11月8日当选美国第45任总统时股票市场的反应。研究发现，股价对选举的反应揭示了投资者对经济增长、税收和贸易政策的期望。重工业和银行业是相对的赢家，而医疗保健、医疗设备、药品、纺织品和服装是相对的输家。美国市场是在特朗普当选以后做出反应的，之前投资者对特朗普当选的预期使得市场出现较大幅度调整，结果相反，由于特朗普强调减税等措施，美国股市出现了强劲的上涨，这可以认为市场并非强有效。

综上可见，海外检测认为半强式有效受到很多挑战。上市公司发布的各种公告信息与股票价格显著相关，同时历史上市盈率、市净率和市值规模等估值因子也会显著影响投资收益率，投资者通过这些方法可以提升投资收益率。

2.3.2 国内关于信息半强有效检验文献

国内也对于上市公司公告等事件如何影响收益率进行了研究。

吴世农、黄志功（1997）[103]收集了上海证交所30家上市公司1996年4月期间在《金融时报》公布的1995年盈利信息，以累计超常收益分析法分析上市公司盈利信息报告与股价变动的关系，就年度盈利信息而言，上海股市尚未达到半强型效率。

赵宇龙（1998）[104]，考察上海股市123家样本公司在1994—1996年会计盈余披露日前后各8个交易周内未预期盈余与股票超额报酬率之间的关系，发现沪市对利好消息过度反应，对坏消息反应不足。

张人骥等（1998）[105]采用事件研究和回归方法，指出虽然沪市输家组合下跌，但是市场不存在过度反应，即使这样、也不意味着市场是有效的。

陈晓、陈小悦、刘钊（1999）[106]采用年报盈余公告发布日前后各20天的日超额收益进行了测试，发现了盈余数字会影响超额收益率。

吕长江、韩慧博（2003）[107]以75家上市公司1997—1999年的年报为样本，分析了年报公布前第三周累计异常报酬率显著为正，之后下降，公告后显著为负，一周后又回升，阐述了A股市场对年报公布日前后的累计超额收益率呈逐年上升趋势。

陈志国、周稳海（2005）[108]考察上市公司财报公布前后的股票收益率变动情况表明：一方面市场对绩优股的信息反应过度；另一方面市场对绩差股的信息反应不足。

周孝华、傅能普（2013）[109]选取公司市值、市净率等构建面板模型，利用2007—2011年A股市场573家上市公司的数据进行回归分析。研究结果显示：公司市值和市净率与股票收益率正相关，在研究期间存在明显的市净率效应。

此外，一些学者也对上市公司的其他公告对股价的影响进行了研究。闻岳春和李峻屹（2016）[110]发现，中国的创业板上市公司股价会显著受到大股东和高管增持的影响，尤其在公告日当天和公告第二天，而且这种影响会持续一段时间。

中国市场面临突发事件的有效性如何？一些作者也进行了研究。武帅峰、陈志国和杨甜婕（2014）[111]通过研究发现酒鬼酒塑化剂事件对A股整个酿酒板块都造成了负面的影响。严佳佳、郭玮和黄文彬（2015）[112]，运用事件研究法表明，港股市场对"沪港通"事件的公告效应强于沪市。宋博、张洁（2019）[113]研究了我国上证A股市场对重大事件的短期过度反应。韩佳彤、熊熊、张维等（2019）[114]研究了中国股票市场"两会"效应。

上述文献说明中国市场并不是半强有效市场。无论从盈余信息的反应还是估值、规模等角度都说明了中国市场的无效性；而且由于中国市场的羊群效应比较强，这种无效的反应可能非常显著。

2.4 信息强有效文献综述

强有效市场假说认为，包括内部信息在内的所有信息，也会全部反映在证券价格上，拥有内部信息的人也不能获得超额利润。在强式有效的假设下证券市场反映了研究者对某个公司、某行业甚至整个经济的认识。现实市场的外部投资者难以获取内部信息，所以强式有效的检测通常是检验公司内部人或专业投资者是否可以利用内部信息来获取超额收益。

对于内幕交易的研究应该被划归于强式有效市场检验范畴大量文献［如 Givoly Palmon（1985）[115]］，考虑了内幕交易的市场摩擦和交易成本以后，超额盈利几乎消失。

国外做的一些研究表明，公司高级职员的股票收益率高于其他内部人，因此市场强式有效不成立。

Jaffe J F（1974）[116]搜集到1962—1968年200次不同公司内部人员的交易，通过计算超额收益率，在扣除了交易成本以后，内部人员仍然可以获得超额收益。Kim（1978）[117]、Bogle、Twardowski（1980）[118]做了类似的分析。

一些研究表明证券交易所的专营经纪人利用控制指令的条件获取额外收益（Neiderhoffer、Osborne，1966[119]；Seyhun，1986[120]；Ipplito，1989[121]；Liu、Smith、Syed，1990[122]）。Leslie A.、Jeng等（2001）[123]估计了内幕交易者在交易公司股票时的收益，构造了"购买组合"，该组合持有内幕交易者购买的所有股票6个月，并且构造了类似的"卖出组合"，该组合持有内幕交易者出售的所有股票6个月。利用1975—1996年内幕交易报告的综合样本，结果发现，购买组合每月获得超过50个基点的超额收益，卖出组合没有获得超额回报。得出结论，通过购买尤其是大量购买所获得的利润，主要是来自内部人员的高级信息。

　　Gallagher D R、Jarnecic E.（2004）[124]认为，在澳大利亚市场上，活跃的国际股票基金没有获得较高的风险调整后的回报。Goodfellow C、Schiereck D、Wippler S（2013）[125]比较了1990—2010年世界主要地区行为金融基金与市场绩效及配套共同基金的绩效。实证结果表明，行为金融基金既不优于市场也不低于市场，也不与积极管理的共同基金相匹配。Asebedo G、Grable J.（2004）[126]试图利用历史数据，确定从1995年1月1日到2003年12月31日，是否可能采用买入并持有策略，从而选择表现始终优于其他共同基金的基金。结果支持低成本共同基金在多个时间段内往往优于较高成本基金的假设，并且短期业绩显示出收益的持续性。

　　Zhu等（2002）[127]、Ravina等（2006）[128]发现，内部人购买本公司股票可以获得显著超额收益，而卖股票没有超额回报。Yang（2005）[129]发现高管内部信息越多买的股票也越多，信息披露越透明买的越少。Fidrmuc等（2005）[130]发现在英、美股票市场上，内幕交易披露得越及时，交易超额回报率越低。Wang W、Francis B B、Shin Y C（2007）[131]通过研究发现，首席财务官购买公司股票的异常回报高于首席执行官。进一步的分析表明，CFO的超额收益与未来公司业绩相关，而未来资产回报率（ROA）的变化代表了这一点。

　　Marin J M、Olivier J P（2008）[132]研究发现，内幕人士卖出股票的高峰出现在股价大幅下跌之前的多个月，而内幕人士的购买股票高峰出现在股价大幅上涨之前的一个月前。

　　Jędrzej Białkowski、Otten R（2010）[133]利用波兰市场数据，指出国内基金的表现优于国际投资基金。基于其显著正的α值，"赢家"基金能够显著地打败市场。平均回报率在一年内具有强持续性。

　　Jagolinzer A D、Larcker D F、Taylor D J等（2011）[134]发现，当内幕交易

者在公司内实施限制性交易窗口时，内幕交易的利润和对未来经营业绩的预测能力通常较高。然而，当需要 GC（总顾问）批准执行交易时，内部人的交易利润和内部人交易对未来经营业绩的预测能力实质上较低。

Kaspar Dardas（2012）[135]研究了 2002 年 1 月至 2009 年 12 月来自 17 个西欧国家的董事交易公告后的长期超额回报。主要研究结果表明，内幕买入（卖出）交易后存在长期正（负）超额收益。

Kraft A、Lee B S、Lopatta K（2013）[136]首次利用高级管理人员和其他内部人士（如董事或大股东）在交易时间上的差异来推断信息不对称。假设高级管理人员与其他内部人员同时进行交易的时机表明高级管理人员与其他内部人员之间存在机会主义交易和信息不对称。研究结果表明，高管的独家销售与未来的回报率呈负相关，表明他们倾向于使用内幕信息。此外，当高级管理人员计划出售股票时，他们更有可能达到盈利预期。

Goncharov I、Hodgson A C、Lhaopadchan S 等（2014）[137]通过直接比较内幕交易回报和内幕人士预测西班牙和澳大利亚未来应计利润的能力来实现这一目标。结果显示，在澳大利亚，有条件的内幕交易带来了更高的超额回报和对未来收益的更大预测，金融分析师随后利用这些预测来降低预测误差，尤其是在反向应计交易中。

Nguyen V、Tran A、Zeckhauser R（2017）[138]研究了越南新兴股票市场从 2007 年到 2011 年的 718 起分割事件。发现了与非法内幕交易一致的证据，尤其是那些容易受到内部操纵的公司更容易分拆他们的股票。当弱势企业的股票出现分割时，提供了大量的短期超额收益。很明显，这些股票在宣布分割前的异常回报率也非常高，确实高于他们异常公告后的回报。

Chiang C H、Chung S G（2017）[139]发现强有力的证据表明，净内幕销售与未来股票回报波动性正相关，这与内幕销售增加了外部投资者的不确定性一致。当围绕盈利公告衡量波动性时，净内幕销售的积极影响显著增强。显然，期权价格并不能充分反映未来波动性的内幕交易信息内容。更具体地说，没有发现任何证据表明期权交易者会及时调整隐含波动率以应对内幕交易效应。

由于中国证券市场时间短、缺乏足够的数据，因此对市场的检验多集中于弱式有效和半强式有效，很少做强式有效检验。

在国内，刘志远、鄂华（2003）[140]研究表明，累计异常报酬率（CAR）在公告之前逐渐上升，公告后基本持平，市场达到半强式有效，但这种结果可能并不是股价在公告当日对信息快速反馈的结果，而可能是内幕交易的表现。

曾庆生（2008[141]，2014）[142]发现，内部人在卖出本公司股票时把握时机能力很强，这一能力可能源自非公开信息。

何青（2012）[143]分析了自2007年6月1日以来，我国公开市场上内部人的交易行为。结论表明，内部人交易监管法规没有影响内部人的超额收益。

邓德强、金月娟（2014）[144]发现上市公司高管及大股东具有很强的择机获利能力，实际掌握公司运营信息的高管择机能力比董事、监事强。

韩岚岚（2015）[145]利用内幕交易事件进行了实证研究表明，公司内部内幕交易人可以比公司外部内幕交易人获得更高的收益，其中总经理的超额收益最多。

岑维、童娜琼、岳琳川（2015）[146]研究结果表明，我国内部人购买本公司股票可以得到正超额回报；高科技企业内部人获得的超额回报更高；股票越热、超额回报越低。

孔东民、刘莎莎、陈小林、邢精平（2015）[147]研究结果表明，对于投资者关注低的公司，机构投资者可以通过访问上市公司获得更为显著的信息优势，并做出更好的投资决策。

陈灿（2016）[148]研究了大股东减持事件对机构投资者交易行为的影响。实证结果表明，大股东和机构投资者能够从大股东减持行为中获利，中小投资者的利益容易受到来自大股东内部人优势和机构信息优势的损害。

郑洁、余丽霞（2017）[149]研究了并购、转让股权、剥离资产这三类方式对公司超额回报的影响。在公告日前三种重组方式的超额收益都显著大于0；在公告日后，并购和转让股权超额回报在上升后逐渐趋于平稳，其他方式公告后下跌。

沈冰、周杰（2017）[150]认为，从信息公布前25日，股价波动性上升；在信息公布日后，由于重大信息泄露并被市场提前反应，内部人在信息公布前已经获利卖出，股票的收益率大幅下跌。

黄灿、李善民、庄明明、黄志宏（2017）[151]的研究结果表明，当信息环境较好时，内幕交易对当期股价的负向影响会削弱；当信息环境较差时，内幕交易对当期股价的负向影响会加强。

陈宪、卢思远、陈勇（2018）[152]发现，上市公司股价的异常表现出现在交易公告前7天和后4天，保险资金举牌不会使股价异常波动，部分投资者会因为提前获得举牌信息而取得短期超额回报。

陈宪、袁娜、陈勇（2018）[153]选择2011—2016年沪深A股2158家公司面板数据，研究内幕交易行为的超额收益。结果表明：高股权集中度会提高内幕交易发生的可能性；机构持股能显著减弱股权集中度过高引发的内幕交易行为。

2.5 市场信息效率研究已有文献综评

2.5.1 当前市场信息效率的研究

1. 信息效率弱有效的研究

目前的主要文献都是判断股价走势是否符合随机游走过程。易荣华、张洋彬、刘家鹏（2013）[154]指出弱信息效率检验采用的方法比较类似，都是游程检验、方差比检验以及 ADF 法等。检验得出的结论不太一致，对于发达国家，研究文献发现大部分发达国家实现了信息弱有效，例如，Fama（1970）[155]采用自相关检验、游程检验认为美国市场弱有效。但是也有极少部分发达国家尚未实现信息弱有效，例如，Worthington A C、Higgs H（2009）[156]通过游程检验等方法发现澳大利亚没有实现信息弱有效。对于发展中国家，研究的结论有很大差异，认为有些市场实现了弱有效，有些还没有实现弱有效。对于中国股票市场，大部分研究文献认为没有实现信息弱有效，例如吴世农（1996）[157]；但是也有部分文献认为实现了信息弱有效，例如陈小悦（1997）[158]。

2. 信息效率半强有效的研究

当前的主要文献是基于公告信息尤其是盈余信息来判断市场信息效率是否半强有效。采用的研究方法主要是事件研究法。大部分研究者如 Ball 和 Brown[159]教授在 1968 年通过检验认为即使是美国等发达国家、也没有实现信息半强有效；但是 Fama 等（1969）[160]采用事件研究法发现增发不能带来超额收益率。对于中国市场，绝大部分文献认为没有实现信息半强有效，例如赵宇龙（1998）[161]通过检验中国市场对盈余信息的反应，得出了上述结论，其他案例还包括沪港通事件中，港股市场的公告效应要强于沪市，说明

A股的信息效率受到明显的政策事件影响。

3. 信息效率强有效的研究

当前的主要文献是基于内部人是否可以通过买卖股票获得超额收益来判断股票市场信息效率是否强有效。采用的研究方法主要是研究内部人交易行为实施前后是否获得超额收益率，包括大股东、管理层和其他内部人。Kaspar Dardas (2012)[162]研究了17个西欧国家发现，内幕买入（卖出）交易后存在长期正（负）超额收益。岑维等（2015）[163]研究表明我国内部人购买本公司股票可以得到正超额回报。因此，检验结果是，无论在哪个市场绝大部分内部人交易获得了超额收益，所以在所有市场都还没有实现信息的强有效。

2.5.2 当前研究的问题与不足

1. 信息效率的研究结果有差异

从以上的研究文献发现，即便是同样的市场，不同的文献使用的样本不同、采用的数据不同、检验的历史时期不同、使用的检验方法不同，导致检验结果也不尽相同。

如果是不同的市场，检验的结果差异更大：例如，对于信息弱有效检验，发达市场的检验发现弱信息有效的比较多；发展中国家的市场发现弱信息无效的比较多；对于信息半强有效检验，美国市场的检验几乎都认为尚未达到半强有效，英国和法国市场的检测认为已经达到半强有效。

不同研究结果显示出较大的差异，显示进一步做研究具有很强的必要性。

2. 采用新的数据研究较少

海外的研究文献多数集中在1960年到1980年，20世纪80年代后的研究文献较少；国内的研究文献大多集中在1990年到2010年，最近十年的文献比较少。最近二十年正好是信息社会来临、互联网大发展的时代，也是大数据和人工智能逐渐开始得到应用的阶段。互联网实现的网络信息平权使大部分人可以接近免费获取公告信息；搜索引擎使投资人可以更好地主动获得信息；大数据使越来越多的企业经营数据可以在公告之前获得。

这些都可能对于市场信息效率产生影响，进而提升市场的有效性，因而有必要按照当前的市场效率进行检测。

3. 侧重现象、原因分析较少

之前的大量文献做了大量的理论检测，检验的内容主要是市场信息效率是否足够高。文献检验结果发现部分发达国家的市场实现了弱信息有效，大部分发展中国家市场还没有实现弱信息有效，几乎所有的市场都没有实现半强信息有效。但是很少有文献对市场信息效率低下的原因做探讨。

无论在二级、还是一级市场，一些头部投资人能持续取得超额回报率。尽管实务层面持续超额回报率长期存在，但是理论界并没有对此足够重视以及做出足够充分的分析研究。

很多研究人员指出市盈率法和市净率法等投资方法已经失效。刘春花（2019）[164]采用2012年到2018年的历史数据作检测发现市盈率、市净率和股市回报率没有显著关系。另外，投资实践结果发现低估值公司持续多年跑输指数。这些对Fama的理论提出了巨大挑战。但是理论界并没有构建一个新的研究体系提炼出行之有效的超额回报解释。

4. 缺乏深入的理论解释

尽管市场信息效率理论对于现实状况的解释不好，实际当中存在长期的超额回报率，但是理论界没有给出很好的理论解释。尤其是，没有基于信息学、信息经济学等科学，构建很好的理论框架去系统性地分析市场信息效率不高的原因以及超额收益率的主要驱动因素。

基于以上，非常有必要发现高回报率行业的本质特征，根据信息学和信息经济学的原理深入研究做出理论解释。

2.6 研究内容及框架

本书集中阐述了什么是弱有效市场、什么是半强有效市场以及强有效市场。同时引用大量的文献说明了这些理论的缺陷，指出了本书的研究方向。下面本书据此提出了具体的研究框架（见图2-2）。

第1章绪论说明了当前市场信息效率理论的现状，拟研究的问题和方法以及研究的贡献和创新。

第2章是市场信息效率研究文献综述。

第3章运用当前中美股市数据对于信息效率进行了检验，发现中国股市未达到信息弱有效，中美股市均未实现半强信息有效。

第4章指出了市场信息效率假说在理论、实践和实证上的缺陷。

第5章运用信息学理论说明网络效应、学习曲线和品牌是促使信息产业具有高资本回报率的主要原因。

第6章运用信息经济学的理论说明创新减少了信息的不确定性，是高增长的主要驱动因素，降低了市场信息效率。

第7章提出互联网、大数据和人工智能会帮助改善市场信息效率。被动管理的比重会不断提高，主动管理仍然会存在。

第8章指出了股票市场信息效率的发展趋势：当前股市的信息效率不高，主要原因是信息获取和分析的低效率。随着互联网、大数据和人工智能的发展，信息获取和处理的效率会提高，市场会更加有效。

本书共分为8章，具体内容如图2-2所示。

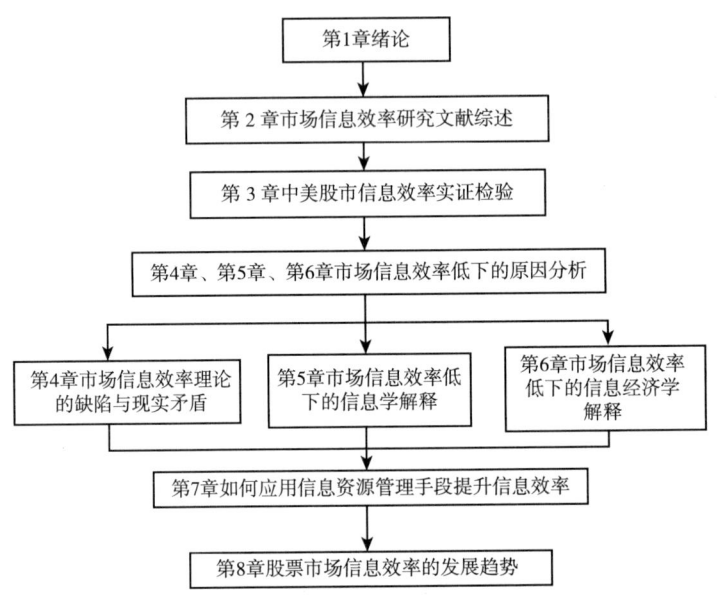

图 2-2 文章结构框架图

各章之间的逻辑框架如下（见图 2-3）：第 1 章绪论提出了本书的研究对象、方法和创新。第 2 章是研究对象现有成果的综述，在对现有成果分析的基础上，指出了目前研究的空白之处，提出了本书的具体研究内容。第 3 章利用有关的实证检验证实了目前市场信息效率的真实状况，发现仍处于较低水平。第 4 章分析了信息效率理论假设的缺陷、与实践的不符之处，并从实证的角度发现高回报来自于高增长和高净资产收益率。第 5 章从信息学网络效应等角度解释了信息为核心的产业具有高资本回报率的原因。第 6 章从信息经济学研究的创新的角度解释了高增长的来源。第 5 章和第 6 章从信息科学的角度共同对于股市中存在的持续高回报率现象给出解释。第 7 章提出了提升市场信息效率的措施。第 8 章指明了市场信息效率会不断提升同时主动管理仍然存在。

第 2 章 市场信息效率研究文献综述

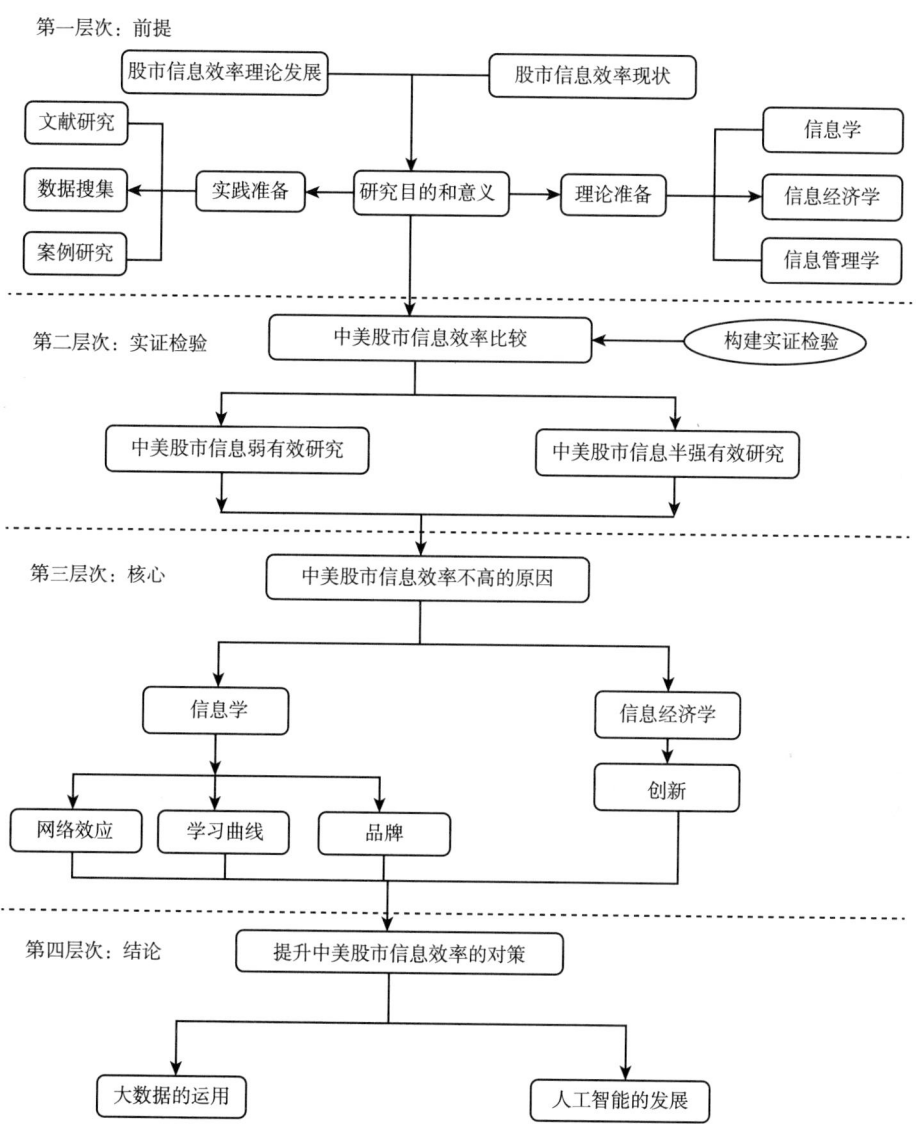

图 2-3 各章逻辑关系

第 3 章
中美股市信息效率实证检验

3.1 美国股市信息效率弱有效检验

之前的文献多数肯定了美国市场达到弱有效。弱有效市场中的股价充分反映了历史交易价格中隐含的信息,参与者难以通过分析历史价格获取超额利润。要想获得超额利润,必须寻求历史价格信息以外的信息。

本书首先采用历史收益率验证的方法,检测使用股价是否可以获得超额收益率。此外,本书也用量化分析方法检测了美国市场的弱有效性。

3.1.1 美国股市全市场信息效率弱有效检验

判断一个市场信息效率是否是弱有效的方法就是股价指标,或者说技术分析能否在这个市场持续获得超额收益。如果美国市场信息效率是弱有效的,那么技术分析就很难在这个市场当中获得超额收益。

参考文献当中采用了很多方法来检验在某一段时期美国股票市场是否是弱有效的。本书尝试用较长时间的历史数据检验是否可以用技术分析的方法获得超额收益率。对于较长时间,比较简单有效的技术分析方法是道氏理论,也就是采用股价均线做历史趋势追踪的方法。

采用指数均线测试历史收益率的原因:采用指数时间周期足够长,可以以几十年的长期时间周期进行检验。采用均线的原因,均线简单明了,可以跟踪长、中、短期的趋势;当市场趋势维持长期趋势的时候可以持续跟踪持有,当中期趋势向下的时候可以空仓避免调整。因为是跟踪趋势、在趋势确认以后采取行动,如果趋势有效也可以验证股价表现是否存在延时的相关性。

方法:这里采用指数在均线上方认为持有多仓,在均线下方认为持有空仓;同时不考虑交易成本,由此测试在长期是否可以获得超过指数的超额收益率。

1. 道琼斯指数不同时间周期收益率检测

从1972年4月12日到2018年12月28日,道琼斯指数不同时间周期的多仓的收益率如图3-1所示。

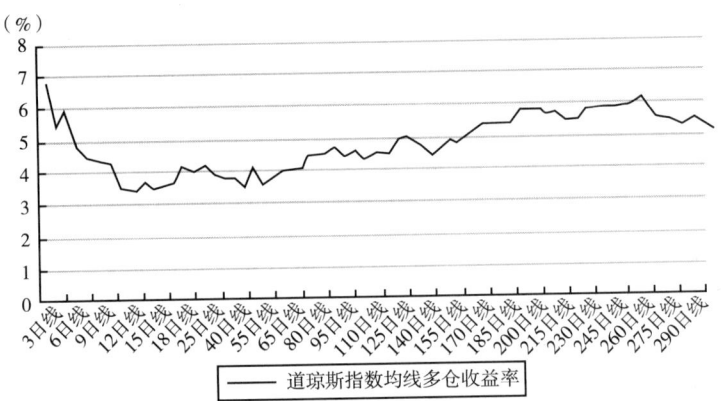

图3-1 道琼斯指数不同时间周期均线多仓收益率检测

数据来源:万得资讯。

从图3-1可以看出:道琼斯指数的长期收益率在7%;基本上均线系统最高收益率在6%左右,而且在200日均线的时候收益率最高,这和查尔斯·道创立道琼斯指数的时候观察到的相同。

图3-2表示道琼斯指数不同时间周期均线空仓收益率,从图3-2可以看出:当指数低于均线的时候,如果做空,那么收益率是负的。

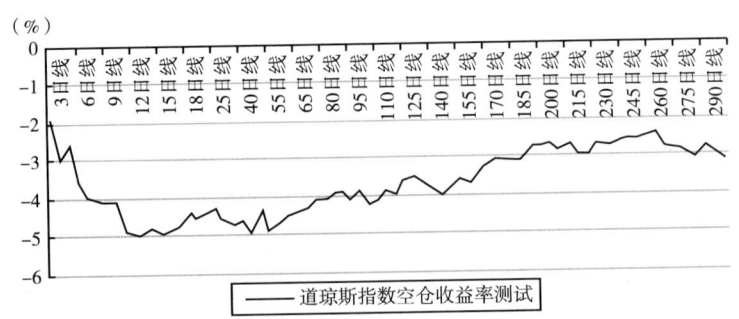

图3-2 道琼斯指数不同时间周期均线空仓收益率检测

数据来源:万得资讯。

从图3-3可以看出，当指数高于均线的时候做多，低于均线的时候做空，收益率也显著不如长期持有指数。

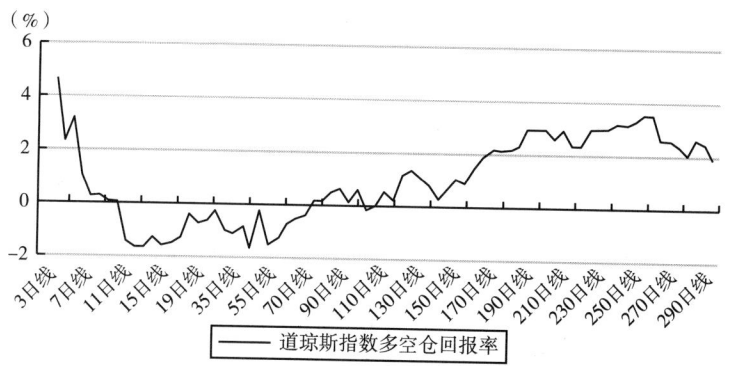

图3-3 道琼斯指数不同时间周期均线多空仓收益率检测

数据来源：万得资讯。

由上可见，无论是根据指数的趋势做多还是做空，都不能相对于长期持有指数获得超额收益率。

2. 标准普尔500指数不同时间周期收益率检测

同样的检测也适用于标准普尔500指数。

通过计算得出，1927年到2020年标准普尔500指数的复合回报率为5.26%。两标准普尔500指数不同时间周期的多仓收益率如图3-4所示。从图3-4可以看出：基本上均线系统多仓收益率在6%~7%，并未大幅度超过标准普尔500指数的复合回报率。

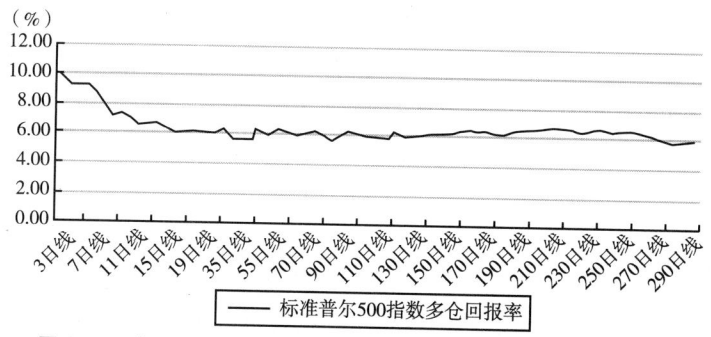

图3-4 标准普尔500指数不同时间周期均线多仓收益率检测

数据来源：万得资讯。

标准普尔500指数不同时间周期的空仓的收益率如图3-5所示。从图3-5可以看出：基本上均线系统空仓收益率在-1%~2%，显著低于标准普尔500指数的复合回报率。股价趋势不好的时候做空不能获得收益率。

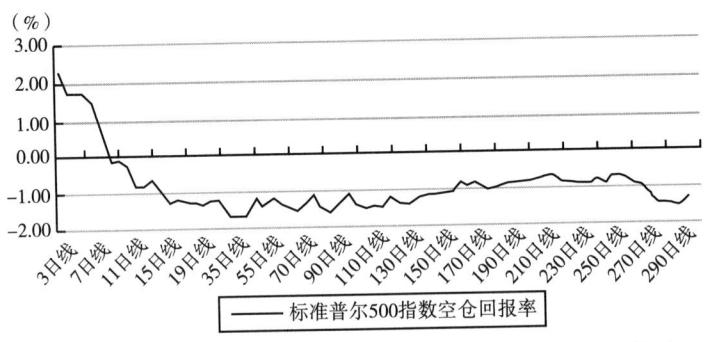

图3-5　标准普尔500指数不同时间周期均线空仓收益率检测

数据来源：万得资讯。

图3-6为标准普尔500指数不同时间周期均线多空仓收益率。从图3-6可以看出：基本上均线系统多空仓收益率在4%~6%，不超过标准普尔500指数的复合回报率。股价趋势好的时候做多不好的时候做空，不能获得收益率。

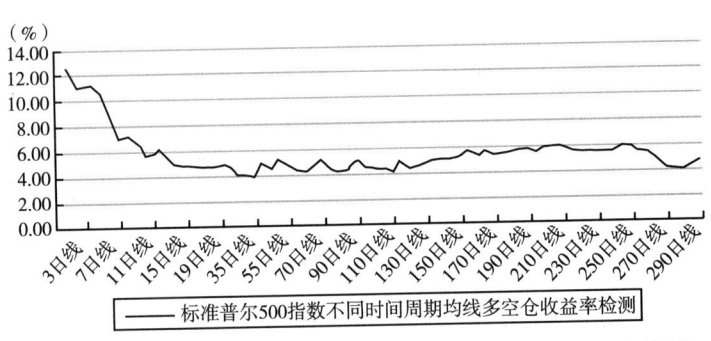

图3-6　标准普尔500指数不同时间周期均线多空仓收益率检测

数据来源：万得资讯。

3. 纳斯达克100指数

本研究用同样的方法对纳斯达克100指数进行了检验。

图 3-7 表示纳斯达克 100 指数不同时间周期均线多仓收益率。从图 3-7 可以看出，纳斯达克指数 100 的长期收益率在 12.12%，基本上指数在均线上的多仓收益率在 9%~10%，没有超额收益率。

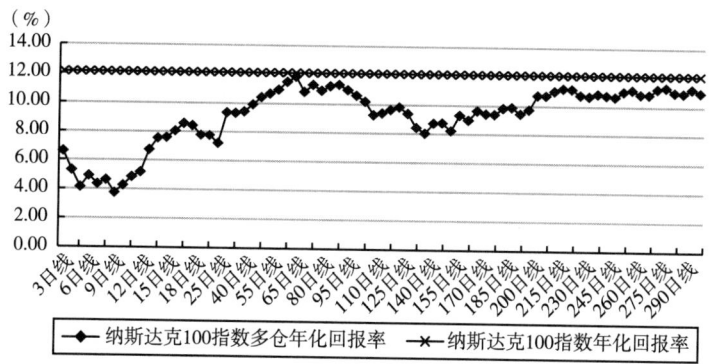

图 3-7 纳斯达克 100 指数不同时间周期均线多仓收益率检测

数据来源：万得资讯。

图 3-8 表示纳斯达克 100 指数不同时间周期均线空仓收益率。从图 3-8 可以看出，纳斯达克指数的长期收益率在 12.12%；基本上均线系统空仓收益率在 -6%~-7%。股价趋势不好的时候做空纳斯达克指数不能够获得收益率。

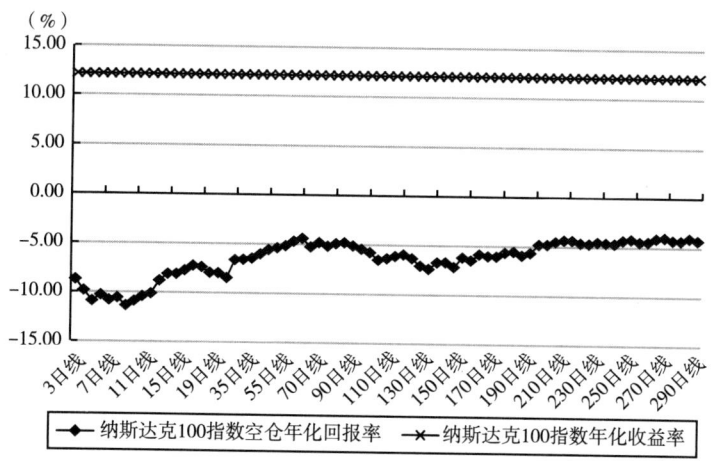

图 3-8 纳斯达克 100 指数不同时间周期均线空仓收益率检测

数据来源：万得资讯。

图3-9为纳斯达克100指数不同时间周期均线多空仓收益率;可以看出,对于纳斯达克100指数趋势好做多、趋势不好时候做空不能获得显著收益率。

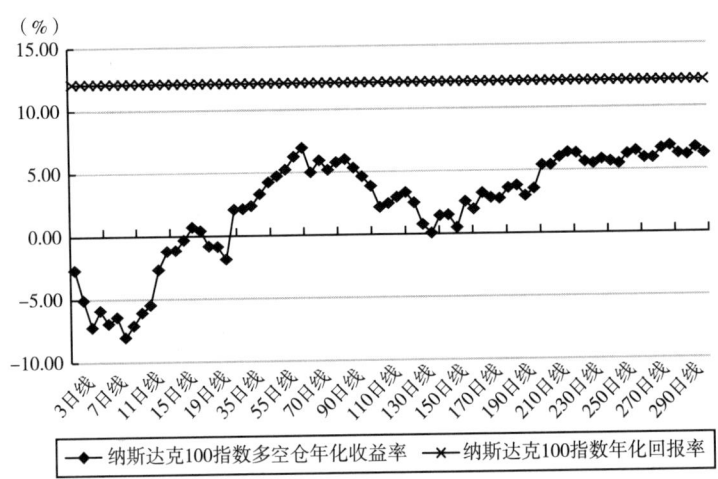

图3-9 纳斯达克100指数不同时间周期均线多空仓收益率检测

数据来源:万得资讯。

3.1.2 美国股市信息效率弱有效ADF检验

除了历史收益检测之外,本研究还利用纳斯达克指数的数据进行了实证检验,方法为ADF检验,结果如下所述。

1. ADF检验整体概述

在本研究中,在投资者风险中性假设下,则有$E(r_{t+1} - r_{f,t} | \Omega_t) = X_t$。其中$r_{t+1}$表示为股票从$t$时点到$t+1$时点的回报率,$\Omega_t$表示$t$时点已知信息集,$r_{f,t}$表示时点$t$无风险资产收益率。假设市场有效,$\Omega_t$体现了所有信息。由此得到$r_{t+1} = r_{f,t} + \varepsilon_{t+1}$。其中,$\varepsilon_t \sim IID(0, \sigma_\varepsilon^2)$。如果$r_{f,t}$是常数,意味着$p_t \equiv \ln(P_t)$近似服从一个随机游走模型:$p_t = \mu + p_{t-1} + \varepsilon_t$。因此,从而可以

验证p_t的随机游走特性以及市场有效性。

2. 样本选择

该部分采用美国纳斯达克指数进行检验，时间为2010年9月10日至2021年1月29日，除去节假日和周末停盘，样本量为2615。

3. 计算结果

检验统计量为－2.878，检验 p 值为 0.207＞0.1，在 0.1 的显著性水平下不拒绝原假设，即序列符合随机游走模型，美国股票市场为弱式有效的。详见表 3－1。

表 3－1　　　　　　　美国股票市场 ADF 检验结果

	p－value	结果
ADF 检验	0.207	不拒绝原假设 （显著性水平 0.1）

资料来源：根据数据计算得出。

从上文可见，美国市场的几个主要指数如道琼斯指数、标准普尔 500 指数以及纳斯达克 100 指数都不能通过均线系统获得更高的回报率。实证检验的结果证明美国股市是弱有效。这也说明美国市场的高效率，仅仅从股价信息出发很难获得高回报率。

从实践来看，在美国也没有哪个亿万富翁是通过在股市做技术分析实现的。可能短暂有过，但是都不能持久。从理论和实践看，美国市场都实现了弱有效。

3.2 中国股市信息效率弱有效检验

本研究采用同样的方法验证了中国市场信息效率是否弱有效。

3.2.1 中国股市全市场信息效率弱有效检验

和美国市场弱有效检验相同,我们先采用全市场检验方法来检测中国股票市场信息效率的弱有效性。

1. 上证 50 指数检验

图 3-10 表示上证 50 指数不同时间周期均线多仓收益率。从图 3-10 可以看出,上证 50 指数的长期收益率在 7.89%;采用均线系统多仓收益率在 13.83% 左右,而且在 180 日均线的时候收益率最高。

图 3-10 上证 50 指数不同时间周期均线多仓收益率检测

数据来源:万得资讯。

图 3-11 表示上证 50 指数不同时间周期均线空仓收益率。从图 3-11 可以看出,上证 50 指数采用均线系统空仓收益率在 1%~2%。

图 3-11　上证 50 指数不同时间周期均线空仓收益率检测

数据来源：万得资讯。

图 3-12 表示上证 50 指数不同时间周期均线多空仓收益率。从图 3-12 可以看出，上证 50 指数采用均线系统均线上做多均线下做空的年化回报率在 15%~16%，显著超过指数年化回报率。

图 3-12　上证 50 指数不同时间周期均线多空仓收益率检测

数据来源：万得资讯。

上证指数的回报说明在中国市场通过分析股价指标可以产生超额收益率。

2. 沪深 300 指数检验

图 3-13 表示沪深 300 指数不同时间周期均线多仓收益率。从图 3-13 可以看出，沪深 300 指数年化收益率为 5.87%；多仓年化收益率在 13% ~ 14%；多仓收益率显著超过指数收益率。

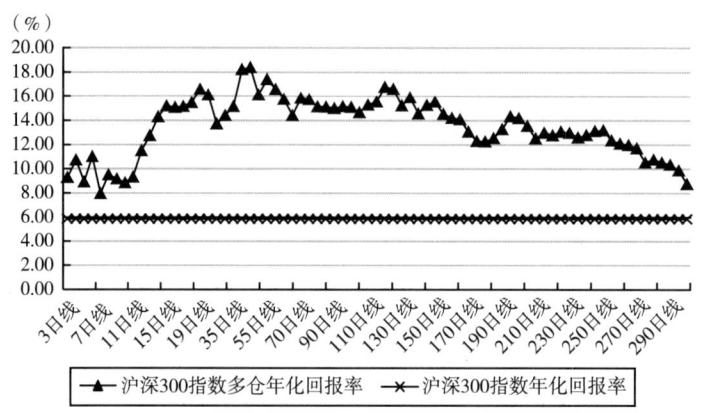

图 3-13 沪深 300 指数不同时间周期均线多仓收益率检测

数据来源：万得资讯。

图 3-14 表示沪深 300 指数不同时间周期均线空仓收益率。从图 3-14 可以看出，300 指数空仓的回报率在 3% 左右，有正回报率。

图 3-15 表示沪深 300 指数不同时间周期均线多空仓收益率。从图 3-15 可以看出，300 指数多空仓年化回报率为 17%，相对于 5.87% 的指数具有显著的超额收益率。

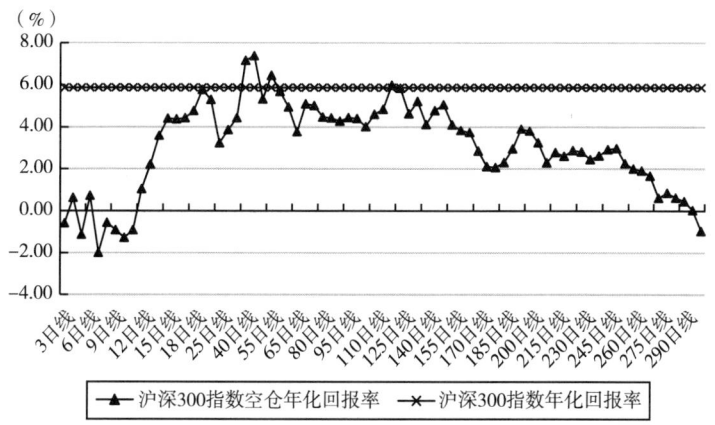

图3-14 沪深300指数不同时间周期均线空仓收益率检测

数据来源：万得资讯。

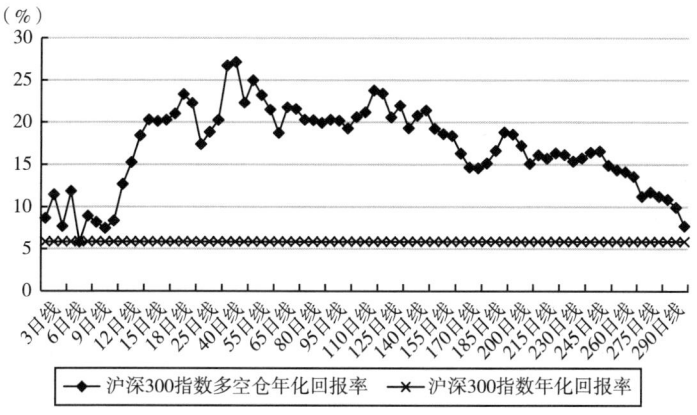

图3-15 沪深300指数不同时间周期均线多空仓收益率检测

数据来源：万得资讯。

3. 中证500指数

图3-16表示中证500指数不同时间周期均线多仓收益率。从图3-16可以看出，中证500指数多仓年化收益率为19%~20%，相对于11.77%的

指数年化回报率有显著超额收益率。

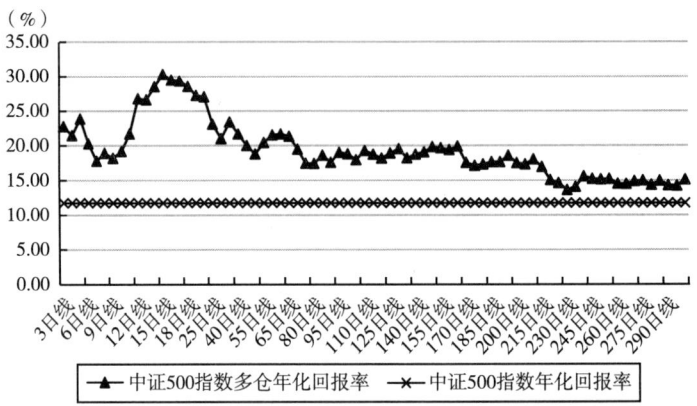

图 3-16　中证 500 指数不同时间周期均线多仓收益率检测

数据来源：万得资讯。

图 3-17 表示中证 500 指数不同时间周期均线空仓收益率。从图 3-17 可以看出，中证 500 指数空仓年化收益率 1%~2%，有正回报率，但是不显著。

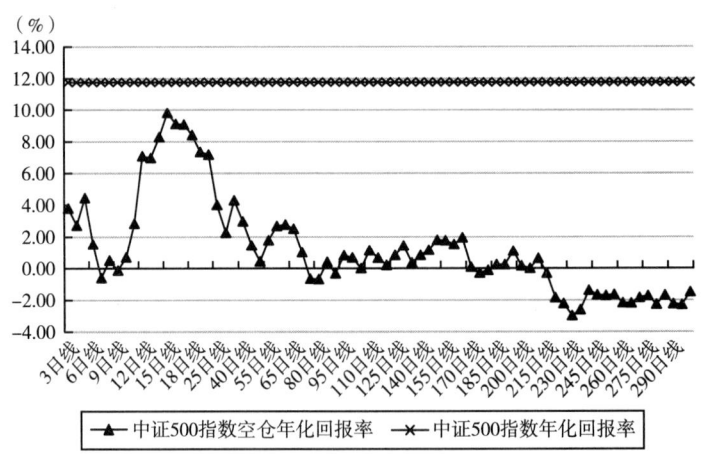

图 3-17　中证 500 指数不同时间周期均线空仓收益率检测

数据来源：万得资讯。

图 3-18 表示中证 500 指数不同时间周期均线多空仓收益率。从图 3-18 可以看出，中证 500 指数多空仓年化收益率为 21%，显著超过指数年化回报率 11.76%。

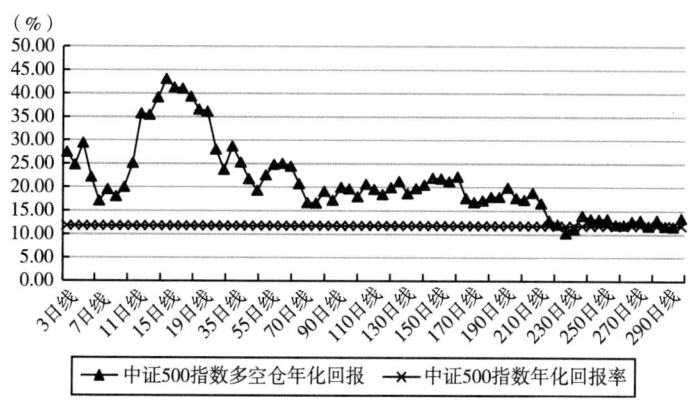

图 3-18　中证 500 指数不同时间周期均线多空仓收益率检测

数据来源：万得资讯。

上证 50 指数、沪深 300 指数以及中证 500 指数在均线以上的多仓回报率都显著超过指数；同时这些指数在均线以下的空仓也有正回报率。由此可见，中国股票市场并非弱有效，通过对股价的趋势分析可以获得显著的超额回报率。

3.2.2　中国股市信息效率弱有效游程检验

除了历史收益检测之外，本书还利用中国市场深证综指的数据进行了实证检验，方法为游程检验，结果如下所述。

1. 方法说明

（1）随机游走模型。随机游走模型是一种测试股市是否弱式有效的方法。随机游走模型实质是检测在不同时间股价是否具有序列相关性。

（2）游程检验。游程检验的性质是根据样本标志所形成的游程数量进行判断，用于两个独立样本的比较和随机性的检验。游程检验的变量类型必须为二分变量，其中某个变量在序列中一次连续出现为一个流程。

序列的随机性检验的原理是：将来自某一总体的样本观测值按从大到小排列，找到中位数，分为小于和大于中位数两个部分，用游程个数检验样本是否随机。

原则是对于真随机序列，流程的总数应该不多不少，游程太少说明样本缺乏独立性，内部存在一定的趋势，这可能由于观察值不独立。如果游程太多，则可能有系统的短周期波动影响结果。上述都可能认定序列的非随机性。

2. 数据说明

我们研究 A 股是否达到了弱有效，因而选择 1999 年 9 月 20 日至 2021 年 2 月 3 日深圳综合指数进行序列相关检验和游程检验。

3. 数据处理

将深圳综合指数换为指数收益率：$Return = \log(Y_t \div Y_{t-1}) \times 100$

图 3-19 体现指数价格以及收益率的变动趋势。

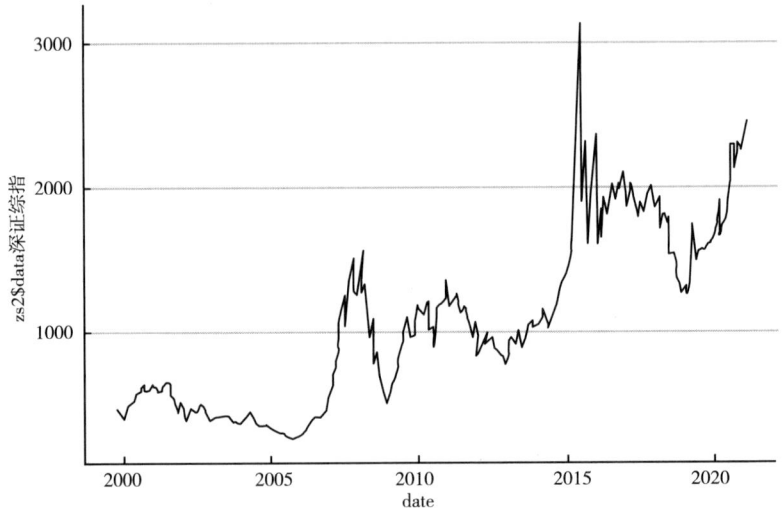

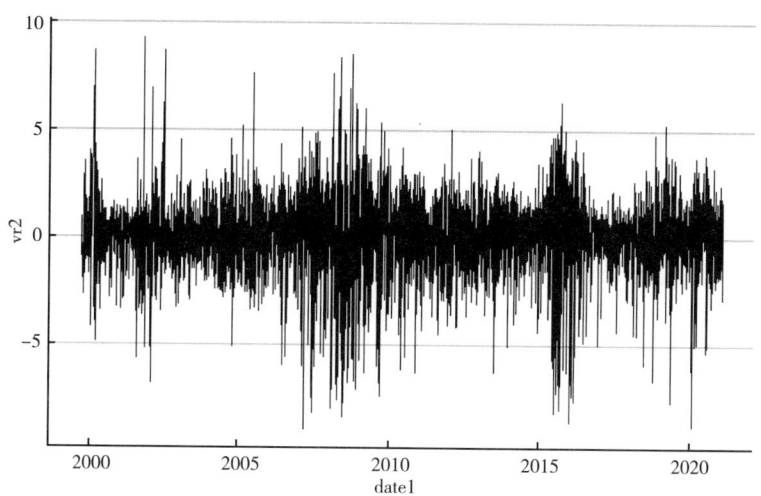

图3-19 深综指价格和收益率变动（上：价格；下：收益率）

资料来源：根据数据计算得出。

4. 游程检验结果

随机游走检验所得到的 p 值为 0.0235，在 0.05 的显著性水平下可以得到拒绝原假设的结论，即深圳综指不符合随机游走序列，中国市场弱式无效。中国股票市场游程检验结果见表 3-2。

表 3-2 中国股票市场游程检验结果

	p-value	结果
游程检验	0.0235	拒绝原假设（显著性水平 0.05）

资料来源：根据数据计算得出。

由此可见，中国股票市场并非弱有效，通过检验发现主要股票指数都不符合随机游走，此外对股票价格的历史信息分析可以获得显著的超额回报率。

3.3 美国股市信息效率半强有效检验

市场信息效率弱有效检验是考察利用历史股价信息能否预测未来股价走势，进而获得超额收益率。而信息效率半强有效市场检验则考察能否利用公开的基本面信息获得超额收益率。通常采用事件研究法来做检验。

3.3.1 事件研究法概述

1. 整体概述

判断股票市场是否具有半强式有效性存在多种方法。Fama、Fisher、Jensen 和 Roll[89]提出的"事件研究法"使用最为广泛。作为一种统计方法，事件研究法是指分析某件可能影响相应市场的事情时，股票价格是否因此反馈以及是否出现非正常收益率。在此基础上进行比较分析，从而确认股价变化与这一事件的发生相关与否，其核心是检测累计异常回报率与特定事件之间的相关性。事件研究法已经被广泛地运用在很多领域的研究中。

事件研究法以"有效市场理论"为基础。半强有效市场环境下，历史股价和公告信息均不创造超额收益。股票价格反映了所有公开信息，包括历史股价和成交量，也包括公司披露的各类公开信息等。在半强式有效市场中，内幕信息是超额收益的可能来源。

事件研究法是以影响股价的事件为基点，分析事件发生前后样本股票回报率的变化，寻找特定事件与样本股回报率的关联性。事件研究法可以检验股价对披露信息的反应程度。在一个有效市场上，股价波动程度反映了事件的影响大小。事件的影响大小可以由异常收益率来度量。事件研究法认为投资者可以理性判断市场上新披露的信息。异常收益率可以反映事件的影响程度。

2. 相关理论

市场的有效性可以通过检验市场是否在事件前后有异常收益率来判断，我们的检验方法如下。

第一步，计算实际收益率 $R_{i,t}$。

$$R_{i,t} = (P_{i,t} - P_{i,t-1}) \div P_{i,t-1} \tag{3-1}$$

其中，$R_{i,t}$ 表示第 i 只股票在第 t 期的回报率，$P_{i,t}$ 表示第 i 只股票在第 t 期的收盘价格，$P_{i,t-1}$ 表示第 i 只股票在第 $t-1$ 期的收盘价格。本书采用万得数据库中的证券和指数的每日普通收益率数据作为实际收益率。

第二步，正常收益率 $NR_{i,t}$ 的计算，定义为股票 i 在第 t 期的正常收益率。

先选择计算周期以及估计周期，再获取计算周期区间内每只股票以及标的股票每个交易日的实际收益率，选取的标的指数为万得全A指数，数据来自万得数据库。通过计算周期个股与指数的回归方程计算每只股票的 α、β：

$$R_{i,t} = \alpha_i + \beta_i R_{m,t} + \varepsilon_{i,t} \tag{3-2}$$

根据每只股票的 α、β 以及估计周期的指数收益率，估计出股票 i 在第 t 期的正常收益率：

$$NR_{i,t} = \alpha_i + \beta_{i,t} R_{m,t} \tag{3-3}$$

其中，α_i 是截距项，表示股票 i 无条件限制的平均收益，R_i 是股票 i 的收益率，R_m 是指数收益率。

第三步，异常收益率的处理。定义 $AR_{i,t} = R_{i,t} - NR_{i,t}$ 为异常收益率，用平均异常收益（Average Abnormal Return，AAR）和累计平均异常收益（Cumulative Average Abnormal Return，CAAR）表示。计算事件窗口内某日所有样本公司的平均异常收益率 AAR：

$$AAR_t = \frac{1}{N} \sum_{i=1}^{N} AR_{it} \tag{3-4}$$

计算全体样本事件窗口内单个交易日的累计异常收益率 $CAAR_t$，N 为样本股票数：

$$CAAR_t = \sum_{i=1}^{N} AAR_{it} \qquad (3-5)$$

第四步，总样本异常收益率的检验。显著性检验采用 t 检验方法。假设事件发生对股价无影响时，$CAAR$ 均服从均值为 0 的正态分布，$CAAR_t$ 是否显著进行统计检验。

H_0：$CAAR_t = 0$；H_1：$CAAR_t \neq 0$。

构造 t 统计量：

$$t_{(CAAR_t)} = \frac{CAAR_t}{S/\sqrt{N-1}}, \qquad (3-6)$$

其中：$$s^2 = \frac{\sum_{i=1}^{N}(CAAR_t - \overline{CAAR})^2}{N-1} \qquad (3-7)$$

以上是进行数据检验的公式方法。

3.3.2 检验过程及结果分析

1. 样本选择

我们选择 2020 年 3 月 3 日和 2020 年 3 月 16 日美国两次降息作为事件，美国联邦储备委员会分别宣布降息 50 个基点和 100 个基点。

选择第二次降息日后 20 天，即 2020 年 3 月 17 日至 2020 年 4 月 14 日的标准普尔 500 作为市场指数，以及美国标准普尔 100 上市公司（101 个样本）的股票收益率作为本研究的研究样本。

2. 计算过程和结果

根据累积超常收益分析法进行分析，研究步骤如下。

第一，计算 101 家上市公司在降息日前后 20 天内的日收益率 R_{it} 和市场日收益率 R_{mt}，计算公式如下：

$$R_{it} = \ln \frac{P_{it}}{P_{i(t-1)}} \qquad (3-8)$$

$$R_{mt} = \ln \frac{P_{mt}}{P_{m(t-1)}} \qquad (3-9)$$

其中，P_{it} 是第 i 种股票在第 t 日的收盘价；$P_{i(t-1)}$ 是第 i 种股票在第 $t-1$ 日的收盘价；P_{mt} 是标准普尔 500 指数在第 t 日的收盘价；$P_{m(t-1)}$ 是标准普尔 500 指数在第 $t-1$ 日的收盘价。

第二，使用 CAPM 模型估算 101 种股票的收益，即：

$$\hat{R}_{it} = \hat{\alpha}_i + \hat{\beta}_i R_{mt} \qquad (3-10)$$

其中，R_{it} 表示第 i 只股票在 t 时刻的收益率，R_{mt} 表示市场组合 m 在 t 时刻的收益率，α_i 和 β_i 是根据样本时限内第 i 种股票的实际收益率和市场收益率为样本数据估计的 CAPM 模型的参数估计值。

第三，计算样本期间各种股票各日的超常收益率。超额收益率，即超过预期（正常）收益率的收益率，是股票的实际收益率与预期（正常）收益率之差。CAPM 模型是计算股票超额收益率的一种最为有效且实用的方法之一，公式如下：

$$E_{it} = R_{it} - \hat{R}_{it} = R_{it} - (\hat{\alpha}_i + \hat{\beta}_i R_{mt}) \qquad (3-11)$$

其中，E_{it} 为股票 i 在 t 时刻的超额收益率，R_{it} 为实际收益率，$\hat{R}_{it}$ 为预期收益率。

第四，计算降息日后 20 天内各组股票的平均超额收益率 AR 和累积超额收益率 CAR，即：

$$AR = \frac{1}{N} \sum_{i=1}^{N} E_{it} \qquad (3-12)$$

$$CAR = \sum_{t_1}^{t_2} AR_t \qquad (3-13)$$

平均超额收益率 AR 和累积超额收益率 CAR 计算结果如表 3-3 所示。

表 3-3　　　　平均超额收益率 AR 和累积超额收益率 CAR

时间	AR	CAR
2020-03-17	-0.51%	-0.51%
2020-03-18	-0.33%	-0.83%
2020-03-19	0.66%	-0.17%
2020-03-20	0.16%	-0.01%
2020-03-23	-0.17%	-0.18%
2020-03-24	0.42%	0.24%
2020-03-25	0.52%	0.76%
2020-03-26	0.09%	0.84%
2020-03-27	0.03%	0.87%
2020-03-30	-0.55%	0.32%
2020-03-31	0.09%	0.41%
2020-04-01	-0.22%	0.19%
2020-04-02	0.03%	0.22%
2020-04-03	0.04%	0.26%
2020-04-06	-0.27%	-0.01%
2020-04-07	0.37%	0.36%
2020-04-08	0.12%	0.48%
2020-04-09	0.27%	0.75%
2020-04-13	-0.16%	0.59%
2020-04-14	-0.59%	0.00%

数据来源：计算得出。

将 AR 和 CAR 画成序列图表示，如图 3-20 和图 3-21 所示。

如果美国市场具有半强有效性，那么 2020 年降息则不会使投资者获得明显的超额收益率，那么，样本股票的 AR 和 CAR 均应当服从以 0 为均值的正态分布。下面采用 t 检验对 AR 和 CAR 进行显著性检验，检验统计量公式如下：

$$T = \frac{AR}{s/\sqrt{N}} \sim T(N-1) \qquad (3-14)$$

$$T = \frac{CAR}{s/\sqrt{N}} \sim T(N-1) \qquad (3-15)$$

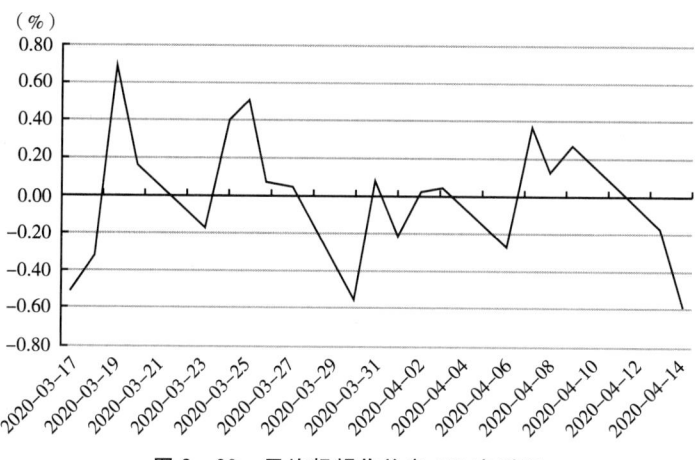

图 3-20　平均超额收益率 AR 序列图

数据来源：根据万得资讯数据计算得出。

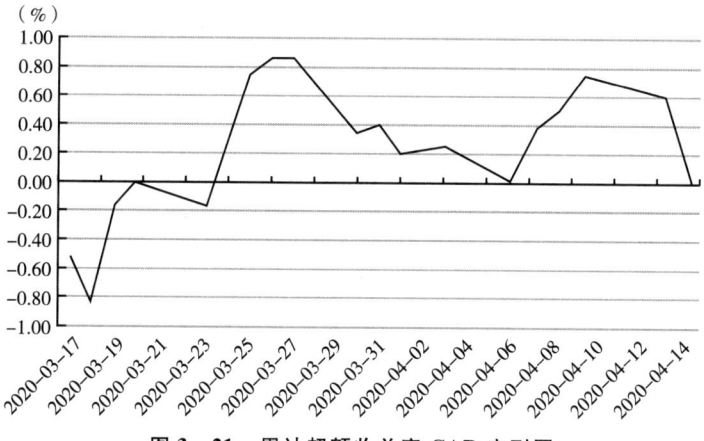

图 3-21　累计超额收益率 CAR 序列图

数据来源：根据万得资讯数据计算得出。

检验结果如表 3-4 所示。

表 3-4　　　　　　　　AR 和 CAR 的 t 检验结果

	t – statistic	p – value
AR	0.342795	0.367862
CAR	2.775879	0.006232

数据来源：计算得出。

如表 3-4 结果所示，平均超额收益率 t 检验结果的 p 值为 0.367862，在 5% 的显著性水平下不能显著拒绝原假设；累积超额收益率 t 检验结果的 p 值为 0.006232，t 检验结果显著拒绝原假设。通过以上检验可知在 5% 的显著性水平下，可以显著拒绝累积超额收益率 CAR 服从以 0 为均值的正态分布的原假设，虽然 AR 的检验结果不够显著，但是 CAR 的检验结果显著拒绝原假设，表明拒绝美国 2020 年降息市场中的投资者不能获得明显的超额收益，由此可知，美国股票市场未达到半强式有效市场。

2020 年 3 月疫情迅速蔓延，为了防止美国经济快速衰退和金融危机，美联储在 2020 年 3 月将利率降到 0 同时入场不限量买入金融资产。从 2020 年 3 月 31 日到 2021 年 3 月 31 日，美国纳斯达克 100 指数上涨 68%，标准普尔 500 上涨 39%，道琼斯指数上涨 50%。前所未有的降息催动了前所未有的流动性驱动的大牛市。从实证检验和降息后一年的表现可知，美国股票市场未达到半强式有效市场。

3.4 中国股市信息效率半强有效检验

本书同样通过事件研究法方法对中国股票市场进行了半强有效检验。

3.4.1 事件背景

2017年4月1日,中共中央、国务院决定设立雄安新区。

资本市场作为以信息为中心的市场,通常会受到重大事件的影响。雄安新区设立正好是一个分析中国股票市场有效性的良好契机。

本书基于2017年4月中共中央、国务院印发通知决定设立河北雄安新区,对中国A股市场有效性进行实证研究。雄安新区公告前保密工作做得非常好,又是重大决策,是观察事件影响效应的良好案例。同时,中国在之前已经有上海自贸区,也可以通过两者比较市场有效性的变化。

本书以雄安新区成立为出发点,搜集了雄安有关公司在公告前后的数据,采用事件研究法对中国股市的有效性进行了实证研究,并据此提出了相关的政策建议。

3.4.2 研究方法设计及数据来源

1. 研究方法

本书采用事件研究法来研究雄安新区对股价的影响效应。因为中国市场有涨跌停板的限制,市场对事件发生的反应通常存在一个累计效应。因此,本书采用"设立雄安新区"前后若干日作为事件窗口,以雄安新区事件窗口的累计股票收益率为观察值检测市场的有效性。

2. 事件窗口的选取

2017年4月1日,中共中央、国务院颁布决定设立河北雄安新区的公告。4 月 5 日，A 股开市以后相关的公司股价出现大幅度波动。本书以此作为事件研究近期我国 A 股市场的有效性。

研究首先要确立研究的时间窗口。2017 年 4 月 1 日公告发出，4 月 5 日深圳证券交易所、上海证券交易所开始交易，取 2017 年 4 月 5 日为 T = 0，取 T 前后 5 个交易日为事件窗口，再向前推 20 个交易日为事前窗口，往后推 20 个交易日为事后窗口，由于时间窗口较短，本书合并事件窗口和事后窗口为事件窗口，共 30 个交易日。雄安新区时间窗口选取见图 3 - 22，详细事件窗口见表 3 - 5。

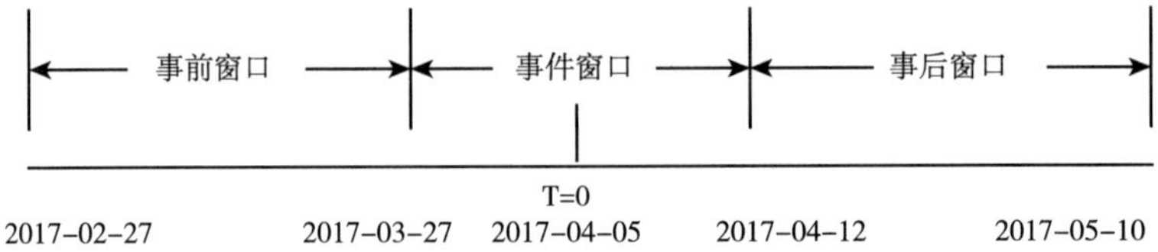

图 3 - 22　雄安新区时间窗口选取

表 3 - 5　　详细事件窗口

			事件窗口					
	T	交易日期		T	交易日期		T	交易日期
事前窗口	- 25	2017 - 2 - 27	事件窗口	- 5	2017 - 3 - 27	事后窗口	5	2017 - 4 - 12
	- 24	2017 - 2 - 28		- 4	2017 - 3 - 28		6	2017 - 4 - 13
	- 23	2017 - 3 - 1		- 3	2017 - 3 - 29		7	2017 - 4 - 14
	- 22	2017 - 3 - 2		- 2	2017 - 3 - 30		8	2017 - 4 - 17
	- 21	2017 - 3 - 3		- 1	2017 - 3 - 31		9	2017 - 4 - 18
	- 20	2017 - 3 - 6		T = 0	2017 - 4 - 5		10	2017 - 4 - 19
	- 19	2017 - 3 - 7		1	2017 - 4 - 6		11	2017 - 4 - 20
	- 18	2017 - 3 - 8		2	2017 - 4 - 7		12	2017 - 4 - 21
	- 17	2017 - 3 - 9		3	2017 - 4 - 10		13	2017 - 4 - 24
	- 16	2017 - 3 - 10		4	2017 - 4 - 11		14	2017 - 4 - 25

续表

事件窗口							
	T	交易日期	T	交易日期		T	交易日期
事前窗口	-15	2017-3-13			事后窗口	15	2017-4-26
	-14	2017-3-14				16	2017-4-27
	-13	2017-3-15				17	2017-4-28
	-12	2017-3-16				18	2017-5-2
	-11	2017-3-17				19	2017-5-3
	-10	2017-3-20				20	2017-5-4
	-9	2017-3-21				21	2017-5-5
	-8	2017-3-22				22	2017-5-8
	-7	2017-3-23				23	2017-5-9
	-6	2017-3-24				24	2017-5-10

数据来源：万得资讯。

3. 样本和数据的选取

雄安新区涉及该区域的地产、建筑、商贸以及环保等公司。本研究选取Wind资讯发布的雄安新区指数2017年4月5日成分股为样本，当日共49只成分股。雄安新区样本选取见表3-6。

表3-6　　　　　　　　雄安新区样本选取

	代码	简称	证监会行业	Wind行业
1	600717.SH	天津港	水上运输业	工业
2	000615.SZ	京汉股份	房地产业	房地产
3	600340.SH	华夏幸福	房地产业	房地产
4	000401.SZ	冀东水泥	非金属矿物制品业	材料
5	002146.SZ	荣盛发展	房地产业	房地产
6	601992.SH	金隅股份	非金属矿物制品业	材料
7	600155.SH	宝硕股份	资本市场服务	工业
8	600149.SH	*ST坊展	综合	工业

续表

	代码	简称	证监会行业	Wind 行业
9	000709.SZ	河钢股份	黑色金属冶炼及压延加工	材料
10	300137.SZ	先河环保	仪器仪表制造业	信息技术
11	000958.SZ	东方能源	电力、热力生产和供应业	公用事业
12	300491.SZ	通合科技	电气机械及器材制造业	工业
13	000600.SZ	建投能源	电力、热力生产和供应业	公用事业
14	000959.SZ	首钢股份	黑色金属冶炼及压延加工	材料
15	603616.SH	韩建河山	非金属矿物制品业	材料
16	000687.SZ	华讯方舟	计算机、通信和其他电子设备制造业	信息技术
17	600874.SH	创业环保	水的生产和供应业	公用事业
18	300117.SZ	嘉寓股份	建筑装饰和其他建筑业	工业
19	600480.SH	凌云股份	汽车制造业	可选消费
20	601000.SH	唐山港	水上运输业	工业
21	000965.SZ	天保基建	房地产业	房地产
22	002542.SZ	中化岩土	土木工程建筑业	工业
23	600246.SH	万通地产	房地产业	房地产
24	000786.SZ	北新建材	非金属矿物制品业	材料
25	300428.SZ	四通新材	有色金属冶炼及压延加工	材料
26	300371.SZ	汇中股份	仪器仪表制造业	信息技术
27	000158.SZ	常山股份	纺织业	可选消费
28	601258.SH	庞大集团	零售业	可选消费
29	601633.SH	长城汽车	汽车制造业	可选消费
30	600266.SH	北京城建	房地产业	房地产
31	300446.SZ	乐凯新材	化学原料及化学制品制造业	材料
32	000897.SZ	津滨发展	房地产业	房地产
33	600482.SH	中国动力	铁路、船舶、航空航天和其他运输设备制造业	工业
34	600550.SH	保变电气	电气机械及器材制造业	工业
35	002342.SZ	巨力索具	金属制品业	工业
36	000778.SZ	新兴铸管	金属制品业	材料

续表

	代码	简称	证监会行业	Wind 行业
37	600376.SH	首开股份	房地产业	房地产
38	600135.SH	乐凯胶片	化学原料及化学制品制造业	材料
39	000923.SZ	河北宣工	专用设备制造业	工业
40	603778.SH	乾景园林	土木工程建筑业	工业
41	603969.SH	银龙股份	金属制品业	材料
42	002477.SZ	雏鹰农牧	畜牧业	日常消费
43	002616.SZ	长青集团	电气机械及器材制造业	可选消费
44	600008.SH	首创股份	水的生产和供应业	公用事业
45	002010.SZ	传化智联	化学原料及化学制品制造业	材料
46	600322.SH	天房发展	房地产业	房地产
47	002271.SZ	东方雨虹	非金属矿物制品业	材料
48	300081.SZ	恒信移动	零售业	可选消费
49	000669.SZ	金鸿能源	燃气生产和供应业	公用事业

数据来源：万得资讯。

采用万得全 A 指数日均收益率来代表市场收益率，个股和指数的日均收益率数据来源于 Wind 咨询数据库。

3.4.3　检验过程及结果分析

本书从以下两个方面对雄安新区公布前后我国 A 股市场的有效性水平以及变化进行研究。

第一，检验雄安新区公布之后的一段时间内相关概念股是否有超额收益率。

对事件窗口进行异常收益率的显著性检验，首先计算出事件窗口每只股票的实际收益率与平均收益率，其次计算全部样本的超额收益率和累计超额收益率，最后对累计超额收益率进行 t 检验，判断市场异常收益率的显著性。

①利用事前窗口（2017年2月27日—3月24日）的万得全A指数与雄安新区概念股样本日均收益率数据进行回归，计算出样本股的α和β（见表3-7）。

表3-7　　　　　雄安新区样本股的α和β

序号	代码	名称	α	β	序号	代码	名称	α	β
1	600717.SH	天津港	0.18	2.04	26	300371.SZ	汇中股份	-0.24	1.33
2	000615.SZ	京汉股份	0.7	0.93	27	000158.SZ	常山股份	0.37	-0.18
3	600340.SH	华夏幸福	-0.1	1.87	28	601258.SH	庞大集团	-0.1	0.92
4	000401.SZ	冀东水泥	-0.04	1.52	29	601633.SH	长城汽车	-0.17	0.64
5	002146.SZ	荣盛发展	0.01	1.77	30	600266.SH	北京城建	0.23	1.48
6	601992.SH	金隅股份	-0.23	1.75	31	300446.SZ	乐凯新材	0.27	2.01
7	600155.SH	宝硕股份	-0.27	1.01	32	000897.SZ	津滨发展	-0.3	1.94
8	600149.SH	*ST坊展	-0.86	1.94	33	600482.SH	中国动力	-0.2	0.12
9	000709.SZ	河钢股份	-0.47	1.09	34	600550.SH	保变电气	-0.22	1.4
10	300137.SZ	先河环保	-0.15	1.14	35	002342.SZ	巨力索具	-0.25	1.77
11	000958.SZ	东方能源	-0.14	1.65	36	000778.SZ	新兴铸管	-0.3	2.29
12	300491.SZ	通合科技	-0.03	2.71	37	600376.SH	首开股份	-0.01	2.06
13	000600.SZ	建投能源	0.13	0.84	38	600135.SH	乐凯胶片	-0.14	2.29
14	000959.SZ	首钢股份	0.17	1.25	39	000923.SZ	河北宣工	-0.21	2.83
15	603616.SH	韩建河山	-0.25	1.6	40	603778.SH	乾景园林	0.2	1.48
16	000687.SZ	华讯方舟	0.61	-0.79	41	603969.SH	银龙股份	0.53	2.1
17	600874.SH	创业环保	-0.25	1.09	42	002477.SZ	雏鹰农牧	-0.2	0.67
18	300117.SZ	嘉寓股份	0.22	0.7	43	002616.SZ	长青集团	-0.07	0.08
19	600480.SH	凌云股份	-0.23	2.18	44	600008.SH	首创股份	-0.07	0.48
20	601000.SH	唐山港	-0.29	1.39	45	002010.SZ	传化智联	-0.37	-0.01
21	000965.SZ	天保基建	-0.35	1.54	46	600322.SH	天房发展	-0.55	1.84
22	002542.SZ	中化岩土	0.19	1.71	47	002271.SZ	东方雨虹	0.6	2.79
23	600246.SH	万通地产	-0.44	1.02	48	300081.SZ	恒信移动	0.4	1.6
24	000786.SZ	北新建材	0.39	1.11	49	000669.SZ	金鸿能源	-0.03	0.62
25	300428.SZ	四通新材	0	0					

数据来源：万得资讯。

②利用样本股的 α 和 β 以及事件窗口万得全 A 指数的收益率,计算出每只样本雄安新区概念股在事件窗口每日的平均收益率,用实际收益率减去平均收益率得出每日每只样本股的超额收益率。

③计算所有样本股在事件窗口每日的平均超额收益率(AAR_t)以及事件窗口每日累计平均超额收益率($CAAR_t$),并且对 $CAAR_t$ 进行 t 检验。

原假设 H_0:$CAAR=0$,备择假设 H_1:$CAAR \neq 0$,得出每日 t 值,如果 t 值小于 5% 显著性水平下的临界值,不能拒绝 $CAAR=0$ 的原假设,则说明股价波动是一次随机事件,没有明显证据表明"雄安概念"对股价有显著的影响(见表 3-8)。

表 3-8　　　　　　　事件窗口雄安超额收益率 T 检验

T	AAR	CAAR	t_caar	s	n	t 值是否显著
-5	0.3	0.3			1	
-4	0.1	0.4	8.69	0.06	2	*
-3	0.2	0.6	7.25	0.14	3	*
-2	0.3	0.9	7.02	0.24	4	*
-1	-0.8	0.0	0.12	0.31	5	
0	7.5	7.5	6.33	2.90	6	*
1	5.8	13.3	6.83	5.16	7	*
2	5.3	18.7	7.29	7.25	8	*
3	8.6	27.3	8.18	10.01	9	*
4	6.2	33.5	8.48	12.47	10	*
5	-1.9	31.6	7.78	13.47	11	*
6	2.0	33.6	8.16	14.25	12	*
7	-0.3	33.3	8.19	14.66	13	*
8	-2.4	30.9	7.88	14.68	14	*
9	-0.5	30.4	8.07	14.59	15	*
10	0.6	31.0	8.56	14.50	16	*

续表

T	AAR	CAAR	t_caar	s	n	t值是否显著
11	-5.0	26.0	7.57	14.16	17	*
12	-2.9	23.1	7.11	13.77	18	*
13	0.1	23.1	7.52	13.42	19	*
14	2.0	25.1	8.56	13.13	20	*
15	4.2	29.4	10.37	12.97	21	*
16	-1.9	27.5	10.10	12.76	22	*
17	3.1	30.5	11.58	12.65	23	*
18	3.8	34.3	13.27	12.67	24	*
19	-2.9	31.4	12.49	12.57	25	*
20	2.5	33.9	13.79	12.55	26	*
21	-0.3	33.6	13.98	12.50	27	*
22	-4.0	29.6	12.69	12.33	28	*
23	0.3	29.8	13.20	12.18	29	*
24	-2.9	26.9	12.30	11.99	30	*

数据来源：万得资讯。

"*"代表t值大于临界值，拒绝原假设，即"雄安概念"对股市具有显著的影响。

④超额收益率对比：雄安新区概念股平均超额收益率和累计超额收益率对比见图3-23。

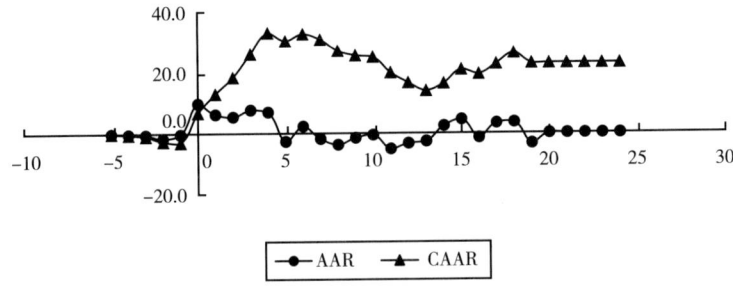

图3-23 雄安新区概念股平均超额收益率和累计超额收益率对比

数据来源：万得资讯。

从平均超额收益率来看：从 $T=0$（即宣布雄安新区成立的第一个交易日开始），雄安新区概念股就有显著的超额收益。雄安新区概念股的主要公司如冀东水泥、金隅股份、华夏幸福、京汉股份、荣盛发展在公告颁布后连续 5 个交易日出现了涨停板。从第 6 个交易日起雄安概念股普遍涨停打开，平均超额收益率 AAR 开始变负，但是有阶段性反弹。

从累计超额收益率 CAAR 来看，在事前，雄安新区的累计超额收益率 <0。从 $T=0$ 开始，接下来的 25 个交易日内一直处于正累计超额收益状态。

由上述可以得出，截至 2017 年 5 月，我国 A 股市场并未显著有效。

检验雄安新区公布之前相关个股是否有超额收益率。我们用同样的方法检测雄安新区公告的前 20 天（即 $T=-20$ 至 $T=-1$ 期间），相关个股是否有显著的超额收益。

首先利用 2017 年 2 月 6 日—2017 年 3 月 3 日的数据计算出样本股的 α 和 β，其次分别计算同样的样本 2017 年 3 月 6 日—2017 年 3 月 31 日的 AAR 和 CAAR，最后对 CAAR 进行 t 检验，其中 H_0：CAAR $=0$，备择假设 H_1：CAAR $\neq 0$，得到以下结果。详见表 3-9。

表 3-9　　　　　　　　公布前 20 天超额收益率 t 检验

T	AAR	CAAR	t_caar	S	n	t 值是否显著
-20	-0.3	-0.3		1		
-19	-0.1	-0.5	-12.1	0.1	2	
-18	0.5	0.0	0.3	0.2	3	
-17	0.1	0.1	1.0	0.2	4	
-16	-0.2	-0.1	-0.6	0.2	5	
-15	-0.2	-0.2	-2.8	0.2	6	
-14	-0.0	-0.2	-3.3	0.2	7	
-13	0.5	0.3	3.4	0.2	8	*
-12	-0.5	-0.2	-2.8	0.2	9	
-11	-0.1	-0.3	-4.1	0.2	10	

续表

T	AAR	CAAR	t_caar	S	n	t值是否显著
-10	-0.2	-0.5	-7.0	0.2	11	
-9	-0.3	-0.8	-9.9	0.3	12	
-8	0.3	-0.5	-6.7	0.3	13	
-7	-0.1	-0.6	-8.4	0.3	14	
-6	-0.1	-0.8	-10.0	0.3	15	
-5	0.2	-0.5	-7.2	0.3	16	
-4	0.0	-0.5	-7.2	0.3	17	
-3	0.1	-0.4	-5.6	0.3	18	
-2	0.3	-0.0	-0.7	0.3	19	
-1	-1.0	-1.0	-14.2	0.3	20	

数据来源：万得资讯。

绝大部分时间内 t 值是不显著的，接受原假设，即 $CAAR=0$，在公布前20天内相关雄安新区概念股没有显著的超额收益率（见图3-24）。

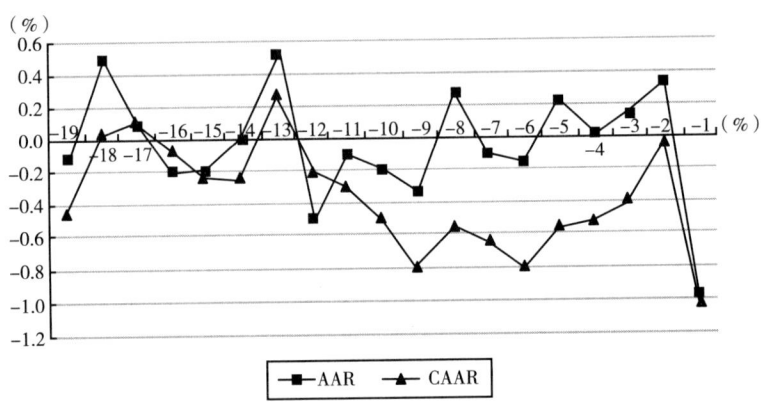

图3-24　公布前20天雄安新区概念股平均超额收益率和累计超额收益率对比

数据来源：万得资讯。

第二，观察我国A股市场的有效性是否提升。

与上海自贸区事件前后我国股票市场波动幅度和周期进行对比，观察市场有效性的变化。

2013年上海建设自贸区的新闻发布后，上海自贸区相关概念股也有较大幅度的上涨。将雄安新区指数与上海自贸区指数进行对比，可以发现市场效率有所提升。

图3-25是上海自贸区公布以及雄安新区公布之后的34个交易日，上海自贸区概念股指数和雄安新区概念股指数的累计涨幅。

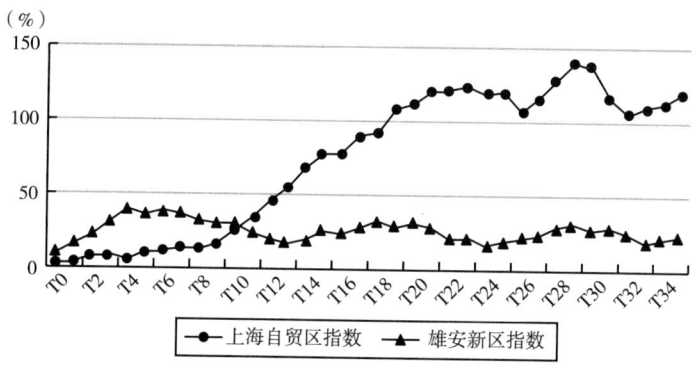

图3-25 上海自贸区指数与雄安新区指数累计收益率对比

数据来源：万得资讯。

从事件区间来看，上海自贸区指数历经34个交易日，达到累计收益率高点；雄安新区指数历经5个交易日累计收益率达到高点。从累计涨幅幅度来看，上海自贸区指数累计涨幅最高（达到140%），而雄安新区指数最高累计收益率达到40%。雄安新区指数达到累计收益高点的时间远小于上海自贸区指数，雄安新区指数累计涨幅波动幅度相比于上海自贸区指数低很多，因此一定程度上可以看出自2013年的上海自贸区事件到2017年的雄安新区事件，尽管市场仍然不是很有效，但是有效性已经有所增强。

本书以万得"雄安新区指数"所有成分股为研究对象，利用2017年2月6日至2017年5月10日之间的日度数据，运用事件研究法进行实证比较研究，从数量检验结果可以看出，在事件宣布之前的 20 个交易日无显著异常收益率而事件宣布以后的 25 个交易日内具有显著的超额收益率。这说明了我国 A 股市场并未显著有效，而且本次事件在事前并不能预知事件的发生从而只能在事后快速反应。本书将雄安新区与上海自贸区相关股票的反应进行对比，可以看出市场有效性有所提高。

我国 A 股市场目前还未显著有效。在雄安新区公布前，相关的概念股并没有异常收益率，可以说明整个战略部署过程的保密性做得非常好；自公布之日起 20 个交易日里，相关概念股始终有累计超额的异常收益率，尤其是最初的 5 天，超额收益率非常显著，但是在雄安新区公布第 5 个交易日以后买入相关公司的投资者，在其后的 20 个交易日累计超额收益为负值。因此，投资者应理性对待股票市场中的事件，从基本面出发分析事件对相关企业会产生什么样的利好或者利空影响，同时监管部门应加强投资者教育工作，让投资者逐渐增强理性，避免跟风投资。

我国 A 股市场有效性有所增强。与上一次的上海自贸区相比，雄安新区公布后的一段时间内，相关股票累计收益率幅度显著降低，达到累计收益率高点的时间长度显著缩短；因此，从一定程度上可以看出，我国 A 股市场的有效性有所增强。

本书结合两次事件股票市场的环境分析，发现造成这一结果的原因如下。一是在事件后有关股票交易开盘之前，相关部门和企业就发布公告提示投资者，公司本身业务并不会因为雄安新区开发而重大受益。在第 6 个交易日后，部分雄安新区相关公司又停牌进一步提示风险，随后就不再有超额收益率。与上海自贸区相比，雄安新区有关公司超额收益的幅度和时间都比较有限，也说明本次监管比较到位，降低了市场的波动性。二是雄安新区是在上海自贸区事件之后 4 年左右设立，而在这 4 年左右时间里股票市场参与者的理性程度有所提高。

对于类似于上海自贸区和雄安新区，市场反应大多是一段时间内相关股价大涨其后又普遍回调，较好的监管方法就是事件公布以后相关公司停牌，等到相关事件不再是舆论热点再复牌，这样可以显著减少相关公司的股价波动，避免散户投资者跟风带来的损失；同时应当加强对股票投资者的教育，促进投资者理性分析事件对公司的影响。

3.5 中美市场信息效率的差异比较

由上文可见，中国股市信息效率仍然没有达到弱有效，通过观察股价采用均线系统是可以显著获得超额收益率的，而美国市场采用股价信息不能获得超额收益率。本节分析了中美市场信息弱有效的差异。

中国市场信息效率低于美国市场主要有两个原因。

1. 中国经济本身受到流动性和投资驱动波动幅度较大

按照 FCF 估值模型，股价同时受到自由现金流和贴现率影响。自由现金流受到收入增速、利润率的影响，在中国经济系统下受到货币周期和投资周期的影响。贴现率受到利率的影响，也受到货币周期和投资周期的影响。大幅度波动的周期造成了中国股市的大幅度波动，而美国债券的到期收益率波动幅度和经济波动都比中国小很多。没有大幅度股价波动，就很难从股价信号当中赚钱。

由图 3-26 可见，中美 AAA 级债券到期收益率波动性显著大于美国。

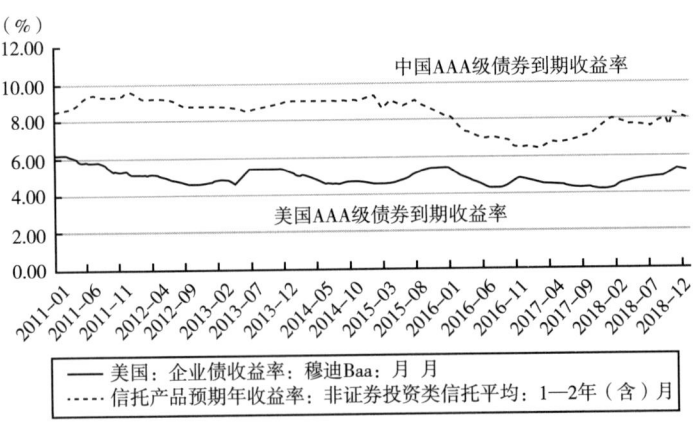

图 3-26　中美 AAA 级债券到期收益率波动性比较

数据来源：万得资讯。

如表 3-10 所示，中国市场融资的实际利率是信托产品利率，美国普通公司是 Baa 的债券利率；中国市场的融资利率波动性显著高于美国市场。

表 3-10　2011 年 1 月—2018 年 12 月信托产品预期收益率和美国企业债波动性讨论

单位：%

2011 年 1 月—2018 年 12 月	美国企业债利率	信托产品预期收益率
平均利率	4.91	8.31
标准差	0.45	0.94
标准差系数	0.09	0.11
最高利率	6.10	9.70
最低利率	4.17	6.49

数据来源：万得资讯。

由表 3-11、图 3-27 可见，中国经济增速波动较大也导致了市场波动较大。大幅度波动的经济，大幅度波动的利率，结果是大幅度波动的市场估值水平；同时产生了很多周期性的股价投资机会。中国经济波动幅度比美国大，是中国股市可以通过股价波动产生超额收益率的原因。

表 3-11　2002 年以来中美 GDP 增速比较

单位：%

指标	中国	美国
经济增速	13.46	4.00
标准	5.03	2.10
最高增速	24.01	7.06
最低增速	6.44	-3.06

数据来源：万得资讯。

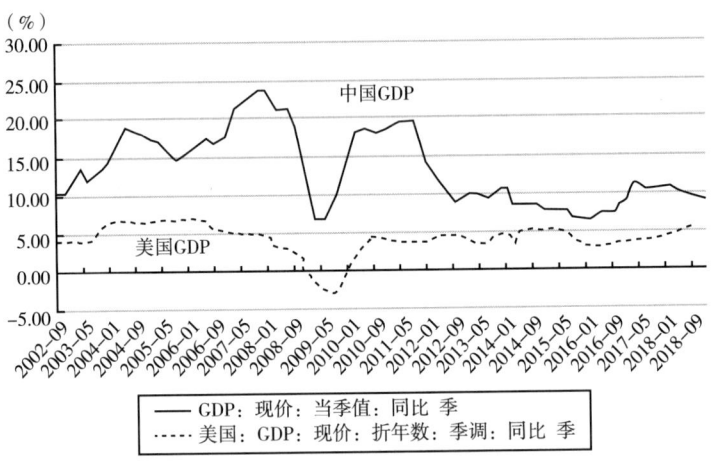

图 3－27 2002 年以来中美 GDP 增速比较

数据来源：万得资讯。

2. 中国市场散户的比重较大

郑瑶、董大勇、朱宏泉（2015）指出，尽管随着网络信息交流的普及，信息传播效率有了提升，但是中国散户比重大，更容易形成羊群效应。本书通过分析各类投资者的买卖净额，可以看出中国股市的羊群效应明显。羊群效应会进一步加大市场的波动，使投资者有可能通过判断股价信号来赚钱。年度各类投资者买卖净额情况见表 3－12。

表 3－12　　　　　　　年度各类投资者买卖净额情况

	买卖净额（亿元）	交易占比（%）
自然人投资者	－318.69	82.01
一般法人	1785.48	1.92
沪股通	629.73	1.30
专业机构	－2096.53	14.76
其中：投资基金	139.57	4.15

资料来源：《上海证券交易所统计年鉴（2018 卷）》。

综上所述，本书经过实证研究，发现中国股市尚未达到信息弱有效，而中美股市均未达到信息半强有效。中美两国股市信息效率有一定的差异，但都不高。下面本书将从信息学和信息经济学角度分析市场信息效率不高的原因。

第 4 章
市场信息效率理论的缺陷与现实矛盾

4.1 市场信息效率的理论存在缺陷

市场信息效率理论是从微观经济学理论推导出来的，所以以充分竞争为前提，有关的结果也会趋于理想化。正如完全竞争很少存在一样，有效市场也经常是在想象当中。

市场信息效率理论的基础是投资者理性假设，该理论包括三个假设：可以理性地评估资产价值的投资者；投资者的交易随机独立、相互抵消，个别交易不会影响资产的价格；即使部分投资者的行为具有相关性，由于理性的套保投资者存在，也仍能够让价格保持均衡和理性。

Fama（1970）[178]概括了市场信息效率假说成立的条件：金融市场没有交易成本；参与者免费获得信息；每个参与者充分了解价格的含义。

如果市场足够有效，那么交易者个体的行为无法影响市场的价格。结果交易者便会"搭便车"，自己不会花成本获得信息，也就不会认真分析信息并试图获取超额收益。当全部参与者都不主动获取信息，价格也就无法形成。如果参与者去获取信息；但是信息存在成本，市场就难以有效。如果市场当中存在显著的交易成本，那么市场也可能无效。无论是主动搜寻信息还是信息成本或者交易成本的存在，都会颠覆有效市场信息效率理论存在的基础。

Grossman（1976）[179]、Grossman和Stiglitz（1980）[180]就有效市场理论给出了论证：只有当市场非信息有效时，投资者才会去收集信息并进行相应的交易，尤其是信息收集成本和交易成本不菲的时候；另外，一旦投资者不去努力收集信息并进行交易，市场又根本不可能有效。基于这种自相矛盾的假设，有效市场是不可能存在的。

同样的，也不会存在一个稳定的均衡价格。随机波动的价格才会让投资者努力搜集信息,以此获得超额回报。如果价格均衡稳定,就没有信息搜集也没有交易。这同样符合 Grossman – Stiglitz 的理论,也就是市场有效性与信息搜寻的自相矛盾。Fischer Black（1986）[181]发现,投资者不是理性人,经常依据一些杂乱的信息进行交易,这些信息经常是"噪声"而非有效信息。投资者的行为和有效市场的各种假设模型完全不一致。

因此,上述状况是:金融市场显然存在交易成本;参与者不能无成本地获取信息,即使在互联网环境下获取成本已经大幅度降低,但是参与者的时间精力有限不可能获取所有信息;绝大多数人不能掌握当前信息对于当前价格和未来价格分布的含义。[182]原因是:不同人的认知能力是不一样的,并非每个交易者都是金融学的博士;并没有全能的公式告诉投资者对于一个信息究竟应当如何反映,即使是教科书也有不同的流派;人本身的理解还是存在差异的,比如估值模型参数的选取。

可能只有到 AI 时代都由机器来投资,以上假设才有可能实现,还要确保所有 AI 都必须使用同一个程序。即使如此,如果预期完全一致,就不会存在交易。既然在二级市场乃至一级市场不存在交易,那么如何买入股份或者卖出股份或者实现股份转让呢?交易所也都不会存在了。

4.1.1 有限理性的批驳

传统经济学认为市场信息效率假说合理是基于以下理由:投资者理性假设,投资者依据信息理性判断价格;非理性的投资者相互之间的非理性交易行为抵消,从而不影响证券价格;即使不完全是随机交易,套利行为会消除波动。[183]

一些学者对上述理论进行了批驳。Russell 和 Thaler（1985）[184]的观点:理性人假说是有效市场假说的基石。而人的理性是有限的,结果导致有效市场假说在现实中难以实现。投资人的有限理性以及市场的制约导致市场的定价错误难以被消除。即使最终能够消除，也需要花费很长的时间或者承担额外的成本或者风险。

人的完全理性这个基础假设不存在。刘伟（2018）[185]指出：经济学家泰勒认为金融市场的绝大多数参与者只有限的理性。他们在金融市场上充当着活跃市场的噪音交易者，他们往往不获取有效信息，不进行有效分析，完全按照直观反应来进行交易，这就使的金融市场上的各种交易既不随机也不能够相互抵消。

市场客观制约也是导致有效性假说难以正确的重要原因。泰勒认为，基本面风险、操作成本及风险客观存在，导致错误的定价很难被消除。在基本面风险方面，当一只股票由于坏消息快速下跌时，理性的套利者买入但很难通过对冲控制风险，结果是理性的套利者持续暴露在下跌风险中。而在实施成本和风险方面，市场上做空股票可能付出高昂的成本。这会导致股价非正常波动、市场很难有效。

实际上，投资者是现实的投资者而不能满足标准金融学当中理性投资者的假设，往往具有一些心理特征：过度自信、避害趋利、从众心理、减少后悔心理的投资、对最近发生的事件给予高权重（唐黎军，2013）[186]。以上五种心态使决策偏离理论上的最优决策。因此，有效市场理论以投资者存在理性为前提不可能实现。

4.1.2 随机交易假设缺陷

市场有效假说认为投资者的交易是随机和相互独立的，依据大数原理，投资者的"非理性"错误能够相互抵消。

卡尼曼和特维斯基（Daniel Kahneman、AmosTversky，1979）[187]的研究指出，投资人会群体性的呈现羊群效应。牛市投资人会群体亢奋，熊市投资人会纷纷沮丧，结果就是追涨杀跌。这说明有效市场假说很难成立。

4.1.3 有效套利假设缺陷

有效套利假设认为，市场是均衡的，理性套利者会促使证券价格与基础价值保持一致导致市场有效。赵亚明、胡海峰（2014）指出，巨大的套利成本和风险使得套利效果存疑[188]。

市场有效假说认为理性的套利行为会促使市场实现均衡。该假设的前提是没有套利成本和套利风险。2020年3月美国股票市场由于疫情发生四次熔断，标准普尔500指数从2月高点3393点到3月低点2191点下跌三分之一。在随后的不到一年，标准普尔500指数大涨40%到了3900点。如果套利行为真的有效，怎么会有这种非理性的大跌？在2020年3月入场套利买入的投资者面临巨大的风险，因为很可能会有巨大的损失。

另外，理性套利者不仅要面对套利过程中的系统性风险，还要面对非系统性风险的影响。最近几年，无数的价值投资者由于不断跑输市场而黯然离场。就是因为持续持有低市盈率低市净率的组合不断跑输了指数而黯然离场，也有一些投资人由于去做空高成长公司而亏损累累。例如，仅仅在2020年，由于做空特斯拉，很多投资人损失惨重。新冠肺炎疫情以来，这种偏差不断加剧。根据财经杂志严九元的《k形复苏》[189]，过去一年Facebook、Apple、Amazon、Microsoft、Google组成的5个全球大公司组合早已经在8月创出新高，从2019年12月19日开始获得60%的回报。而其他495个公司的组合下跌了16.5%（见图4-1）。

如图4-2、图4-3所示，无论中国还是美国，新冠肺炎疫情后都出现了龙头公司持续走强、小公司和绩差公司不断走弱的格局。

如果在这种市场环境下投资人进入套利，买入小公司或者业绩比较差的公司，无疑具有巨大的风险。

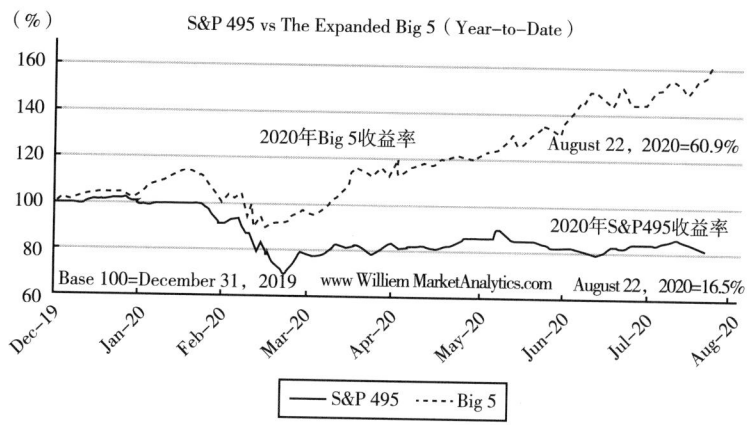

图 4-1　FAAMG 五大公司与其余 495 个公司的标普指数走势对比

资料来源：财经杂志。

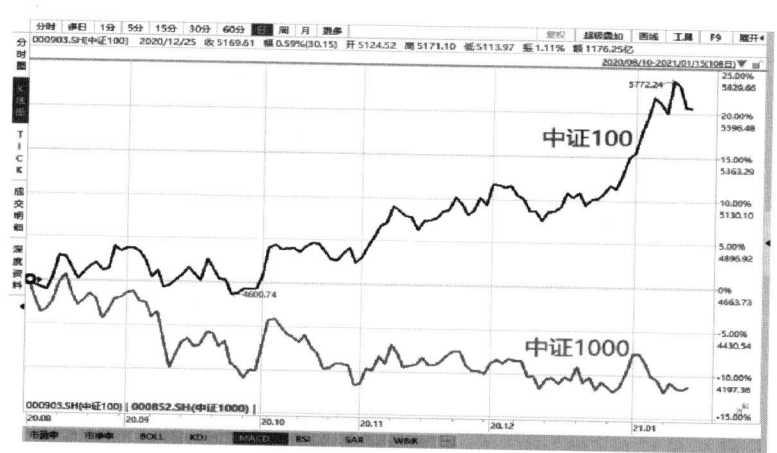

图 4-2　中证 100 与中证 1000 走势对比

资料来源：财经杂志。

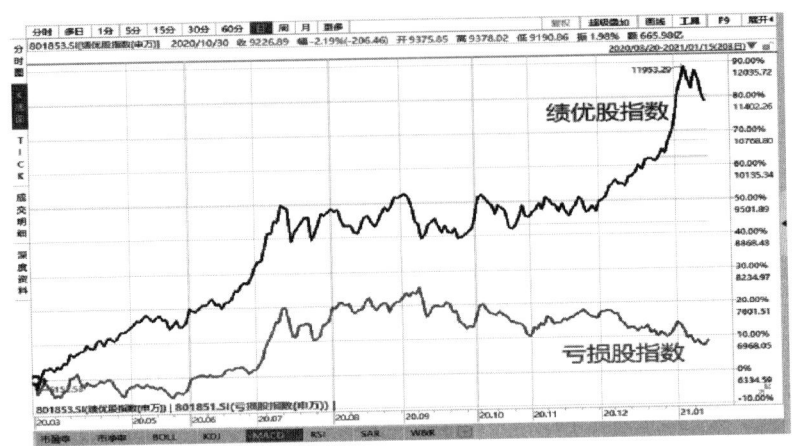

图 4-3　绩优股指数与亏损股指数走势对比

资料来源：财经杂志。

4.1.4　交易成本的存在

交易成本理论是由科斯（Coase R. H.，1937）[190]提出的。科斯在《企业的性质》一文中认为，交易成本是"所有发现相对价格的成本"以及"每一笔交易的谈判和签约的费用"。所谓交易成本就是只要交易就会产生的成本。有人类交往互换活动，就会有交易成本，这也是商人存在的价值。商人就是通过交易和套利获取价值的。

威廉森（1975）[191]指出了 7 项交易成本的来源：有限理性、投机主义、资产专用性、不确定性与复杂性、少数交易、信息不对称、气氛。

金融市场为金融资产交易提供了场所和保证其正常运行的机制，为此投资人需要支付成本，包括佣金、印花税、过户费、手续费等。

金融市场还有间接交易成本，包括买卖价差、搜索成本、延迟成本和市场影响成本。

总体而言，交易成本虽然一直都存在，但是在不断下降。A 股的交易手续费率在过去二十多年持续下降，下降到了接近万分之一，十年几乎下降了90%。同样的港股每股交易的手续费率也不断下降，由于算法交易的不断流行，交易费率也下降到了万分之四的水平。由于交易的电子化，交易的边际成本几乎为0，同时各个券商激烈竞争，导致佣金不断下降。

交易成本的下滑还促进了高频交易，这也可以帮助市场效率提高。当然，交易成本永远很难如理论那样下降到零，所以难以满足有效市场的假设。

4.1.5 信息是需要成本的

投资者为了获取超额收益率就需要足够的信息，而获取信息是需要成本的。尤其是比较独家的信息，需要付出非常高的成本。

1. 信息硬件和软件成本

为了获取信息，需要购置电脑、存储器等硬件来存储分析信息。需要购买承载信息的软件：投资A股需要购买万得、同花顺等软件；投资海外市场需要投资彭博、路透等资讯软件。有些投资人还会购买行情分析软件，例如指南针等。所有这些软件都是需要每年甚至每个季度付费的。

2. 建议信息成本

信息成本成为投资分析成本上升的主要原因。

早期，A股市场上充斥着各种各样的股评。随着时代的发展，股评已经逐渐消失。取而代之的是各种宏观、行业和公司的专业投资报告。这些可能出自券商、第三方机构或者其他机构。

第三方数据监控信息。随着大数据时代的来临，越来越多的企业信息可以通过大数据来跟踪，因此出现了越来越多的大数据提供商。这些大数据信息中只有少部分是免费的，大部分都需要付费。很多大数据的价格非常昂贵导致信息成本非常高昂。

3. 专家信息成本

类似于凯盛这样的公司做了专家库的系统。如果想了解某个行业或者某个公司的信息，可以通过和专家库的专家电话交流获取。一方面，这可以快速降低某些行业的学习成本；另一方面，专家交流的成本非常贵，每个小时需要成千上万。作为投资人，为了投资成功，可能需要付出非常高的专家信息成本。

4. 调研成本

一方面，个人调研需要差旅费，包括飞机、酒店等旅行费用。

另一方面，个人调研有时还要委托咨询调查公司来做调研。咨询公司可能会做行业调查、消费者调查，也可以帮助做公司调查。沸沸扬扬的瑞幸咖啡造假被发现，就是某个基金雇佣了调查公司，采用了成百上千的人力，在全国各个门店的门口通过数客户数量和杯量统计出来的。耗费大数量的人力去做调查，自然成本不菲。

无论二级的基金还是一级的基金，都可能花费大量的资金请咨询公司帮助做调查。海外的基金投资不同国家的市场，更可能通过咨询公司来获得数据。

基于以上的硬件软件成本、建议信息成本、专家信息成本以及调研成本。投资需要的信息种类是不断上升的。为了投资成功，投资人也不得不在信息上竞争，导致信息成本持续上涨。

互联网也提供了降低信息成本的方式。某种意义上，由于互联网的日益发达，对于普通的散户投资人，获取信息的成本下降。之前还需要购买报纸的成本，现在可以通过互联网免费获取信息。类似于雪球、seeking α 这样的网站也提供共享的平台，帮助投资者相互分享和讨论。

由于投资者并非理性，交易并非随机，套利难度很大，交易成本存在，信息成本存在尤其对于职业投资者可能越来越高，有效市场难以存在。

4.1.6 信息的传递和反映是需要过程的

从信息效率半强式的定义来看：半强式有效是指市场价格反映了所有公

告的信息如公司收益、红利等，在这种市场中对公告信息进行分析，不可能预测价格变化的方向从而获得超额收益。这里的明显问题是市场是如何反映公开信息的。因为市场获得任何公开信息，都需要有一个反映的过程。市场当中部分群体获得信息先开始反映，当多数群体获得该信息则信息反映完毕。反映的过程是一个股价逐渐变化的过程。所以在多数情况下，信息发布但是还没有充分反映前有超额收益率。

4.2 市场信息效率假说与现实情况不符

4.2.1 价值投资学派长期跑赢市场

价值投资是实业投资思维在股市上的应用。价值投资者认为,买入公司的股票就是拥有一个公司的一部分,在股票价格低于其价值的时候买进,在股票价格高于其价值的时候卖出。[192]

价值投资者着重于研究上市公司的基本面,重点分析企业价值和安全边际,兼顾公司的成长,寻找并买入被低估的拥有强大"护城河"的公司股票。

价值投资要求投资者拥有对公司财务状况分析的能力;对公司未来长期盈利前景能做出准确判断;掌握对公司的真实价值进行估算的方法。

价值投资的代表人物主要有以下三位。

①价值投资鼻祖:格雷厄姆的"安全边际"。本杰明·格雷厄姆提出了"安全边际"的原创理念,用低价购买公司股票。

格雷厄姆本人喜欢购买股价显著低于账面有形资产净值的公司,到1956年格雷厄姆的纽曼公司的年化收益率达到17%。格雷厄姆1948年创立的基金(GEICO)到1972年的24年里年均复利增长在20%以上,在那个时代表现非常出色。然而,随着计算机的使用,这种方法的效果逐渐减弱。

②价值成长投资:巴菲特的"护城河"。巴菲特同时学习了格雷厄姆和费雪的投资理念。巴菲特选择了那个时代最有品牌的消费类蓝筹股,这些公司有稳定的增长以及很高的资产回报率,这些都建立在强大护城河的基础上。

巴菲特从1957—2018年这60多年投资中,做到了19.91%的年化回报率,总回报率超过了10000倍。虽然不乏个别投资人在一段时期内能够超越巴菲特,但是没有人能够在长期的总收益率超过巴菲特,获得超过10000倍的回报率。

③成长价值投资:彼得·林奇的"高成长"。林奇对公司成长性的要求特别高,也强调估值的重要性,林奇所投资的公司多数具有快速成长的属性。彼得·林奇也是华尔街的传奇式人物,虽然他的投资生涯没有前两位那么长(只有13年),但他的年化投资回报率却高达29%。

彼得·林奇、巴菲特收益率与标准普尔500对比见图4-4。

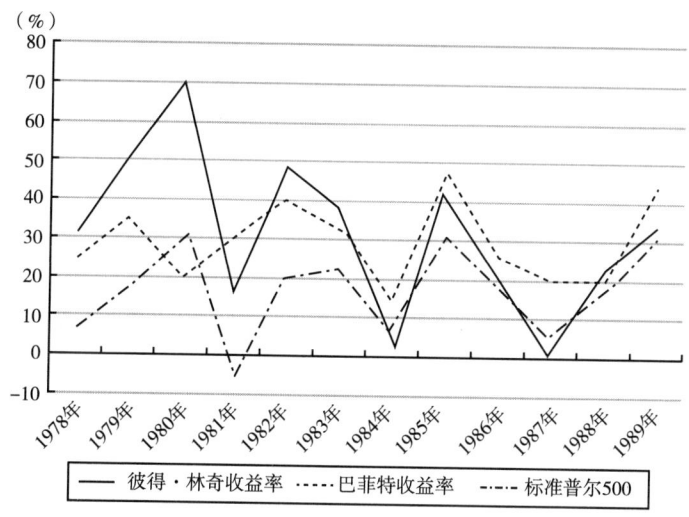

图4-4 彼得·林奇、巴菲特收益率与标准普尔500对比

数据来源:万得资讯。

4.2.2 头部公司收益率显著持续高于平均

美国的头部公司是FAANG+MS,包括脸书(Facebook)、亚马逊(Amazon)、苹果(Apple)、微软(Microsoft)、奈飞(Netflix)、谷歌(Google)。

2008年底到2018年,从熊市到熊市,Facebook、Amazon、Apple、

Microsoft、Netflix、Google 平均每年上涨 37%，同期标准普尔 500 指数每年上涨 11%（见图 4-5、图 4-6）。

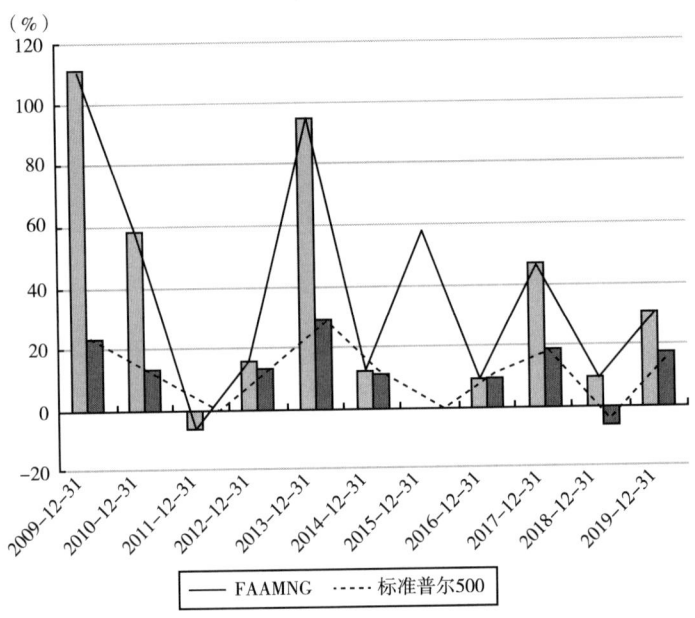

图 4-5　2009—2019 年历年美国的头部公司与标准普尔 500 收益率对比

数据来源：万得资讯。

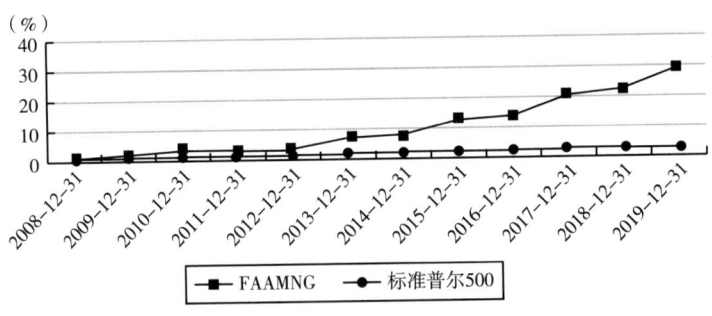

图 4-6　2009 年以来美国的头部公司与标准普尔 500 累计收益率比较

数据来源：万得资讯。

中国的头部公司是阿里巴巴、腾讯、格力、美的、茅台、恒瑞。

2008年底到2018年,从熊市到熊市,腾讯、阿里巴巴、格力、美的、茅台、恒瑞平均每年上涨30%,同期沪深300指数每年上涨5%(见图4-7、图4-8)。

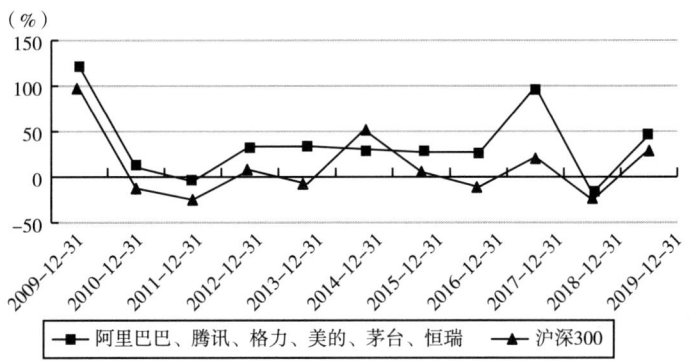

图4-7 2009—2019年中国的头部公司与沪深300收益率比较

数据来源:万得资讯。

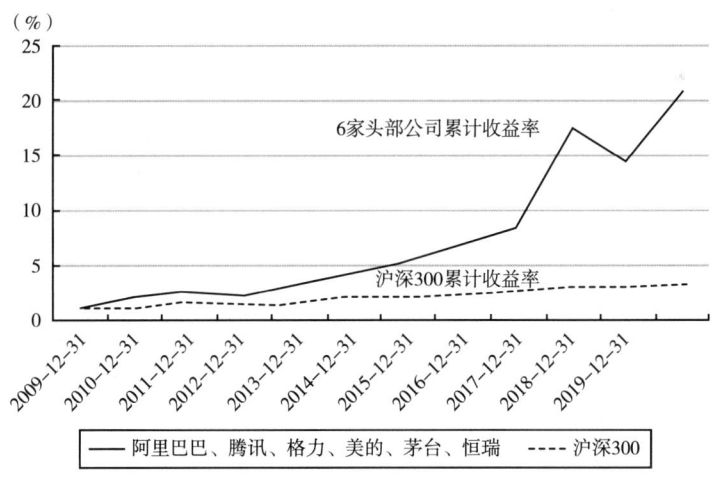

图4-8 2009—2019年中国的头部公司与沪深300累计收益率比较

数据来源:万得资讯。

无论美国还是中国,都出现了头部公司的回报率显著高于市场指数的情况。这显示市场具有很强的无效性。这也是新的生意网络效应和规模经济日益加强的结果。

4.2.3 PE、VC 收益率的头部化分布

大卫·斯文森(2010)[193]在《机构投资的创新之路》一书中指出:1985 年之后的 20 年,美国风险投资回报率的中位数为 3.1%,同期标准普尔 500 指数的年均回报率为 11.9%;前 25% 的风险投资的回报率为 16.9%,后 25% 的回报率为 -6.7%。

VC 投资机构的头部收益率分布也说明了整体市场的无效性。如果投资的不是前 25% 的 VC,那么收益率就不能超过指数平均水平。

中国市场也有类似的规律:先是从投资标的来看,独角兽创造了比较高的收益率。过去 10 年成立的公司当中,小米、蚂蚁金服、滴滴、美团、头条、快手、拼多多等公司创造了高收益率。

从风险投资基金来看,能够投资于这些头部项目的头部基金获取了非常高的收益率。无论是投资公司还是投资基金,头部项目和头部基金获得了几乎全部的回报。这从互联网公司新股上市以后的表现可以看出来。

本书统计了从 2000 年新浪在纳斯达克上市以来的 87 个互联网公司收益率情况。

从 2000 年至今,87 个美股、港股上市的中国互联网公司的算术平均收益率为 616%,但是收益率的中位数只有 -45%。如果考察年化收益率,那么 87 个公司的年化收益率平均值和年化收益率的中位数都是 -26%。

上市的互联网公司作为一个整体,有不错的 616% 的回报率;这从以互联网为主的 MSCI 海外指数从 2008 年 12 月 3 日至 2018 年 12 月 31 日 590% 的上涨表现可以看出来。在互联网公司上市后,大部分公司是亏损的,87 个

公司当中只有 25 个具有正回报率，正回报率比例只有 29%。同样的公司上市以后，只有 17 个公司的年化收益率超过了 10%，比例大约是 20%。

去掉腾讯、网易、携程、唯品会、百度这五家公司，其他公司的收益率累计小于 0；也就是说，只有头部的具有网络效应的互联网公司给投资人创造了超额回报率。腾讯一个公司创造的收益率高于其他互联网公司累计。

中国互联网公司收益率的完全非正态分布显示了互联网领域投资机会只属于头部公司，如果不是头部公司，那么就没有收益率。这些头部公司或者是平台，或者是垂直领域的赢家。

互联网公司的头部化最终也使一级市场基金头部化，只有投资了收益率最高公司的基金才能取得高回报率。

4.3 市场信息效率的归因分析

现有信息和未来信息存在相关性。如果公开信息尤其是财务信息在不同时期是完全不相关的,那么当发布的公开信息被反映以后,继续分析公开信息显然在未来就不能获得超额收益。但如果不同时期企业的经营信息有可能相关,那么就可能获得超额收益。许多学者对于财务信息披露和股价关系也进行了一些研究,如谭洪涛、蔡利、蔡春(2011)[194]、管悦、冯忠磊(2020)等[195]。

这里我们可以通过检测不同时期企业盈利水平与股价的相关性来验证财务信息与股价的相关性。

一些著名的投资者如巴菲特等人长期跑赢市场,显然不符合半强有效市场理论。其中的经济学逻辑是找到持续垄断可以创造高资本回报率的公司持有,就能取得高的股票回报率。通过历史检验可以得出,高资本回报率的公司通常有可持续性,在未来一段时期也具有较高回报率,从而为投资者提供超额收益率。

4.3.1 美国股市财务信息的超额收益率检测

如果市场半强有效,那么使用基本面等方法就不能获得超额收益率。然而实际情况不是这样。过去几十年,美国很多生意和公司,持续获得超额高回报率。

如图4-9所示,从标准普尔500、纳斯达克100和道琼斯工业指数的历史收益率对比来看,纳斯达克从1986年4月11日至今的年化收益率为12.12%,高于标准普尔从1929年3月12日至今年化为5.26%的收益率,也高于道琼斯从 1972 年 4 月 12 日至今的年化收益率为 7.02%。

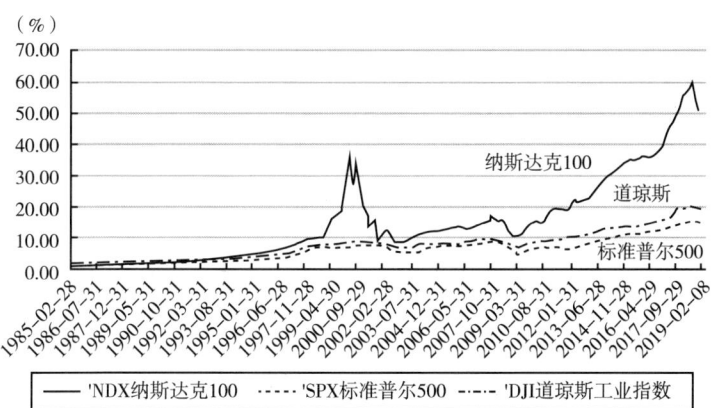

图 4-9 美国三大指数的历史收益率对比

数据来源：万得资讯。

如果都从 1986 年 4 月 11 日开始计算收益率，那么道琼斯和标准普尔 500 的收益率分别是 8.18% 和 7.51%。两者的收益率都远低于纳斯达克指数为 12.12% 的年化收益率。

纳斯达克指数高回报的原因是创新导致的高增长。这是因为在过去 32 年当中，纳斯达克公司的收入增速和盈利复合增速都超过了道琼斯样本公司和标准普尔样本公司。

高资本回报带来高投资回报率。如图 4-10 所示，1986 年 4 月 11 日至今，纳斯达克指数的年化收益率为 9.11%；显著落后于纳斯达克 100 指数 12.12% 的收益率。当前，纳斯达克指数的静态市盈率为 34.4，静态市净率为 4.39，净资产收益率为 12.76%；纳斯达克 100 的市净率为 5.27，市盈率为 20.6 倍，净资产收益率为 25.58%。高净资产收益率生意的指数回报率超过了低净资产收益率的生意。

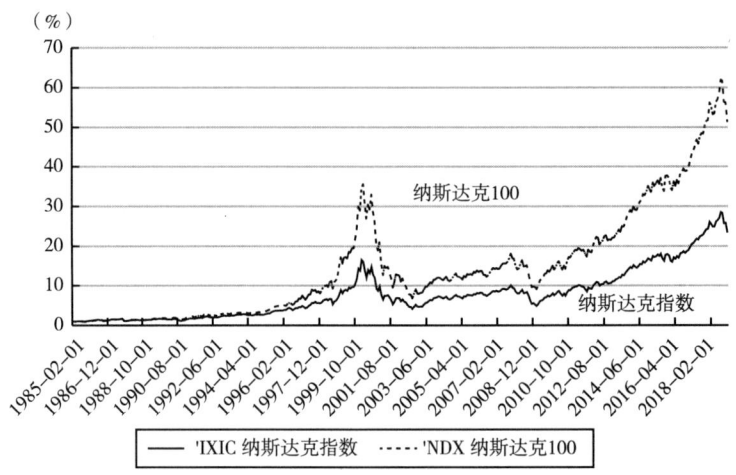

图 4-10　纳斯达克 100 指数和纳斯达克指数的历史收益率对比

数据来源：万得资讯。

因而，本书认为不同指数回报率差异来源于增长率和净资产收益率的差异：高增长的公司回报率将会超过低增长的公司，高净资产收益率的公司回报率将超过低净资产收益率的公司。高增长和高净资产回报率是超额收益率的来源，使市场不能实现半强有效。

4.3.2　中国股市财务信息的超额收益率检测

本书采用了沪深 300 的财务数据进行实证检验，证明了采用收入增长率、盈利增长率和净资产收益率的季报数据可以获得显著的超额收益率。

1. 实证检验

（1）目标

研究中国股市年报公布后一年的股票回报率与主要财务指标（年报当期的 ROE、收入增长、盈利增长）之间的关系。其中 ROE、收入增长、盈利增长作为解释变量，股票的回报率为被解释变量。

(2) 数据选取

本书以沪深 300 中的股票作为样本,样本期间为 2005 年至 2014 年度。经过筛选,共 166 只股票有完整的 10 年的财报数据。其中,ROE、收入年度同比增长、盈利年度同比增速为 2005 年至 2014 年报数据,回报率是 2006 年至 2015 年每年年报出来第二天到下一年年报公布日之间一年的回报率。

因此,数据结构包括时间(10 期)、截面两个维度的数据,截面又包括 166 个样本,每个样本有 4 个变量,共 6640($10 \times 166 \times 4$)个数据。

为了分析回报率与财务指标之间关系,我们采用面板数据模型进行分析。

(3) 面板数据模型简介

本次研究的时间为 10 期,个体数为 166,根据短面板的定义,此为短面板数据。

根据平衡面板数据的定义,我们筛选出来的样本没有数据缺失,因此是平衡面板数据。

根据动态面板的原理,本研究所采用的数据为动态面板。

(4) 面板数据的 eviews 实现

本研究主要用 eviews 分析 ROE、收入增长、盈利增长与下一年度股票收益之间的关系。

序列模型的估计,截面成员较少、时期较长的侧重时间序列分析的数据可以使用 Pool 对象来分析。面板结构的工作文件(Panel workfile)可以用来分析截面成员较多、时期较少的"宽而短"的侧重截面分析的数据。变截距 Panel Data 模型以及动态 Panel Data 模型的估计,也可以使用面板结构的工作文件实现。

第一步,首先将数据结构变为堆积数据读入 eviews(见表 4 - 1)。

表 4-1　　　　　　　　　　堆积数据表　　　　　　　　　单位:%

obs	DATIEID FCODE	ret	roe	rvg	nig
_000001.SZ_2005	2005 000001.SZ	213.19	6.39	3.19	5.58
_000001.SZ_2006	2006 000001.SZ	60.43	22.60	30.91	318.93
_000001.SZ_2007	2007 000001.SZ	-25.99	27.21	38.24	87.68
_000001.SZ_2008	2008 000001.SZ	45.16	4.18	34.29	-76.83
_000001.SZ_2009	2009 000001.SZ	-32.84	27.29	4.14	719.29
_000001.SZ_2010	2010 000001.SZ	8.42	23.28	19.24	24.91
_000001.SZ_2011	2011 000001.SZ	35.23	19.24	64.94	66.34
_000001.SZ_2012	2012 000001.SZ	-26.57	16.95	34.09	30.03
_000001.SZ_2013	2013 000001.SZ	69.38	15.47	31.30	12.72
_000001.SZ_2014	2014 000001.SZ	-15.86	16.30	40.66	30.01
_000002.SZ_2005	2005 000002.SZ	200.77	18.61	37.71	57.06
_000002.SZ_2006	2006 000002.SZ	122.70	19.78	69.70	69.04
_000002.SZ_2007	2007 000002.SZ	-49.51	21.92	98.27	119.46
_000002.SZ_2008	2008 000002.SZ	22.37	13.19	15.38	-12.74
_000002.SZ_2009	2009 000002.SZ	-8.72	15.39	19.25	38.58
_000002.SZ_2010	2010 000002.SZ	2.97	17.85	3.75	37.47
_000002.SZ_2011	2011 000002.SZ	45.79	19.80	41.54	31.22
_000002.SZ_2012	2012 000002.SZ	-34.74	21.49	43.65	35.03
_000002.SZ_2013	2013 000002.SZ	99.17	21.49	31.33	16.82
_000002.SZ_2014	2014 000002.SZ	77.34	19.08	8.10	5.41
_000008.SZ_2005	2005 000008.SZ	65.57	-7.50	37.54	-114.43
_000008.SZ_2006	2006 000008.SZ	23.84	-2.52	-74.18	68.45
_000008.SZ_2007	2007 000008.SZ	-28.59	2.34	-4.35	195.80
_000008.SZ_2008	2008 000008.SZ	87.06	1.03	15.41	-55.53

续表

obs	DATIEID FCODE	ret	roe	rvg	nig
_000008.SZ_2009	2009 000008.SZ	6.59	0.43	-11.72	-58.09
_000008.SZ_2010	2010 000008.SZ	-41.07	1.20	3.41	183.57
_000008.SZ_2011	2011 000008.SZ	91.32	-0.73	33.96	-160.68
_000008.SZ_2012	2012 000008.SZ	28.61	12.73	6.78	15.12
_000008.SZ_2013	2013 000008.SZ	160.19	4.12	-8.16	-41.84
_000008.SZ_2014	2014 000008.SZ	81.03	1.37	0.90	-65.87
_000009.SZ_2005	2005 000009.SZ	205.83	6.36	33.09	247.11
_000009.SZ_2006	2006 000009.SZ	58.13	10.32	22.65	67.73
_000009.SZ_2007	2007 000009.SZ	-20.82	14.63	-22.69	73.41
_000009.SZ_2008	2008 000009.SZ	28.43	11.67	48.43	-18.10
_000009.SZ_2009	2009 000009.SZ	88.86	13.57	13.04	50.47
_000009.SZ_2010	2010 000009.SZ	-43.11	14.45	-1.61	8.08
_000009.SZ_2011	2011 000009.SZ	-12.75	10.50	26.38	-13.85
_000009.SZ_2012	2012 000009.SZ	20.00	5.69	-1.00	-19.22
_000009.SZ_2013	2013 000009.SZ	145.58	9.45	3.24	44.53
_000009.SZ_2014	2014 000009.SZ	-31.23	9.36	3.77	6.39
_000027.SZ_2005	2005 000027.SZ	143.95	17.21	18.24	11.22

第二步，分别建立回报率与ROE、收入增长（记为rvg）、盈利增长（记为nig）固定截距动态GMM模型。

由上述实证结果可以看出，回报率与ROE之间的关系最为显著，因此进一步对回报率和ROE进行Hausman检验，判断两者之间的关系是属于固定效应还是随机效应。如果是固定效应，那么证实了年报信息披露对于股票回报存在影响，这种影响不是随机的。具体见表4-2至表4-4。

表 4 – 2　　股票投资回报率与收入增长（RVG）关系分析

Dependent Variable：RET
Method：Panel Generalized Method of Moments
Sample：2005 2014
Periods included：10
Cross – sections included：166
Total panel (balanced) observations：1660
2SLS instrument weighting matrix
Instrument specification：C
Constant added to instrument list

Variable	Coefficient	Std. Error	t – Statistic	Prob.
RVG	0.168276	0.144190	1.167042	0.2434
R – squared	– 237.012489	Mean dependent var		44.92505
Adjusted R – squared	– 237.012489	S. D. dependent var		101.6614
S. E. of regression	1568.397	Sum squared resid		4.08E + 09
Durbin – Watson stat	2.014030	J – statistic		1.73E – 31
Instrument rank	1			

表 4 – 3　　股票投资回报率与 ROE 关系分析

Dependent Variable：RET
Method：Panel Generalized Method of Moments
Sample：2005 2014
Periods included：10
Cross – sections included：166
Total panel (balanced) observations：1660
2SLS instrument weighting matrix
Instrument specification：C
Constant added to instrument list

Variable	Coefficient	Std. Error	t – Statistic	Prob.
ROE	3.508189	0.305389	11.48759	0.0000
R – squared	– 1.456489	Mean dependent var		44.92505
Adjusted R – squared	– 1.456489	S. D. dependent var		101.6614
S. E. of regression	159.3359	Sum squared resid		42118566
Durbin – Watson stat	2.097762	J – statistic		1.31E – 29
Instrument rank	1			

表 4-4　股票投资回报率与盈利增长（NIG）关系分析

Dependent Variable：RET
Method：Panel Generalized Method of Moments
Sample：2005 2014
Periods included：10
Cross – sections included：166
Total panel (balanced) observations：1660
2SLS instrument weighting matrix
Instrument specification：C
Constant added to instrument list

Variable	Coefficient	Std. Error	t – Statistic	Prob.
NIG	0.102023	0.099910	1.021153	0.3073
R – squared	-309.878922	Mean dependent var		44.92505
Adjusted R – squared	-309.878922	S. D. dependent var		101.6614
S. E. of regression	1792.470	Sum squared resid		5.33E+09
Durbin – Watson stat	2.021000	J – statistic		8.61E-32
Instrument rank	1			

第三步，对回报率与 ROE 面板数据模型进行 Huasman 检验。具体见表 4-5 至表 4-8。

表 4-5　股票投资回报率与 ROE 面板数据模型的 Huasman 检验结果

Correlated Random Effects – Hausman Test
Equation：Untitled
Test cross – section and period random effects

Test Summary	Chi – Sq. Statistic	Chi – Sq. d. f.	Prob.
Cross – section random	4.634544	1	0.0313
Period random	0.087029	1	0.7680
Cross – section and period random	4.123345	1	0.0423

** WARNING：estimated cross – section random effects variance is zero.

表 4 – 6　　　　　　　　　截面随机效应检验结果

Cross – section random effects test comparisons：

Variable	Fixed	Random	Var（Diff.）	Prob.
ROE	– 0.098131	– 0.046896	0.000566	0.0313

Cross – section random effects test equation：
Dependent Variable：RET
Method：Panel EGLS（Period random effects）
Date：02/18/17　Time：17：28
Sample：2005 2014
Periods included：10
Cross – sections included：166
Total panel（balanced）observations：1660
Swamy and Arora estimator of component variances

Variable	Coefficient	Std. Error	t – Statistic	Prob.
C	46.18169	1.964531	23.50774	0.0000
ROE	– 0.098131	0.059816	– 1.640541	0.1011

Effects Specification				
			S. D.	Rho
Cross – section fixed（dummy variables）				
Period random			50.52537	0.3197
Idiosyncratic random			73.70605	0.6803

Weighted Statistics			
R – squared	0.072327	Mean dependent var	44.92505
Adjusted R – squared	– 0.030816	S. D. dependent var	72.85144
S. E. of regression	73.96543	Sum squared resid	8168032
F – statistic	0.701228	Durbin – Watson stat	2.211717
Prob（F – statistic）	0.998099		

Unweighted Statistics			
R – squared	0.041056	Mean dependent var	44.92505
Sum squared resid	16441900	Durbin – Watson stat	2.336296

表 4-7　　　　　　　　　周期随机效应检验结果

Period random effects test comparisons：

Variable	Fixed	Random	Var（Diff.）	Prob.
ROE	-0.044408	-0.046896	0.000071	0.7680

Period random effects test equation：
Dependent Variable：RET
Method：Panel EGLS（Cross – section random effects）
Date：02/18/17　Time：17：28
Sample：2005 2014
Periods included：10
Cross – sections included：166
Total panel（balanced）observations：1660
Swamy and Arora estimator of component variances

Variable	Coefficient	Std. Error	t – Statistic	Prob.
C	45.49374	1.943749	23.40515	0.0000
ROE	-0.044408	0.055522	-0.799838	0.4239

Effects Specification				
			S. D.	Rho
Cross – section random			0.000000	0.0000
Period fixed（dummy variables）				
Idiosyncratic random			73.70605	1.0000

Weighted Statistics				
R – squared	0.492911	Mean dependent var		44.92505
Adjusted R – squared	0.489836	S. D. dependent var		101.6614
S. E. of regression	72.61243	Sum squared resid		8694460
F – statistic	160.2897	Durbin – Watson stat		2.102597
Prob（F – statistic）	0.000000			

Unweighted Statistics				
R – squared	0.492911	Mean dependent var		44.92505
Sum squared resid	8694460	Durbin – Watson stat		2.102597

表 4-8　　截面和周期效应联合检测结果

Cross-section and period random effects test comparisons:

Variable	Fixed	Random	Var (Diff.)	Prob.
ROE	-0.095253	-0.046896	0.000567	0.0423

Cross-section and period random effects test equation:
Dependent Variable: RET
Method: Panel Least Squares
Date: 02/18/17　Time: 17:28
Sample: 2005 2014
Periods included: 10
Cross-sections included: 166
Total panel (balanced) observations: 1660

Variable	Coefficient	Std. Error	t-Statistic	Prob.
C	46.14484	1.964561	23.48863	0.0000
ROE	-0.095253	0.059822	-1.592275	0.1115

Effects Specification

Cross-section fixed (dummy variables)
Period fixed (dummy variables)

R-squared	0.529801	Mean dependent var	44.92505
Adjusted R-squared	0.474353	S.D. dependent var	101.6614
S.E. of regression	73.70605	Akaike info criterion	11.53802
Sum squared resid	8061951	Schwarz criterion	12.11209
Log likelihood	-9400.555	Hannan-Quinn criter	11.75080
F-statistic	9.554927	Durbin-Watson stat	2.208143
Prob (F-statistic)	0.000000		

在通常情况下,若 p 值小于 0.05,则说明拒绝"随机效应好于固定效应",即采用固定效应。因此,可以看出,部门效应和时间效应的综合结果 p 值为 0.043,回报率与 ROE 之间存在时间与截距的固定效应,即应建立包含时间截距的固定效应变截距模型,即不同股票之间 ROE 与回报率之间的

关系存在差异性，且不同时期也存在差异性。

（5）小结与不足

①实证检验的结论如下。

第一，在收入增速、盈利增速和回报率三个指标中，个股长期的收益率与 ROE 关系最显著。

第二，长期的回报率与 ROE 之间存在着个股的差异性，并且不同时期的影响也会有差异性。

好的生意就会有好的净资产收益率，进而在长期有好的回报率。

无论是美国的可口可乐、宝洁、菲利普莫里斯，还是中国的茅台、格力和美的，都具有长期的高资本回报率。在高科技领域内也类似，美国的 Apple、Microsoft、Google、Facebook 和中国的腾讯、阿里巴巴以及百度都拥有非常高的净资产回报率。也有一些公司（如 Amazon、京东）虽然初期不盈利，但是现金流状况非常好，后期也逐渐盈利。

高的净资产收益率主要基于学习曲线、网络效应和品牌，在下文会深入讨论。

②研究不足：个股的财务指标不同年份存在波动，甚至波幅很大，这会一定程度上影响模型估计的准确性。因此，我们需要进一步进行聚类分析，研究不同类别股票收益率与 ROE 之间的关系存在差异性。

2. 聚类分析

（1）目的

通过之前的分析我们得到，不同股票收益率与 ROE 之间的关系存在差异性，因此本研究尝试把股票分成几类来研究不同类别之间的区别以及每一类的特征。

（2）样本

本书采用 2017 年 3 月 7 日沪深 300 成分股作为基础，考虑到数据的完整性，去掉2014年后上市的公司，选取其中283个公司作为样本。

（3）变量设计

变量包括：①2005年至今，平均ROE；②上市至2014年营业总收入复合增长率；③上市至2014年净利润复合增长率。

（4）方法

本书研究方法为基于k-means聚类的数据挖掘。数据挖掘会涉及很多方面的知识，如机器学习、统计学、信号处理、数据可视化等。一般分为三个过程：第一步，数据的准备；第二步，数据挖掘；第三步，结果表达和解释。

数据挖掘会涉及很多种分析方法，相关算法还在不断创新。针对数据和目的的不同可以选用不同的方法。常使用的方法有分类、聚类、相关性分析、预测等，本书主要是基于聚类分析的数据挖掘。

聚类分析是数据挖掘领域的各个分支中的重要一个。所谓聚类，就是将数据集划分为若干个不同类的过程，通过聚类使得子集内部的数据相似，而子集之间的数据差异较大。本研究主要使用k-means算法。

k均值算法是基于划分的聚类算法的一种，通过不完全搜索完备数据空间，使目标函数达到最大值。其具体算法步骤如下：第一，从数据集中随机选取K个数据作为初始聚类中心；第二，测量剩余的每个数据到每个聚类中心的距离，并把它归到最近的聚类中心之一类；第三，然后重新计算已经得到的各个类的聚类中心；第四，重复迭代第二、第三步直到新的聚类中心不再变化或小于指定阈值，算法结束。这一过程可以用SPSS软件实现。

选取k=3，即有3个聚类中心，发现有一类只有一只股票中国铝业，由于中国铝业与其他股票的指标差异过大，我们删除中国铝业，重新进行聚类分析，聚类结果如表4-9、表4-10所示。

第4章 市场信息效率理论的缺陷与现实矛盾

表4-9　　　　　　　　　　　初始聚类分析结果

初始聚类中心

	聚类		
	1	2	3
ROE	5.6872	21.7505	30.6479
RVG	2.0790	129.0171	17.3552
NIG	-69.1332	12.0662	97.5045

迭代历史记录[①]

迭代	聚类中心内的更改		
	1	2	3
1	68.477	42.267	64.656
2	3.992	32.696	0.789
3	1.819	10.156	0.633
4	0.546	4.818	0.219
5	0.175	0.000	0.131
6	0.000	0.000	0.000

注：①当前迭代为6。初始中心间的最小距离为140.880。

表4-10　　　　　　　　　　　最终聚类分析结果

最终聚类中心

	聚类		
	1	2	3
ROE	11.3236	19.4884	18.3038
RVG	12.9027	82.0735	28.1116
NIG	4.7950	73.9255	35.7758

每个聚类中的案例数

聚类	1	114.000
	2	14.000
	3	154.000
有效		282.000
缺失		0.000

（5）聚类结果分析。283只股票共聚成三类，其中第一类有114只，第二类有14只，第三类有154只。每一类距中心最近的5只股票如表4-11所示，具有一定的代表性。

表4-11　　　　　每一类距中心最近的5只股票

代码	简称	ROE（%）	RVG（%）	NIG（%）	聚类类型	距中心距离
601601.SH	中国太保	11.84	13.07	6.97	1	2.25
601111.SH	中国国航	10.05	11.65	3.04	1	2.51
002074.SZ	国轩高科	11.54	15.47	4.98	1	2.58
600666.SH	奥瑞德	9.78	13.12	7.24	1	2.90
600009.SH	上海机场	11.54	9.35	4.96	1	3.56
300058.SZ	蓝色光标	22.88	86.36	85.31	2	12.62
000555.SZ	神州信息	17.27	89.81	60.85	2	15.36
600340.SH	华夏幸福	22.60	65.02	77.72	2	17.75
002450.SZ	康得新	17.71	77.54	94.48	2	21.13
300072.SZ	三聚环保	17.30	62.64	62.61	2	22.60
600016.SH	民生银行	20.01	30.45	36.13	3	2.92
600000.SH	浦发银行	21.35	26.86	37.62	3	3.77
300024.SZ	机器人	15.15	26.71	37.54	3	3.88
600352.SH	浙江龙盛	17.43	27.12	32.08	3	3.93
600036.SH	招商银行	21.68	26.85	33.35	3	4.34

本研究对每一类公司ROE的延续性进行分析。

计算每一类中，2005年已经上市的公司滞后一年的自相关函数，得到结果如表4-12所示。

表4-12　　　　2005年已经上市的公司滞后一年的自相关函数

2005—2015年平均每年ROE（%）	滞后一年的自相关	类别
8.30	0.32	1
17.67	0.32	2
15.72	0.41	3

去除自相关为负的,结果如表 4-13 所示。

表 4-13　　　　　调整后的滞后一年的自相关函数

类别	2005—2015 年平均每年 ROE（%）	滞后一年的自相关
1	9.92	0.43
2	21.69	0.58
3	15.54	0.49

造成明显差异的主要是第二类样本量太少,2005 年至 2014 年没有空缺值,即 2005 年就开始有财务数字的只有三家公司（见表 4-14）。

表 4-14　　符合条件的三家样本公司滞后一年的自相关函数

代码	简称	2005—2015 年平均每年 ROE（%）	滞后一年的自相关	类别
000776.SZ	广发证券	9.62	-0.20	2
600340.SH	华夏幸福	20.75	0.54	2
000718.SZ	苏宁环球	22.64	0.62	2

综合来看,前一年与后一年之间的 ROE 存在一定的相关性,第二类和第三类股票的相关性更强一些。

3. 分组检验

考虑到历史信息的相关性,采用沪深 300 指标股进行检测。每年选取上一年 ROE 最高的 10% 公司和 ROE 最低的 10% 公司,从当年年报全部发布以后的 5 月 1 日持有至第二年的 4 月 30 日（见表 4-15）。

表 4-15　　　高 ROE 和低 ROE 公司累计收益率对比

年份	高 ROE 组	低 ROE 组	累计收益率	高 ROE 组	低 ROE 组
2001	-4%	-4%		96%	96%
2002	11%	15%		106%	110%
2003	-19%	-40%		87%	66%

续表

年份	高 ROE 组	低 ROE 组	累计收益率	高 ROE 组	低 ROE 组
2004	19%	15%		103%	76%
2005	161%	322%		270%	320%
2006	21%	-8%		327%	295%
2007	-32%	-15%		221%	251%
2008	27%	36%		280%	340%
2009	27%	11%		355%	376%
2010	-20%	-28%		284%	269%
2011	-11%	-21%		253%	213%
2012	31%	-14%		332%	184%
2013	68%	174%		558%	503%
2014	-22%	-40%		433%	303%
2015	11%	11%		482%	336%
复合收益率				10.33%	7.87%

数据来源：万得资讯。

本书检测了从 2002 年 5 月 1 日到 2017 年 3 月 17 日的分组收益率情况。ROE 最高的 10% 的公司累计收益率为 482%，高于 ROE 最低的 10% 的公司的累计收益率 336%。从年化复合收益率来看，最高组的收益率为 10.33%，高于最低组平均收益率为 7.87%。所以，持续持有高 ROE 的公司可以获得超额回报率。

同时，本书检测了 2001 年年报沪深 300 样本公司当中 ROE 最高的 10% 公司从 2002 年 5 月 1 日至 2017 年 3 月 17 日的回报率，前 10% ROE 组累计收益率为 693%、对应复合收益率为 13.8%，后 10% ROE 组的收益率只有 196%、对应复合收益率为 4.6%。

4. 高 ROE 公司获得持续高收益率原因

市场在中长期也没有出现半强式有效，高 ROE 公司获得了超额收益率的原因主要是不同市场结构造成的。

一个市场的结构依赖于供求双方的数量以及产品差异的大小。根据竞争当中厂商的数量、产品的差异、对价格的控制程度以及进入壁垒等特点，市场被划分为垄断、垄断竞争和寡头几种市场结构。

市场结构和产业集中度具有一定的关系，前几名企业市场份额结构彰显了产业结构。集中度是以该产业中最大的 N 个企业所占市场份额的累计数来表示。其计算公式为：$CRN = \sum XI/X$。

超额的资本回报率来自垄断利润的获得，高 ROE 的公司往往也是在市场中有一定垄断地位的公司。超额资本回报率可以维持的时间取决于垄断的延续时间。如果市场存在半强有效，那么就应该在定价时给垄断企业一个较高的估值。但是市场显然并不知道，所以并没有给垄断企业一个显著的高估值。所以高 ROE 的垄断企业在持续实现高 ROE 的过程当中获得了超额收益率。

4.3.3 高增长是超额收益率的主要来源

一方面，从上面量化的检验可以证明高增长、高净资产收益率可以带来高回报率。另一方面，实践当中，高增长的行业或者公司会带来超额收益率。

从上证 50、沪深 300 和中证 500 收益率历史对比来看（见图 4-11），中证 500 指数从 2006 年 4 月 4 日至今的年化收益率为 11.76% 高于沪深 300 指数同期年化为 8.47% 的收益率，也高于上证 50 指数同期的年化收益率 7.76%。

中证 500 回报率更高的原因是样本公司收入和盈利的增长率更高，所以在长期拥有更高的回报率。

由表 4-16 可见，从 2007 年到 2018 年，中证 500 指数的年化收入增速为 18.17%，高于沪深 300 指数的年化 14.6% 和上证 50 复合 14.2% 的收入增长率。同期中证 500 指数的年化盈利增速 18.27% 高于沪深 300 指数的 13.14% 和上证 50 指数的 12.16%。中证 500 指数的收入增速和盈利增速都高于沪深 300 指数,最终的回报率也显著更好。

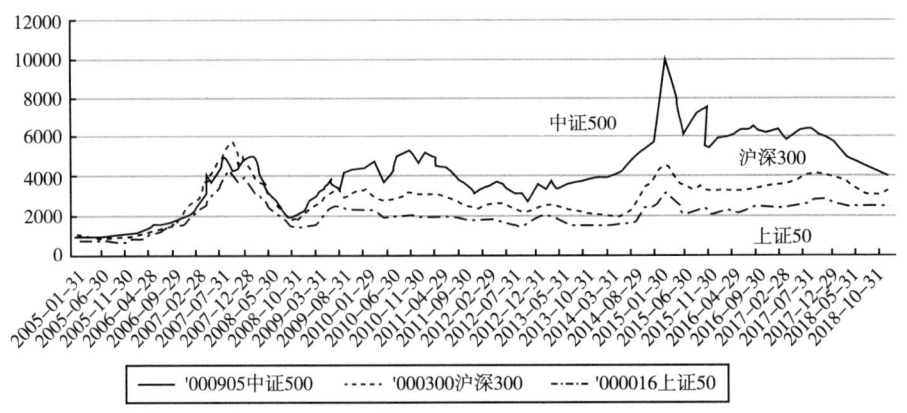

图 4-11　上证 50、沪深 300 和中证 500 收益率历史对比

数据来源:万得资讯。

表 4-16　中证 500、沪深 300 以及上证 50 的年化收入及盈利增速

指数名称	年化收入增速	年化净利润增速
中证 500	18.17%	18.27%
沪深 300	14.60%	13.14%
上证 50	14.21%	12.16%

数据来源:万得资讯。

综上,中美市场当前阶段并非半强有效市场。本研究通过对于多个财务指标发布以后的年度收益率检验,发现具有高 ROE 和高增长率的公司具有显著的超额收益率。下文将从信息学和信息经济学的角度分析。

第 5 章
市场信息效率低下的信息学解释

5.1 信息学的特定规律导致市场低效

为什么有些市场存在信息效率低下乃至无效的情况？如果仅仅是信息获取有成本或者信息获取的效率有所不同，那么回报的超额收益率就会主要体现在短期。但是这就不能很好地解释为什么在长期有些行业持续具有高回报率和有些投资者持续获得高回报率。

5.1.1 信息的边际成本为零促成超额收益

市场信息效率长期不高的主要原因也可以从信息学的角度来解释：信息产业边际成本逐渐趋近为零。这意味着信息产业和一般经济学当中定义的产业不同，不是边际成本上升的，而是边际成本下降的。这就意味着信息生意有很大的领先优势，领先者的成本接近于零，通常大幅度低于后来的竞争者，因此容易出现赢家通吃的属性。这种成本不仅包括生产成本，也包括研发成本（尤其是获客成本）。非信息产业能够分摊的主要是固定成本，如果是固定成本比较少的行业很难产生超额收益率。

从收入来说，信息产生的收益是不断递增的，主要是因为信息具有独特的属性：信息不具有独占性，可以同时在不同的信息主体之间传递；信息具有相互的启发性，信息越多，拥有信息的人越多，产生的新信息也就越多；信息越多，对现有人群的推荐更准确，对其他人群的信息传递也更准确。这也是信息产业和其他产业的不同。其他产业的边际产出通常是递减的，而信息产业的边际产出可能递增。

符合信息产业规则的通常是信息产业、品牌消费品、其他信息积累非常重要的产业。

品牌消费品也是信息产业：消费者每次购买就是一次学习，就是一种信息获取。品牌的主要价值：降低信息搜索成本、情感认同或者心理认同。品牌越强，消费者的信息搜索成本也就越低。消费者为了降低自己的信息搜索成本，就会选择品牌，从而降低了企业的获客成本。同时，品牌越强，消费者心理认同就越强，也就越能有品牌溢价。所以，品牌消费品同时具备产品高溢价和低获得成本的特点。

消费者的信息搜索成本或是信息获取成本构成了消费品的重要成本，可以降低这种成本的公司就可以获得超额收益率。

消费者品牌的心理认同会提供溢价，心理认同越高，溢价越多。这种心理认同本质上是一种品牌所提供的信息与消费者自身信息之间的共振。共振的效应越强，消费者就会分泌更多的多巴胺，从而愿意付出更高的溢价。

信息产业本身从最早的传媒、通信到现在的软件、互联网。这些产业都具有共同特点：作为信息产品，生产信息的边际成本很低以至于趋近于零。同时，都具有用户越多单位用户的价值越高的特点。后者称为"信息的网络效应"。

1. 网络效应

网络效应的简化定义：当公司的产品或者服务会随着使用者增加而对于每个使用者变得更有价值，并导致总价值量的增长超过使用者的增长时，就发生了网络效应。

具有网络效应的行业和公司通常可能创造超额收益率，主要的网络效应类型包括同边网络效应以及双边网络效应。前者的案例是类似中国移动的电信网络、类似微信或者QQ的通信软件、类似朋友圈或者Facebook的社交网络。

这是一个经典的例子。在电信系统中，当人们都不使用电话时，安装电话是没有价值的；而电话越普及，安装电话的价值就越高。在这个例子中，网络价值与网络中节点的数量 m 的平方成正比。

网络效应普遍存在于通信、社交等产品中。由于网络效应的存在，这些领域通常是赢者通吃的。

双边网络效应：双边市场容易促发网络效应。例如，知乎可以认为是一个由"内容生产者"和"内容消费者"组成的双边市场。双边市场的网络价值与生产者数量 m 和消费者数量 n 的乘积成正比。

后者的典型案例还有电商网络，如淘宝、亚马逊、拼多多、美团。同边网络的特点是用户越多价值就越大，遵循梅特卡夫定律。双边网络的特点是贝索斯说的棘轮效应：用户越多商户就越多，商户越多用户就越多。下文会对网络效应进行详细论述。

2. 学习曲线

有很多行业存在学习曲线或者说是经验曲线，这是另外一种基于信息建立的优势。

学习曲线（learning curves），也称制造进步函数（manufacturing progress function）或者经验曲线（experience curve）。

学习曲线定义为"单位时间内获得的技能或知识的速度"。学习曲线表示生产单位产品的时间与产品总数量或者良品总数量之间的关系的一条曲线。随着累计产品产量或者销量的增加，单位产品的成本会以一定的比例下降，或者单位产品的良品率会以一定的比例上升，或者单位产品的品质/价格会以一定的比例上升。所以产业的不断发展，学习曲线的含义日益丰富，随着生产总数量的积累，可能产销时间缩短、成本降低、良品率提升，也可能质量提高。

学习曲线有广义和狭义之分。狭义的学习曲线就是人员学习曲线，这主要基于个人的学习积累。广义的学习曲线可以说是生产进步函数，通常是基于某一行业或某一产品，包含整个专门技术的积累以及作业协作水平提高。

学习曲线甚至基于国家而存在：如果存在大量有经验的技术人员或者工

人,一个新产业在当地的产业化是比较容易的;否则会非常困难。比如,特朗普想让美国重新工业化,但是很多产业几十年前就从美国转移走了。重新构建产业就缺乏有经验的产业工人,学习曲线需要重新构建。

亚当·斯密在《国富论》[196]当中强调了分工的重要性,随着不同岗位的分工,每个工人做相同的工序,随着熟练的程度不断提高,每个人的单位时间产量不断提高。其他的案例是福特生产T型车,随着汽车的累计产量增加一倍,平均单位工时就下降约为20%,即下降到产量加倍前的80%。凭借这种成本的下降,福特让每个美国中产都可以开上车。最新的例子是特斯拉的车,随着累计产量的不断增加,从MODELS到MODELY再到MODEL3,从2013年到2020年,单车成本从10万美元下降到3.5万美元。

学习曲线(见图5-1)体现了熟能生巧,主要是从业者不断学习以及熟练程度提高带来的,可以归结为一些要点。

①生产经验的累积,帮助操作人员提升了操作速度;
②提高了良品率;
③操作程序的改进,带来了时间的节约和质量的提升;
④经验累积带来模具设计和模具使用的改进;
⑤通过价值工程和价值分析,不断优化,提高作业效率或品质。

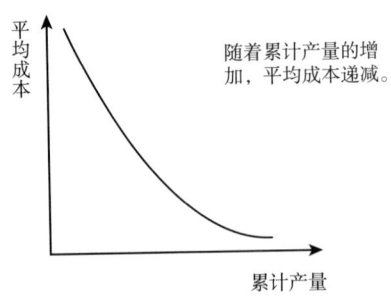

图5-1 学习曲线

在考虑产能和产量时,要考虑学习效应这个影响产能以及产量大小的因素。因为刚开始操作的时候,人均产量低,产能利用率也比较低;当操作比较成熟的时候,学习曲线带来人均的高产量。所以,不同时期的产能和产量完全不同。学习效应与学习曲线见图 5-2。

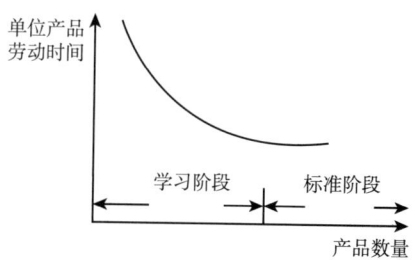

图 5-2 学习效应与学习曲线

由图 5-2 可以看出,学习效应通常包括两个阶段:一是学习阶段,当产量还能持续快速增长的时候,学习曲线效应显著,单位产品的生产时间随产品数量的增加逐渐减少或者产品的品质随着产量增加而逐渐提升;二是标准阶段,当技术不再有进展以及产量趋于稳定的时候,学习效应消失,生产时间、成本和品质都趋于稳定。技术进步对学习曲线的影响见图 5-3。

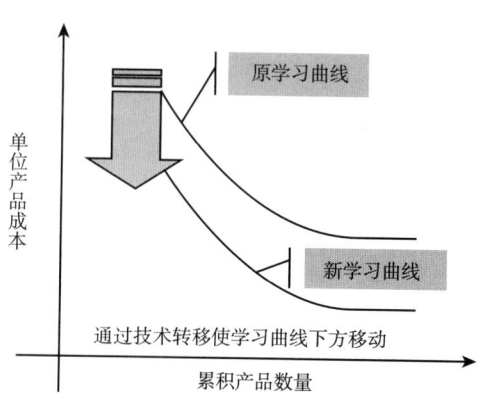

图 5-3 技术进步对学习曲线的影响

规模经济带来的成本优势和当期的规模相关，与建立这种规模的历史没有显著关系。与规模经济不同的是，学习曲线中历史经验都形成积累，也就是历史上每次研发生产销售都形成信息，所有的信息形成累积。学习曲线的积累主要体现在能够生产更新一代的产品、类似的产品质量更高从而形成产品溢价、更高的成品率或者良品率以及累积的量越大形成越来越低的成本。这些同时作用，形成更高的利润率。

生产带来的学习曲线被讨论较多，研发和销售的学习曲线也日益常见。例如，现在在医疗领域的合同研究组织（Contract Research Organization，CRO）与合同生产组织（Contract Manufacturing Organization，CMO）企业。前者是制药企业的研发外包企业，后者是制药企业的生产外包企业。CMO公司主业为药品研发制造，积累学习曲线效应，知道如何处理各种情况，所以比制药企业制造效率更高。CRO公司主要是帮助制药企业做靶点发现和临床应用，因为积累了丰富的经验，所以比制药企业自己来做成功率和效率都更高。

销售学习曲线的案例是销售外包（如链家）。以往链家主要销售二手房，现在进入了新房市场，主要原因是二手房销售人员在和客户接触过程中可以充分了解客户需求，而新房销售人员跟着楼盘走难以积累客户。早期新房主要是开发商销售，但是越来越多的新房由链家来帮助销售。

3. 品牌

品牌的本质是一种对产品的信息认知：基于品牌可以建立对品质的信赖，或者品牌本身带给消费者强烈的认同感。品牌作为一种信息，带来的是信息获取的高效率以及消费过程中所传递的心理满足感。

品牌的价值主要包括功能性收益、情感性收益。其中，功能性收益主要是降低了搜索成本，情感性收益主要是情感认同。

情感认同带来效应远高于搜索成本的降低，品牌的信息共振带来的溢价强于品质高带来的溢价。后者可能是几十个百分点，前者可以是几倍。情感认同的典型是各类奢侈品：茅台的价格高于五粮液的，五粮液的价格更远高于二锅头的；爱马仕的价格远高于路易威登的，路易威登的价格高于普通的包的；海蓝之谜的价格高于雅诗兰黛的，雅诗兰黛的价格远高于完美日记的。

降低搜索成本的典型是日常消费品品牌：宝洁和联合利华相比、可口可乐和百事可乐相比、星巴克和COSTA相比、耐克和阿迪达斯相比，价格和利润率没有显著的差异。

真正的品牌带来的基于心理的认同价值远高于产品品质差异带来的价值。

随着品牌的建立，强势品牌会逐渐产生溢价，同时营销获客成本不断降低。学习曲线主要是随着经验总量的增长带来的品质提升或成本下降。品牌在产品端溢价，同时在成本端降低，而学习曲线会由于品质稳定带来较高价格或者成本下降。品牌的产品溢价远高于品质稳定带来的溢价，所以品牌的超额收益率强于学习曲线的超额收益率。品牌的信息效应强于学习曲线。

网络效应的信息效应通常强于品牌。通常价值增长的速度是用户增速的平方，要比信息共振产生的品牌效应更强。同时信息的生产传输成本可能比信息的搜索成本更低。这就导致具有网络效应的信息产业的回报高于品牌生意。

综上，从信息学的角度看，网络效应的生意好于品牌的生意，品牌的生意好于学习曲线的生意。本质上，大部分长期有超额回报的生意基于信息的特征。因为只有信息的边际成本是0，从而在规模扩张的时候边际成本降低，信息的互动和情感的传递带来了超额收益。

5.1.2 护城河的信息学解释

1. 信息、熵与护城河的关系

信息学将信息的传递作为一种统计现象来考虑，给出了估算通信通道容量的方法。

香农[197]给出了信息熵（以下简称"熵"）的定义：如果有一个系统D

内存在多个事件 $D = \{E_1, \cdots, E_n\}$，每个事件的概率分布 $P = \{p_1, \cdots, p_n\}$，则每个事件本身的信息为：

$$H(X) = -\sum_i p_i \log p_i \qquad (5-1)$$

这一定义可以用来推算传递经二进制编码后的原信息所需的信道带宽。熵度量的是消息中所含的信息量，其中去除了由消息的固有结构所决定的部分，信息是确定性的增加。信息通常用给人们带来的惊异来测度。这种信息带来的惊异就是信息熵。所有能够预测的数字都不含有任何信息，同样信息也不会由完全混乱的噪声带来。市场的信息传递也类似，只有包含新的要素才是有意义的新信息。同样，各种噪声也会干扰有意义的信息。

在信息传输过程中，传送信息的信道总是会受到噪声干扰。所以在传输的时候要先把信息编码；再在信息传输的另一端，接收器会对信息进行解码，转换成之前的信息。市场的信息传递过程也会有各种噪声甚至被篡改，所以在进行研究的时候一定要基于原始信息或者数据进行研究，而不能够引用各种数据源不可靠的第三方数据。

信息学的一大成就在于用严谨的数学学科去定义和度量信道传输的信息中含有的信息量。香农用熵或惊异去定义并度量信号里的信息量。如同物理熵一样，信息熵是一个事件发生概率的对数的负值（这里的对数是以 2 为底的对数）。

从前述分析可见，熵越多、信息越多，可以激发品牌，也可以带来经验累积。

与信息学类似，生意的护城河类似于信道。只有具有护城河的生意才能长期存在且获得高回报率。典型的护城河如网络效应和学习曲线，两者都类似于稳定的信道。其中的网络效应是互信息的表现形式。

2. 互信息可以测量网络效应、品牌和学习曲线强弱

逆香农信息定义。互信息（Mutual Information）度量了任意两个信息事件之间的关联性或者依赖程度（Mutual Dependence）。[198]

两个离散随机变量 X 和 Y 的互信息可以定义为：

$$I(X;Y) = \sum_{y \in Y} \sum_{x \in X} p(x,y) log\left[\frac{p(x,y)}{p_1(x) p_2(y)}\right] \quad (5-2)$$

其中，$p(x, y)$ 是 X 和 Y 的联合概率分布函数，而 $p(x)$ 和 $p(y)$ 分别是 X 和 Y 的边缘概率分布函数。

互信息是相对熵的具体情形。

如果变量是相关的，那么可以计算边缘概率分布与联合概率分布乘积之间的 Kullback – Leibler 离散度来衡量它们是否"类似"于相互独立。此时，Kullback – Leibler 离散度为：

$$I(X;Y) = \int_Y \int_X p(x,y) \log\left[\frac{p(x,y)}{p(x)p(y)}\right] dxdy \quad (5-3)$$

根据 Kullback – Leibler 离散度状况，会得出 $I[X;Y] \geq 0$，当且仅当 x 和 y 相互无关时候等号成立。平均互信息量不是从两个具体消息出发，而是从随机变量 X 和 Y 的整体角度出发，并在平均意义上观察问题，所以平均互信息量不会出现负值。或者说，从 X 事件提取 Y 事件的信息，最坏的情况是 0。

使用概率规则，我们看到互信息和条件熵两者的关系为：

$$I[x;y] = H[x] - H[x|y] = H[y] - H[y|x] \quad (5-4)$$

因而，互信息其实是已知 y 值而造成的 x 确定性的提升。因此：

$$H(X) = -\sum_{x \in X} p(x) \log_2 p(x)$$

$$H(X|Y) = -\sum_{x \in X} \sum_{y \in Y} p(x,y) \log_2 p(x|y)$$

$$I(X;Y) = H(X) - H(X|Y)$$

$$= -\sum_{x \in X} p(x) \log_2 p(x) + \sum_{x \in X} \sum_{y \in Y} p(x,y) \log_2 p(x|y)$$

$$= \sum_{x \in X} \sum_{y \in Y} p(x,y)[\log_2 p(x|y) - \log_2 p(x)]$$

$$= \sum_{x \in X} \sum_{y \in Y} p(x,y) \left[\log_2 \frac{p(x \mid y)}{p(x)} \right]$$

$$I(X;Y) = \sum_{x \in X} \sum_{y \in Y} p(x,y) \log_2 \frac{p(x,y)}{p(x)p(y)} \tag{5-5}$$

Y 的熵衡量的是 Y 的不确定度，Y 分布越离散，$H(Y)$ 的值越高。

$H(Y \mid X)$ 表示 X 已知时候 Y 的不确定度。

在互信息公式基础上可得，$I(X;Y)$ 是 X 引入而使 Y 的确定度增加的量，这个增加的量为 $H(Y \mid X)$。结果是，X 和 Y 的关系越密切就导致 $I(X;Y)$ 越大。

互信息是对上述网络效应和品牌的度量。两个信息的联系越紧密，两者的相似性越强、熵的值越大。

例如，信息的搜索成本。知道 Y 值而造成的 X 的不确定性的减小（反之亦然），其中不确定性的减少会降低搜索成本，即 Y 的值透露关于 X 的信息量越大，那么搜索成本就越低[199]。

对于品牌，互信息越高相互的认同感就会越高，品牌效应就会越强。做品牌也需要不断更新，从产品研发到情感互动感不断跟上潮流，能够和消费者经常互动。

对于网络效应，两个节点的联系越是紧密，两者的互信息越强，熵越高。

对于学习曲线，如果之前的信息和之后的信息联系越强，那么学习曲线的效应越强。从研发来看，不做之前的研发、也做不了后面的研发，那就有足够强的学习曲线，就是比较好的生意。如果可以绕过之前的研发，另辟蹊径；或许还有后发优势，就成为破坏性的创新。

因此，互信息是测量各种基于信息的超额收益率的好办法，可以用其来测试各种护城河是否存在。

5.2 梅特卡夫定律在某些领域创造了高回报率

5.2.1 网络效应的特征

20世纪90年代以来,先后出现了PC互联网和移动互联网两次浪潮。无论是腾讯、阿里巴巴、百度还是头条、美团、拼多多和快手,都在信息、娱乐以及零售方面快速而深刻地改变了我们的生活。

梅特卡夫定律(Metcalfe's law):网络内的节点数的平方决定了网络的价值。互联网通常是用户的链接,那么网络价值就与用户数的平方成正比。如果是物联网,那么网络价值就和网络内连接的IoT设备数量平方成正比。推论是用户越多,单用户价值越大,进而整个网络的价值就不断加大。

结果就是,网络的价值会随着用户数量的增长而呈指数级别增长,即 $Y = K \times X^2$(K 为价值系数,X 为用户数量)。

图5-4说明了梅特卡夫定律描述的直接网络效应的基本概念。

如图5-4所示,数字网络的节点相互连接。每一个新节点都与所有已有节点连接,新增连接数相当于节点数。网络的价值与其密度成正比,任何新增节点都会让网络价值以指数增长。

David Reed(2001)认为,网络的价值随联网人数呈(2^N)增加,该速度要显著快于梅特卡夫定律阐述的速度。但是在实践当中,当前可以看到的网络效应最强的网络,也仅仅能够以用户平方速度实现价值增长。Reed定律见图5-5。

梅特卡夫定律反映的是网络用户越多、单个用户价值越大,所以整个网络价值指数级别增长。其本质是用户越多,每个用户可以发生交互和联系的用户数量就越多。若是媒体,则受众就增加;若是电商,则每个商户可以面对的客户就越多;若是游戏,则可以一起组团打怪的候选人就多。最终消费者因供给增加而提高了消费,商家因用户增加卖掉了更多的商品。这就是网络效应的本质。

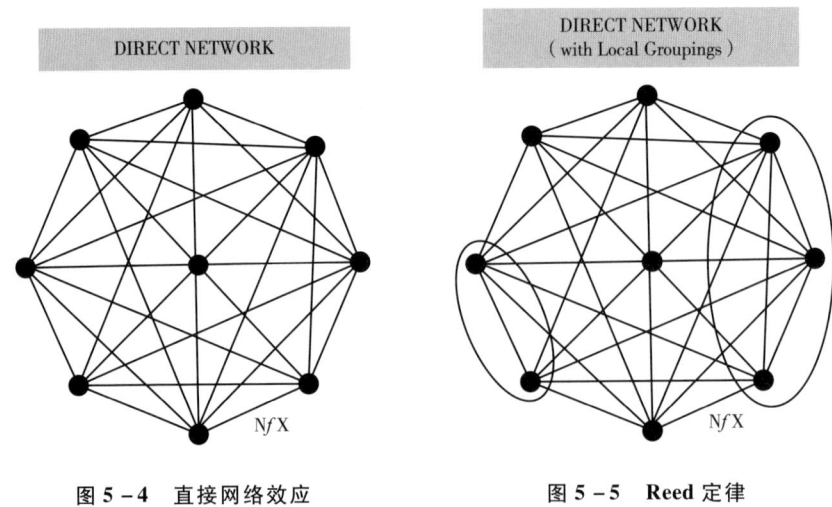

图 5-4　直接网络效应　　　　图 5-5　Reed 定律

最终互联网的用户越多,网络的价值越大。互联网的世界里,用户多就可以提供更多商品,容易做出第二曲线、第三曲线。毕竟以往的世界以产品为中心,今天的世界以用户为中心。所以互联网领域综合平台越来越强、成为巨头,垂直领域很容易被巨头攻击。梅特卡夫定律揭示了从总体上看消费方面存在效用递增,即更多用户创造了新的需求,同时更多的商户也会创造新的需求。

5.2.2　网络效应的主要种类

1. 直接网络效应

增加某产品使用可直接提升产品对用户的价值。

直接网络效应最早的典型是美国电话电报公司:AT&T 在美国几乎垄断

了通信生意几十年。原因就是哪个网络用户越多，新的用户就想加入哪个网络。中国移动因为被迫要与联通连接，所以降低了网络价值。毕竟剩下的就是哪个公司网络信号质量稳定以及用户多具有规模经济从而利润率高。微信没有被要求和其他通信产品打通，因而可以持续维持网络垄断性。

（1）直接连接

物理直接网络效应是与物理节点和物理链路相关联的直接网络效应。跟具备物理网络效应的公司竞争需要进行资金与物理约束大规模的预先投资。典型的就是电话网络、有线电视网络。

具备直接网络效应的业务例子包括道路、电力、下水道、燃气管道、有线电视台，这些网络主要是基于物理设施构建的。公用事业的网络连接在一起价值也会提升。直接网络效应见图 5-6。

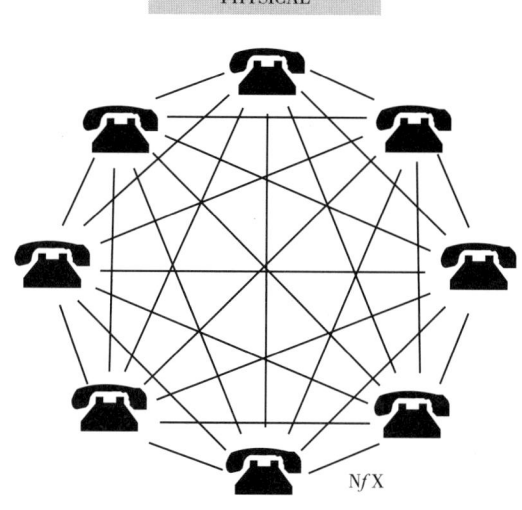

图 5-6　直接网络效应

（2）协议类

一个网络的规则公布后，用户根据网络协议接入该网络。各种数字货币就是协议网络的近期例子。协议网络效应见图 5-7。

比特币矿工和比特币钱包的网络通过算力来维持。因特网也是一个传统的协议网络效应的例子,通过 IP 地址来构建网络内容并实现相互连接检索。

(3) 社交网络

社交网络存在若干特性。一是用户的真实身份和网络身份可能相同。类似于脸书和微信这样的熟人网络是绑定的。QQ 是半熟人关系,可以绑定,也可以不绑定。陌陌是陌生人社交,不能绑定。二是用户工作以及生活都和这种网络相关。中国的微信既是个人生活网络,也是工作网络。美国个人生活网络用脸书、工作网络用 TEAM。

在这种情况下,个人效用网络的价值增长率也是 2^N。这种个人通信工具有强大的用户间网络效应。个人效用网络见图 5-8。

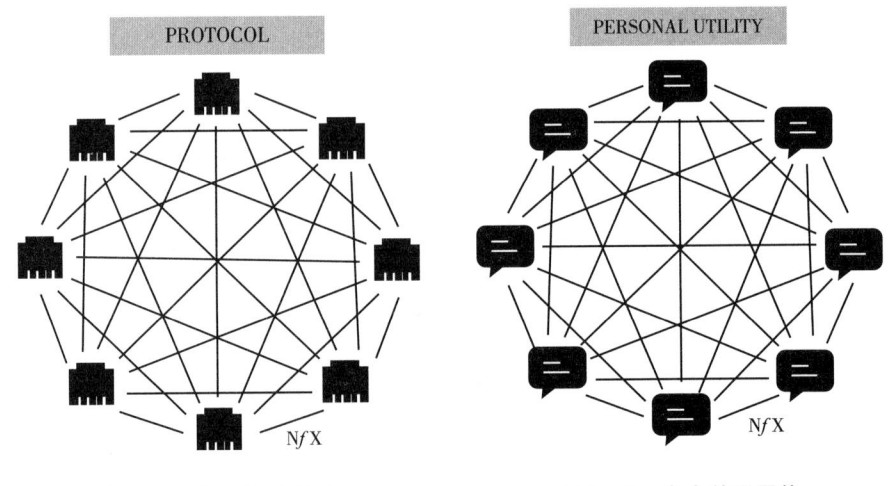

图 5-7 协议网络效应　　　　图 5-8 个人效用网络

(4) 个人品牌管理

类似微博和推特如何管理自己的品牌。

个人品牌管理的主要网络是微博、推特,朋友圈也有类似的属性。这些网络的主要作用是向其他人展示个人或者企业的形象。个人品牌管理见图 5-9。

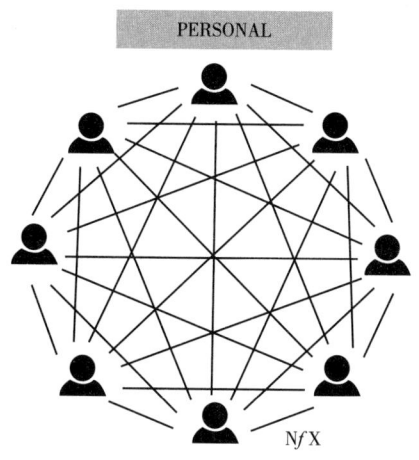

图 5-9 个人品牌管理

2. 双边网络效应

双边网络通常有两类不同的用户:供应侧和需求侧用户。需求侧用户加入是为了寻找更多品类、更好质量和更低价格的商品。供给侧用户加入是为了更多的买家扩大销量、满足不同的买家有差异的需求。

双边网络中供应侧商户越多,需求侧的用户也越多;反过来需求侧的用户越多,供给侧的商户也越多。例如,淘宝的每一位新卖家就为买家带来了不同的商品。同时,每一位新增买家都是卖家的潜在新客户,可能帮助卖家扩大销量。

此类网络效应有如下类型。

(1)市场型网络

市场型网络连接买家和卖家。像淘宝、美团以及携程这样成功的双边市场很难被替代。要想进攻这样的网络需要提供差异的服务选择。例如拼多多以低价和低配送成本进攻阿里巴巴，美团酒店通过给下沉城市的人群提供三四线城市价格实惠的酒店从而进入酒旅市场。

在双边市场中，用户和商户提供巨大价值——淘宝和美团以用户为核心，可以不断扩张业务。

不过，市场在防御性上却有着一大弱点，一个商家可以同时在淘宝和拼多多上卖自己的产品。

（2）操作系统

操作系统是不同的例子：微软公司的 Windows 是 PC 时代的操作系统，只有适配 Windows 的软件才能存在于 2C 面向个人的软件市场。到了 iOS 和安卓时代，操作系统本身就是营销平台，用户在操作系统上找到所有需要的软件和游戏等娱乐内容。由此 iOS 本身可以收取 30% 的渠道费用，生意模式进一步优化。

（3）密度型双边网络

密度型双边网络最显著的例子就是像滴滴和优步这样的共享乘车公司。在一定程度上，更多的司机对乘客是有好处的，因为这减少了等待时间。但是一个区域的司机只能为这个区域的乘客服务。这容易使一个公司在某个区域强，而在另外一个区域比较弱。

尽管竞争对手也能够提供类似的服务，但是由于司机密度低，对于同样的客户叫到车需要的时间更长，为了补偿这种服务质量差异就得提供更低的价格。因为司机可能是共享的，所以给司机的分成类似。结果小的平台就得给用户更低的价格或者更多的补贴，初期甚至要给司机更多的补贴，结果是利润率远低于大平台。这也充分诠释了这个案例，更高的用户补贴、更大的亏损导致最终平台难以为继。

3. 数据网络效应

数据越多，数据网络的价值越大；用户使用产品越多产生的数据就会越多，进而创造更大的价值，数据网络效应是非常特殊的。数据网络效应见图5-10。

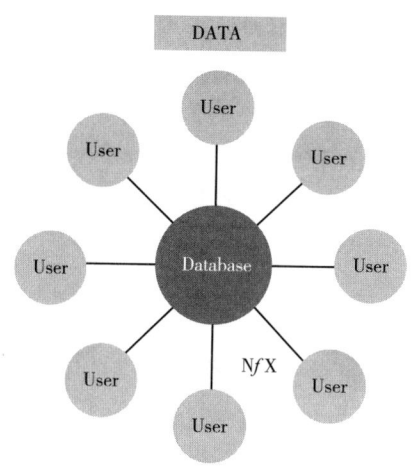

图5-10 数据网络效应

数据网络效应的典型公司是百融云创。每当百融和一家金融机构合作的时候就要进行数据交互，每交互一次百融的数据就增加一些，百融的数据价值也就更大。基于人工的算法模型也有类似特征，每当有更多的用户数据，算法就会更加准确，进步也就更快。

网络效应和学习曲线的差别：网络效应是伴随着用户数量的增长，每个用户的价值也同步增长；学习曲线是伴随着累计产销量的增长，单位产品研发、生产、销售的成本降低。如果用户价值与用户数量之间没有关系，就不会有网络效应；可能只是学习曲线。网络效应是基于信息在不同用户之间分享后，每个用户的信息量都增长产生的。学习曲线是在总产销量大幅度增加之后，由于经验的累积，使单位的研发费用、制造成本和销售成本由于效率提升而降低。

4. 技术性能网络效应

当用户数量增加会使产品性能随之改善的时候，就具有了技术性能网络效应。拥有技术性能网络效应的网络上用户越多，产品/服务会变得更快、更便宜。技术性能网络效应见图 5-11。

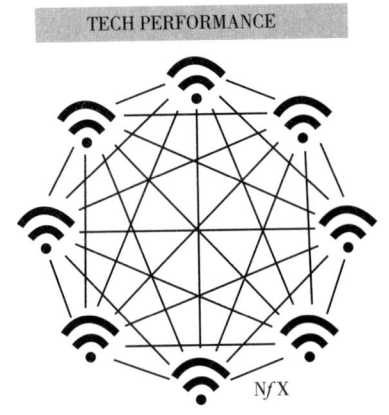

图 5-11　技术性能网络效应

云计算公司是这种网络效应的典型生意。云计算公司的用户越多，共享的服务器也越多，更容易错峰，每台服务器的使用效率也更高，然后运算的价格不断下降。

技术性能网络效应是护城河而技术进步一般不是。技术进步有很短的半衰期而且防御性不是很强。竞争对手会通过抄袭和技术开发来缩小技术差距。但是如果技术有性能网络效应优势，产品就会具有先发优势。领先往往会随着时间流逝强化而不是弱化，因而是时间的朋友。

5. "社交"网络效应

产品使用的人越多，社交网络就可以为用户创造更多的价值。一方面是网络的学习价值，信息交互和共享使每个人获得更多的信息量，扩大单用户价值及网络的总价值。另一方面是用户量越多的网络，供应也会越丰富，每个用户的体验也上升。

主要的社交网络效应如下所述。

(1) 语言社交网络效应

语言使用更多带来的价值,如英语、C 语言。语言可能有"赢家通吃"的趋势。例如,英语在全世界语种当中的份额就在不断上升。未来,小语种的生存会日益困难。语言社交网络效应见图 5-12。

初创企业可以建立行业规则,有时还可以用公司名替代产品名占领用户心智。例如,可口可乐就用自己的名字成为可乐这类产品的代称,长期在用户心中占据重要地位。

(2) 信念型(社交)网络效应

信念型网络效应在黄金、比特币等货币上体现,这些产品通常基于用户的信仰而存在。信念型(社交)网络效应见图 5-13。

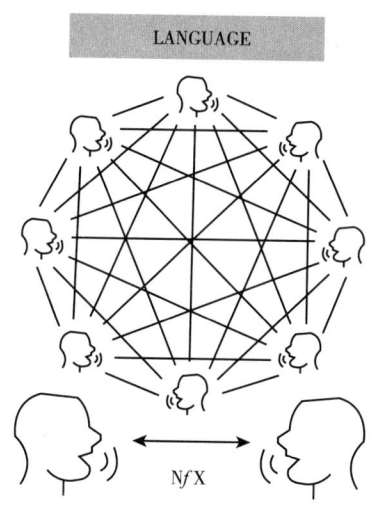

图 5-12 语言社交网络效应

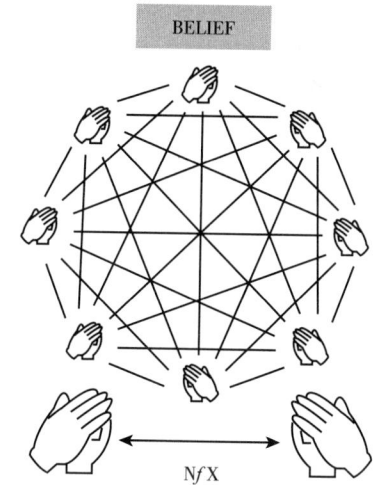

图 5-13 信念型(社交)网络效应

相信某个事物有价值的人越多,现实中那个事物的价值就越高。比特币是典型案例：相信比特币有价值的人越多，币价就越高。随着 SQUARE、Paypal、亚马逊以及特斯拉逐渐接受比特币作为支付货币，比特币的使用范围日益广泛，价值也不断提高。

(3) 从众型（社交）网络效应

加入一件事情的人越多，其他人就会害怕错过犯错误，由此也会加入。例如美国年轻人会加入 Snap 而不是脸书；中国年轻人会用快手、抖音而不是 QQ 空间。从众型（社交）网络效应见图 5-14。

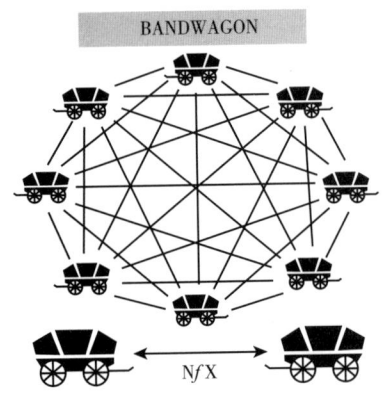

图 5-14 从众型（社交）网络效应

从众型（社交）网络效应往往早就开始。特斯拉会精心推出每一场产品发布会，用新产品演示和发布来制造口碑。在人手一部 iPhone 的时候，年轻人已经不能用 iPhone 标榜自己的特性，而是开着一辆特斯拉彰显自己的特立独行。

特斯拉完全不需要广告营销，用酷炫的新车型、用科技打动消费者；马斯克还做了 Spex，不断向太空发射火箭，并构筑星链。这些构筑了最好的品牌形象，年轻人感觉买特斯拉具有时代特征。

太过主流了就会让先行者不喜欢。所以新的成功产品要不断塑造文化现象，吸引更多的人加入。在一定时候要推出子产品，让已经对主产品厌倦的人使用，从而不断扩大用户群体。

5.2.3 网络效应带来超额投资回报

网络效应的特征是用户增加会导致单用户价值上升。因而，网络价值的增速可能是用户增速的平方。具有网络效应的生意通常都具有高资本回报率和优秀的市场表现。

网络效应主要的公司主要集中在通信、软件和互联网领域。这几个领域的公司无论在美国还是中国都取得了超额回报率。

1. 通信领域的网络效应分析

通信领域的典型代表是电信网络，最早的是 AT&T，中国的代表是电信、中国移动和中国联通。从移动和联通的市值差异和用户数差异的对比可以验证网络效应。

中国移动和中国联通的月度资费类似，收入规模就代表用户规模。移动的收入一直高于联通，所以净资产收益率也始终高于联通。具体见图 5-15、图 5-16。

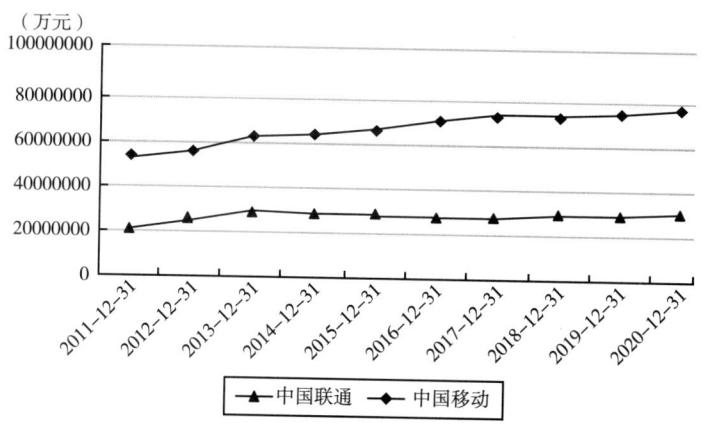

图 5-15 中国联通、中国移动收入比较

数据来源：万得资讯。

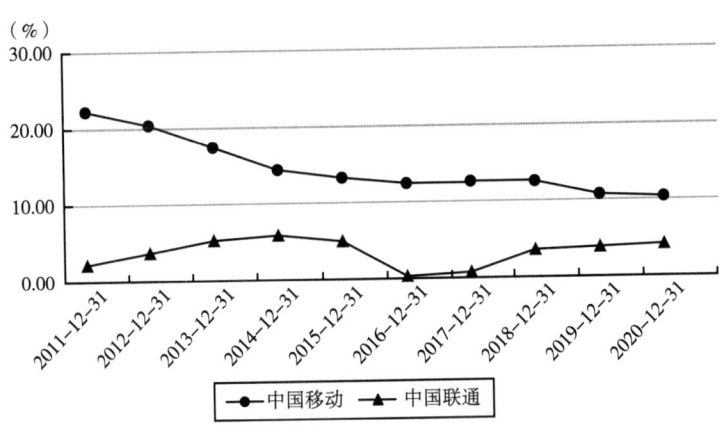

图 5-16 中国联通、中国移动净资产收益率比较

数据来源：万得资讯。

2. 软件行业的网络效应分析

软件行业方面的典型是微软，如果大部分人使用了 Windows 或者 Office，那么其他人就很难修改为其他软件。最近的案例是视频办公软件 ZOOM，大家都用就成了通用的。ZOOM 公司 2017 年初估值为 8 亿美元，2019 年上市以后市值超过了 200 亿美元，2020 年达到 1000 亿美元。

3. 互联网行业的网络效应分析

互联网行业网络效应的案例很多，比较典型的是腾讯、Facebook 等公司。

社交网络、多人游戏和传感器网络是典型的强网络效应。

(1) 案例一：社交网络的价值分析（Facebook）

Facebook 是从校园成长起来的典型案例。Facebook 先连接了人，再连接了每个人的生活，由此产生了强大的黏性。Facebook 的价值就是每个人可以看到别人的生活。

Twitter 就完全不同。Twitter 使用信息链接大家，而 Facebook 用人际的关系链接大家。后者有更强的网络效应,也具有更大的用户价值。

在 Facebook,用户是读者,也是作者,因而具有强烈的反馈机制。一个人发了个朋友圈,可能很想看看是否有人点赞。Twitter 则不同,每条推文都限定字符数。不是专业人士很难发出优质推特。

网络效应为 Facebook 提供了强大的拉力,如同微信一样,每个人都需要和外部世界沟通。不管每个用户是否喜欢 Facebook,都需要在 Facebook 上有账户且经常登陆,这样才可以保持他和其他人的沟通连接(见图 5-17)。

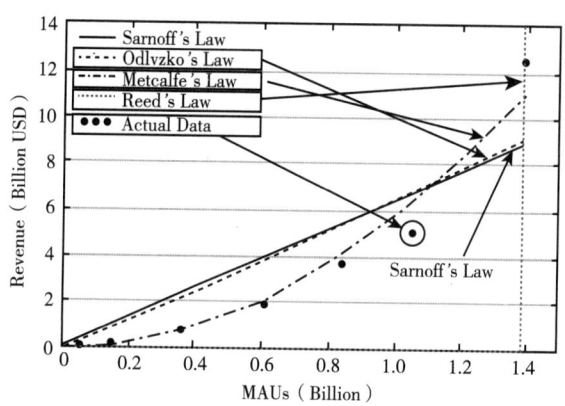

图 5-17 Facebook 的数据证明梅特卡夫定律[200]

根据历史估值倍数,Facebook 的估值看起来很便宜,特别是在远期市盈率和价格/销售方面:

①预期市盈率 19 倍(五年平均值 32 倍);

②尾随市盈率 21.7 倍(五年平均值 58.6 倍);

③前向 PEG 为 1.3 倍(五年平均值为 1.1 倍);

④价格/销售额(市销率)8.8 倍(五年平均值 12.4 倍)。

过去五年,Facebook 的趋势是股价上涨、而价格/销售额和预测市盈率下降(见图 5-18)。这意味着股票价格的上涨是通过良好的业绩获得的,而不是通过增加估值倍数获得的。

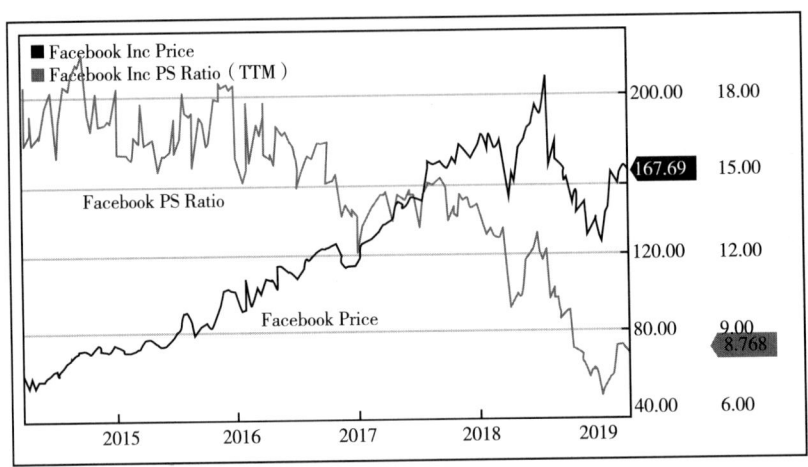

图 5 – 18　过去五年 Facebook 的市价和市销率趋势

资料来源：https：//finance.ifeng.com/c/7lR5cD3uMMP。

与其他公司相比，Facebook 估值更合理。正如表 5 – 1 中所看到的，Facebook 拥有领先的 PEG 比率。其 EV/FCF 比率也比下面所示的更具吸引力。Facebook 在 VR 等领域投入了大量资金。如果考虑这一点，Facebook 的 EV/FCF 比率将优于 Apple 之外的所有其他同行。

表 5 – 1　　　　　　　　美国高增长科技股票比较

High – Growth Technology Stock Comparison						
	Market Cap	Forward P/E	Price/Sales	EV/FCF	PEG Ratio	LT Growth
Facebook	$481	18.96	8.60	28.29	1.30	16.30%
Apple	$900	14.96	3.44	14.82	1.26	13.00%
Amazon	$884	45.06	3.80	49.36	1.47	43.80%
Microsoft	$909	23.74	7.67	26.59	1.89	14.00%
Google	$838	22.03	6.12	33.93	1.45	17.60%
Average	$802	19.92	5.93	25.91	1.48	22.00%

资料来源：https：//finance.ifeng.com/c/7lR5cD3uMMP。

下面的两阶段贴现现金流量模型显示 Facebook 估值合理。假设 Facebook 在 2019 年（第一年）产生与 2018 年相似的自由现金流量，在未来四年（第二年至第五年）每年增加 10% 的自由现金流，之后保持长期增长率为 3%。Facebook 做得好很多的可能性要大得多。考虑 Facebook 收入流的轨迹，并考虑其长期盈利增长率预计为 16.3%（见表 5 - 2）。

表 5 - 2　　　　　　Facebook 两阶段贴现现金流量模型估值

Risk Free Rate	2.87%
Equity Risk Premium	5.36%
Beta	1
Required Return	8.23%
Long - Term Growth	3%

Year	FCE	Present Value
1	$18000	$16664
2	$19800	$16969
3	$21780	$17280
4	$23958	$17597
5	$26354	$17919
Total Present Value of Cash Flows (Years1 - 5)		$86429
Terminal Value of Equity at Year 5		$519014
Present Value of Equity at Year 5		$352905
Total Equity Value		$439334
Shares		2400
Estimated Stock Price		$183.06
Current Stock Price		$167.68
Upside Potential		9%

无风险利率：使用 30 年期国债的收益率。

股权风险溢价：这个数字每月由斯特恩商学院教授 Aswath Damodaran 计算。

Beta：此模型对 Beta 非常敏感，来自不同来源的统计数据使用不同的测量时间段，因此变化很大。鉴于此，本书使用了 1 的 Beta。

要求的回报率：通过将股权风险溢价乘以 Beta 然后加上无风险利率来计算。

据市场观察，2019 年 3 月 Facebook 平均目标价为 196.93 美元，在目前的股价 167.68 美元的基础上，还有 17% 的上涨空间。大多数分析师还将 Facebook 评为"买入"或"持有"（见表 5 - 3）。

表 5 - 3　　华尔街对 Facebook 的操作建议比例

Wall Street Buy/Sell Recommendations		
Facebook		
Buy	34	69%
Overweight	5	10%
Hold	9	18%
Underweight	0	0%
Sell	1	2%

（2）案例二：多人游戏的网络效应（腾讯公司）

多人游戏具有强大的网络效应。无论是英雄联盟还是王者荣耀，都是 MOBA（多人在线竞技）类游戏，都需要多人组团来玩。

在多人游戏中，每当一个新玩家加入，现有的玩家都受益。微信和 QQ 的好处就是随时可以邀请好友组队战斗。因而此类游戏具有经久不衰的生命周期，英雄联盟已经火了十年，过去四年王者荣耀是全中国乃至全球收入最高的游戏。腾讯的网络效应见图 5 - 19。

第 5 章 市场信息效率低下的信息学解释

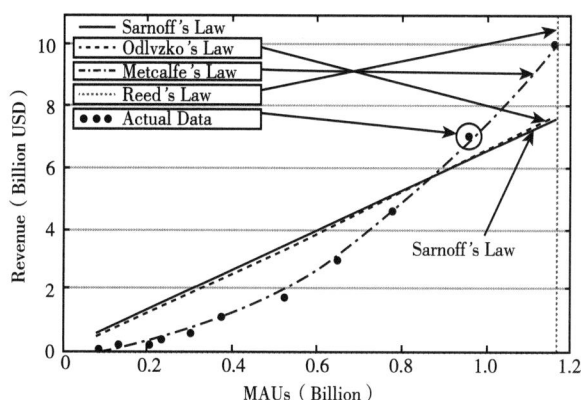

图 5-19 腾讯的数据证明梅特卡夫定律

数据来源：腾讯和 Facebook 数据证明了梅特卡夫定律的有效性[200]。

腾讯先是作为即时通信工具拓展用户：通过 QQ 积累了大量用户，然后用著名的多人网络游戏"英雄联盟"变现。在移动时代，腾讯创立了优秀的产品微信。微信集合了即时通信和朋友圈，同时用著名的多人游戏"王者荣耀"来变现。无论 QQ 还是微信，英雄联盟还是王者荣耀都具有强大的网络效应。随着用户数量的增长，腾讯的收入不断增长，实质也不断提升。

（3）案例三：比特币的网络效应

比特币也具有网络效应的特点。FundStrat 的创始人 Thomas Lee[201]研究了比特币网络用户的特殊代理地址，并发现该地址价值的平方可以解释 63% 的从 2013 年开始的比特币价格变化。这一点可以从图 5-20 看出来。也就是说，比特币的用户数增长决定了交易价值的增长。

货币的价值来源于用户的增长。用户本身的增长会带来价值的提升，另外新增的每个用户都可以和之前的用户进行线下的比特币商品服务交易，也可以进行比特币之间的交易。用户的增长使每个用户的交易金额和价值同时增长，最终整个网络的价值增速是用户增速的平方。

过去二十年互联网改变了世界：首先是改变了人与信息链接的方式，从最初的门户网站到搜索引擎再到 YouTube 和抖音这样的视频媒体；其次改变了链接人与人的方式，从 QQ 到微信再到 Facebook、WhatsApp；最后还改变了连接人与商品服务的方式，从 Amazon、阿里巴巴到 Uber、滴滴再到美团、Airbnb。梅特卡夫法则揭示了互联网的价值随着用户数量的增长而指数增长的内在规律。

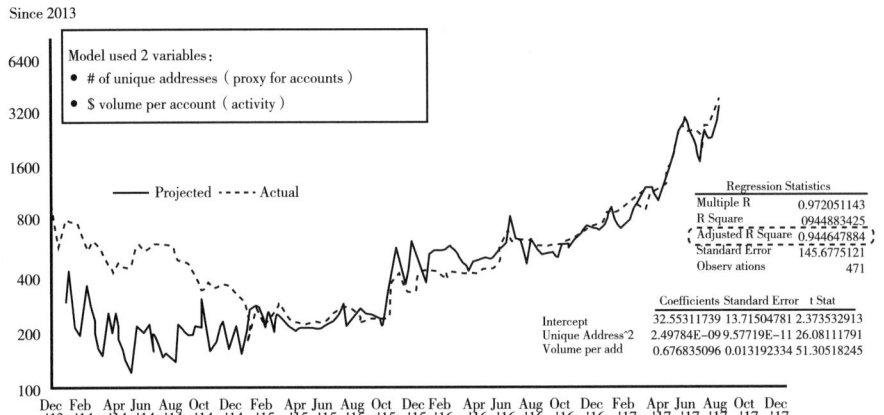

图 5-20 比特币的用户数量与价格的关系

数据来源：Fundstrat 公开数据网页，上图为 Lee 的回测结果。
注：虚线为比特币的实际币价。实线为用模型的预测价。

梅特卡夫定律揭示的是这种指数增长的规律。用户增长 50%，网络的价值就增长 100%，这是过去几年抖音、拼多多的增长势头；用户增长 10%，网络价值就增长 20%，这是 Facebook 和腾讯的增长节奏。只要产品还有体验差和效率差，就能够持续获得增长。新增的用户和商户可以给其他用户和商户带来价值，边际效用是上升的。同时主要的成本是服务器，其成本遵循摩尔定律而且逐渐云化，逐渐边际递减。

Facebook、Apple、Amazon、Microsoft、Neflix、Google 的持续增长体现了这种梅特卡夫定律，用户持续增长，单个用户价值不断上升，市值不断提升，占整个股市的比例不断提升。

5.3 学习曲线在某些领域创造了高回报率

5.3.1 学习曲线或规模经济对资本回报率的影响

如前所述,学习曲线表示生产或者销售单位产品的成本与产品的总数量或者总价值之间关系的一条曲线。随着累计产品产销量的增加,产品生产或者销售的单位时间会下降,或者是单位产品的良率以及品质以一定比例上升。

规模经济是指企业所生产或者销售的产品或劳务的数目增加时,其单位成本趋于下降,主要对应产能利用率的提升,主要是作用于物。学习曲线是指当某一产品累计产销量增加时,由于技术和经验的累积所带来的产品单位成本的下降或者单位产品品质价格的提升,主要是人基于信息的经验累积和认知提升。规模经济与学习曲线在不同的领域和时间段发挥作用,规模经济强调规模扩大对生产或者销售成本的影响;而学习曲线强调经验对单位生产销售成本以及单位品质价格的影响。无论传统行业、还是新行业,都可能适用于规模经济和学习曲线,分工和专业化对于学习曲线非常重要。共享出租、外卖、快递等行业都可能适用两者。

学习曲线或规模经济规律的一个推论:同样一个企业,如果销量每增长100%,那么企业成本就会降低20%~30%;如果没有激烈的竞争促使企业降价,那么反映在利润率上就会高出20%~30%,从而资本回报率也会高出20%~30%。因此,快速扩张领域的资本回报率会迅速提升。

例如,地产商的规模每扩大1倍,融资成本通常会下降20%;如果规模相差10倍,融资成本会下降50%。这就是千亿地产商、百亿地产商回报率差别的原因。

通常，轻资本生意的增长率和回报率往往相同。也就是，一个生意规模增长100%，这类生意这段时期的总回报率是100%。原因是企业初期有一个初始的资本回报率，如果企业的销量规模翻倍，成本降低了20%~30%，经常意味着利润率和资本回报率也翻倍了。尤其是在资本比较节约的生意当中，这种特征尤为明显，因为不需要资本再投入，那么销量增长100%，回报率就提升100%。

如果是资本比较密集的生意，100%的资产规模增长通常带来100%的资本需求，如果内生资本可以满足需求，那么回报率也是100%，如果需要额外融资，那么回报率就可能低于增长率。

无论是否资本节约，如果能够涨价则又有不同。只要产品价格上涨的速度高于资本成本，尤其是规模的扩张可以带来资本成本的下降，那么规模以什么样的速度扩张，就有什么样的投资回报率。

5.3.2 学习曲线或规模经济显著的领域创造了高投资回报率

镜头是非常典型的具有学习曲线的生意。前期的研发投入为后期奠定基础，后来者只有投入同样多的研发费用，花费类似的研发时间，才能研发出来类似品质的产品，所以后来者很难超越先发者。累计具有学习曲线的生意还包括芯片研发和光刻机。

（1）镜头发展路径

在镜头行业中，先是手机镜头的不断发展，从1个镜头到2个镜头，再到3个镜头，未来估计有4个。再是车载镜头，会从现在的1~2个变成8~12个镜头。无论是观察世界还是记录世界，凡是有视频的地方都要用到镜头，镜头的需求一直会快速增长。而镜头又是具有学习曲线的好生意，镜头领导公司（如大立光和舜宇）具有高回报率。镜头行业发展路径见图5-21。

第5章 市场信息效率低下的信息学解释

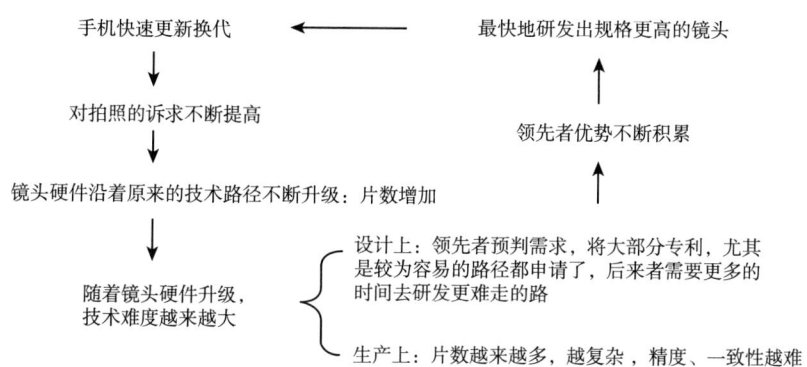

图 5-21 镜头行业发展路径

（2）各个镜头公司研发不同像素镜头的开始时间

大立光研发同样像素的镜头所花研发时间类似。大立光之前，同样的镜头研发时间领先舜宇两年。例如，500万像素的镜头大立光在2006年就研发出来，舜宇2008年才研发出来。截至目前，大立光的研发能力仍然超过舜宇。可见，镜头领域的学习曲线之强。各镜头公司研发不同像素镜头开始研发的时间见表5-4、表5-5。

表 5-4　各镜头公司研发不同像素镜头开始研发的时间　　单位：年

各类镜头研发成功时间	舜宇	大立光	玉晶光	欧菲光	aac
开始研发手机镜头	2002	2002	2002		
130w		2003	2004		
200w		2004	2004		
300w		2005	2009		
500w	2008	2006	2009		
800w		2008		2018	2017
1300w	2013			2018	2017
1600w	2014			2018	2018
2000w	2014				
2300w	2015				
4000w					

数据来源：万得资讯。

表 5-5　　　各镜头公司研发不同像素镜头的量产时间　　　单位：像素

量产时间	舜宇	大立光	欧菲光	玉晶光
2007		500w		
2008		800w		
2009	200w			
2010	500w			
2011				
2012		1300w		
2013				800w
2014	1300w	1600w		
2015	1600w	2000w		
2016				
2017	2000w			
2018	2400w		1300w	

数据来源：万得资讯。

（3）镜头研发成本的学习曲线

长期来看，不同镜头厂家实现类似像素的累计研发费用类似。具体见表 5-6 至表 5-9、图 5-22 至图 5-24。

表 5-6　　　不同厂家到达类似像素的累计研发费用　　　单位：百万元

量产像素	累计研发费用	
	舜宇	大立光
500w	95	130
800w	100	158
1300w	297	734
1600w	484	1217
2000w	1442	1628

数据来源：万得资讯。

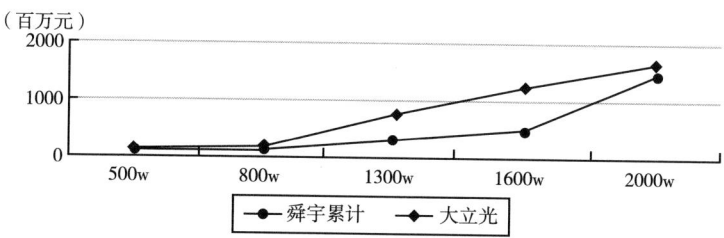

图 5-22 舜宇和大立光累计研发费用比较

表 5-7　镜头厂家到达不同像素产品过去四年累计研发费用　　单位：百万元

量产像素	累计四年研究费用			
	舜宇	大立光	玉晶光	欧菲光
500w	85	130		
800w	99	158	342	
1300w	202	576		
1600w	353	856		300
2000w	1211	1093		

数据来源：万得资讯。

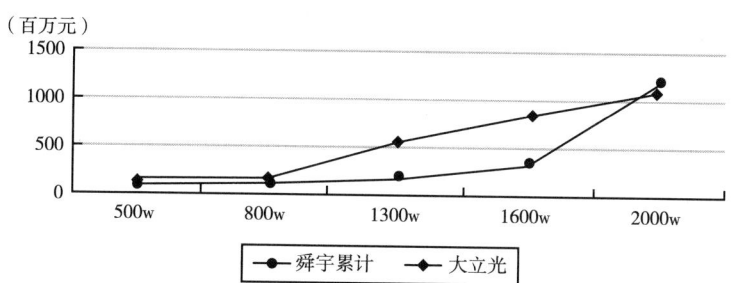

图 5-23　主要镜头厂家四年累计研发费用比较

表 5-8　　　　　镜头厂家累计研发资金投入　　　　单位：百万元

年份	舜宇	大立光	欧菲光	玉晶光
2006		130		161
2007	36	158		209
2008	56	226		253

续表

年份	舜宇	大立光	欧菲光	玉晶光
2009	85	297		261
2010	114	422		266
2011	146	576		280
2012	171	702		342
2013	202	856		425
2014	353	1093		524
2015	705	1404		653
2016	1211	1781		722
2017	2079	2240		816
2018	2837	2559	300	908

数据来源：万得资讯。

从上述可见，不同厂家到达类似精度的像素产品的研发成本类似，后来厂家超越之前领先厂家的难度很大。

（4）学习曲线带来的回报率差异

随着像素产品的升级，舜宇的毛利率逐渐接近大立光，但是仍然显著低于大立光。原因是舜宇的良品率仍低于大立光，这就是学习曲线的作用。镜头工艺好像手艺。培养一位资深模具师傅至少需要10年，因而市场上较为成功的镜头公司，基本也都在该领域耕耘十载及以上。经历历代的积累，大立光在模具方面占据了较大的领先优势，而这也是大立光在全球率先量产5P、6P、7P塑胶镜头的关键。这种积累的学习曲线导致了高良率。镜头厂获利的关键是良品率。大立光在镜头研发生产上的经验更丰富，良品率更高，利润率也越高。

但是，舜宇很早开始进行车载镜头的研究和生产，目前有全球30%的市场占有率。随着车辆的智能化，车载镜头从1~2颗到10颗以上，整个车载镜头行业有10倍的增长。同样，因为镜头行业的学习曲线，大力光再去做车载镜头也需要同样的学习时间，也很难赶上舜宇。

表 5-9　　　　　　　不同镜头厂家不同像素产品的毛利率　　　　　　单位：%

像素	舜宇毛利	大立光毛利
500w	22	56
800w	22	54
1300w	27	42
1600w	35	54
2000w	44	57

数据来源：万得资讯。

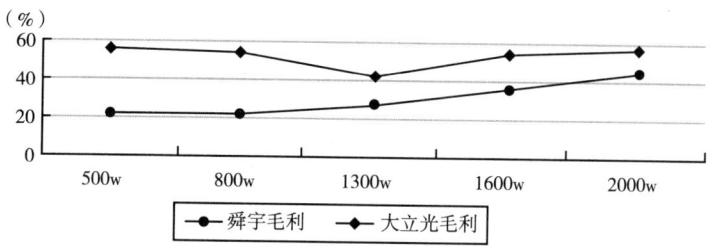

图 5-24　舜宇与大立光毛利率比较

数据来源：万得资讯。

规模经济的主要体现是制造和运输当中固定成本的分摊，采购时候的低价，以及营销时候广告费用和上架费用的分摊。

学习曲线主要是制造当中经验累积带来的效率或者良率的提高，采购时候对于品质和价格的识别，营销时候可以更多选用高 ROI 的渠道。

总而言之，规模经济是基于规模而带来的，学习曲线是基于经验或者技巧，但是这种经验或者技巧是基于足够量的反复实践带来的。同时，学习曲线也和技术不同，技术一般可以体现在配方工艺或者设备上，但是学习曲线体现在人员的技能和技术知识上。这是基于企业的管理者以及研发、生产、采购和营销人员的经验和技能累积。大量软件的存在，一是可以模拟人的行为，二是可以通过把累积的经验变为指导从而提高人的效率。

如今，基于高流动性和低利率，规模经济的作用下降，学习曲线的作用可以维持。大量的资本可以迅速注入一个行业，帮助规模小的"玩家"迅速扩大规模，将规模提升到与领先者类似甚至更高的水平上。如果仅仅依赖规模经济，那么竞争优势很容易丧失。

相反，学习曲线的壁垒难以突破。芯片行业就是典型案例：中芯国际之前一直难以实现 28 纳米的量产，梁孟松加入之后，两年内中芯国际从 28 纳米前进到了 7 纳米。相反，英特尔花了数年时间也未能量产 10 纳米芯片，导致 CPU 被 AMD 超越。

同样，在光刻机领域，如今是 ASML "一统天下"，原因就是光刻机的学习曲线太过于陡峭，以至于全球只有一家公司能够生产 EUV 光刻机。

上述学习曲线规律的推论：在同行业的企业中，如果一家企业在一个产品上的累计销量是另一家企业累计销量规模的 2 倍，那么规模大的企业成本就会低 20%~30%，反映在利润率上就会高 20%~30%，从而资本回报率也会高出 20%~30%。

在企业的销量不再增长、市场份额固化以后，销量的差别就会体现为利润率的差别。市场份额高 100%，投资回报率就会高 20%~30%。如果行业第一名的份额是第二名的份额的 2 倍，第二名的份额是第三名的 2 倍，那么最终第一名就会有暴利，第三名就难以赚钱。

比较典型的例子包括 Uber 和 LYFT、美团和饿了么。美团的份额在 70%，饿了么的份额在 30%。美团的份额是饿了么的 2 倍，结果 2018 年美团每单的配送成本是 7.3 元，饿了么是 8.5 元。饿了么的每单配送成本比美团高 20%，结果美团盈利而饿了么无法盈利。

5.4 品牌创造了高回报率

品牌类似于网络效应,只不过网络效应是随着用户增长单个用户价值上升。品牌是随着产品和用户联系的加强,单个产品的溢价上升带来价格上涨。大部分的情况下,产品价格增速不超过人均收入增幅。

品牌和网络效应的差别是销售量上升不一定会带来价格上升,甚至可能导致价格下降。最好是销售量上升可以同时产品溢价。例如贵州茅台,过去二十年持续实现了销量和价格同时上涨,增长幅度基本和中国的货币增速相同。

大众消费品牌星巴克和海底捞做的事情就是使价格增幅显著低于居民收入增幅,通过规模经济维持利润率,不断扩大市场份额。

奢侈品需要将价格涨幅维持与居民收入增幅水平类似。如果涨幅高于居民收入,会减少客户群;如果涨幅低于居民收入,可能难以维持奢侈品形象。对于一线奢侈品品牌一定要能够维持奢侈品形象,才能同时维持价格上涨和销售的稀缺性。

品牌生意好在通常能够不断提价同时轻资本,收入增长同时利润率上升,收益率高于收入增速、长期来看等于利润增速。

品牌和学习曲线有共同之处:学习曲线是和累计的研发支出或者累计的产量相关,品牌是和累计的营销支出或者累计的销量相关。如果是当期的营销支出和当前销量相关,那是正常的营销推动或者是营销的规模经济。这种和历史的品牌支出相关的生意就是典型的品牌生意。通过当期的投入不能很快缔造出品牌。测试一个生意是否是品牌生意的重点就是测试当期销售主要是和累计品牌支出相关还是和当期的营销支出相关。对于品牌商品,当期营销开支/销售收入的比值是不断下降的。营销开支本质上是加固品牌在消费者头脑当中的形象，是对消费者的信息传递。如果这种信息在消费者头脑当中的印象越深刻，品牌也就越强大。奢侈品的价格也是和累计销售开支相关的，累计营销开支越大，对应的价格也就越高。当然这种开支是否能够增加消费者的有效信息具有不确定性，这也是有价值的品牌很少的原因。

通常品牌的价格上涨会超过通货膨胀率。但是品牌的价格上涨不能超过人均收入的上涨，否则会减少品牌的受众。最好是价格不超过人均收入，同时随着收入增长收入弹性比较大，受众越来越多，从需求量角度带来的市场份额也越来越大。对于奢侈品，一定范围内还会出现价格上涨、需求增加这种价格需求弹性为正的情况，从而使品牌销售量和价格同时出现上涨。

非品牌轻资本的生意虽然提价不容易，但是无需额外资本支出，如果具有学习曲线，那么利润率也会提升，导致盈利增速高于收入增速。

重资本可以提价的生意在规模增长的同时资产价格上涨、资本成本下降，也会给投资者带来高回报率。

比较差的是重资本同时提价困难的生意，一旦规模停止增长且没有学习曲线效应，回报率就比较低。

一瓶茅台酒的出厂价格在 2001 年是 218 元，2012 年是 819 元，2017 年是 969 元。我国城镇人均可支配收入在 2001 年是 6859 元，2012 年是 2.4 万元，2017 年是 3.6 万元。从 2001 年到 2017 年，茅台酒出厂价的上涨与人均收入上涨幅度类似。这就是茅台的品牌效应。茅台酒价格与人均可支配收入见图 5-25。

第5章 市场信息效率低下的信息学解释

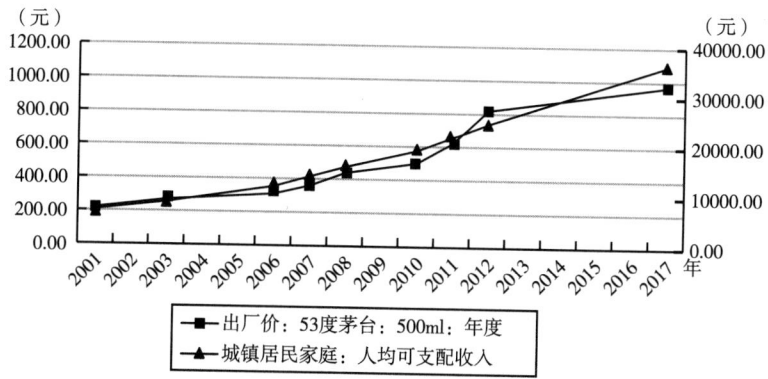

图5-25 茅台酒价格与人均可支配收入

数据来源：万得资讯。

5.5 网络效应和学习曲线决定了不同领域生意的回报率

5.5.1 符合学习曲线生意的回报率边界

经验曲线 20%~30% 的规律决定了非信息产业的长期回报率难以超过 20% 乃至 30%。

传统企业如果能够实现 20%~30% 增速,往往处在高速成长期,若不在高速成长期,增速降下来,回报率就会低于 20%~30%;在高速成长期要想实现 30% 以上的增长也比较困难。首先是由于融资困难,要想通过融资实现企业规模的成倍扩张困难;然后是组织困难,通常组织的复制有一个 2~3 年的时间周期,过快的组织扩张可能带来产品服务的品质下滑。

能够实现 20%~30% 回报的另一个时期是增速放慢以后由于市场份额的差异造成的提价周期。由于在激烈竞争时期规模领先者为了获取规模通常不把价格定得显著高于同业,一旦销量不再增长,对于同质品通常是竞争者退出导致领导者被动具有了提价权;对于品牌消费品可能是主动提价获得高收益率。但是,这是一次性的,当利润率反映出了规模差别以后,利润率扩张带来的高资本回报率停止。生意虽然还具有高 ROE,但是盈利增长缓慢。

所以,在不是高速成长期或者不处在利润率提升周期的时候,企业的回报率很难达到 20% 甚至 30%。

以上是信息为特征的生意创造超额回报率的来源,信息的累积或者熟练程度的上升最终提高了回报率。

5.5.2 符合网络效应和梅特卡夫定律生意的回报率边界

1. 回报率特征

信息产业适用于网络效应和梅特卡夫定律。现代优秀企业主要是指遵循网络效应的信息企业，一般遵循梅特卡夫定律，即网络的价值是该网络用户数量的平方。

信息企业具有以下特征：信息产品可以无穷大供应；信息产品的边际成本为0；信息产品的用户上升带来的值是平方倍的。

网络效应对于价值的影响：用户每增加1倍，整个网络的价值变为原来的4倍。网络早期渗透的速度可能每年超过100%，也就会带来每年300%的价值提升。Facebook和腾讯的历史展示了这个规律。

从净利润来看：2020年年报披露，Facebook全年的净利润约为291.46亿美元，腾讯2020年的净利润为244.98亿美元。2010—2020年腾讯与Facebook净利润对比见图5-26。

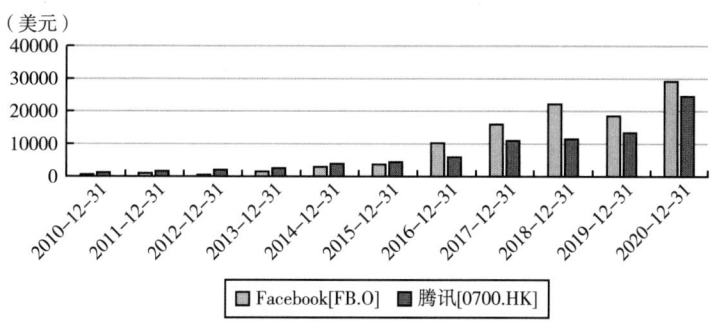

图5-26 2010—2020年腾讯与Facebook净利润对比

从营业收入增长率来看，从2012年到2017年腾讯和Facebook的收入和盈利增速达到50%以上。两者都体现了梅特卡夫定律的高速增长和网络效应的高护城河。但是，从2018年开始，移动互联网和云的新一代体现出了更高的增长。2011—2020 年腾讯与 Facebook 营业收入增长率对比见图 5-27。

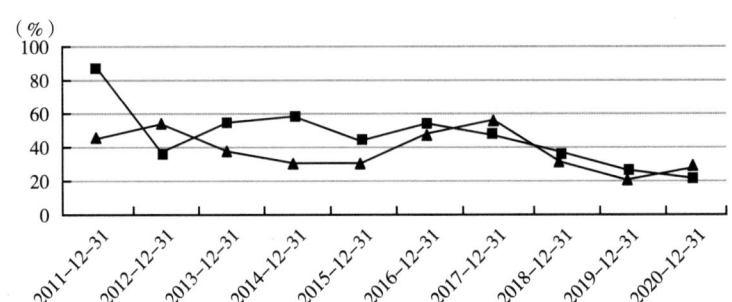

图 5-27　2011—2020 年腾讯与 Facebook 营业收入增长率对比

中国最为典型，头条、美团、拼多多和快手等增长率超过 50%；美国的 Snap、Pinperest、Doordash 同样增速超过了 FAAMNG。

云的一代也有快速的增长：IAAS（即基础设施及服务，Infrastructure as a Service）在美国是 AWS（Amazon Web Services）和微软云，在中国是阿里云。SAAS（Software-as-a-Service）就是使用网络提供软件服务，这类公司的代表在美国有 SHOPIFY、SQUARE、Snowflake，在中国是有赞、明源等。这些公司的 SAAS 业务还能够提供 50% 以上的收入增长。

2. 网络效应公司高回报特征

①一个信息经济的生意而不是物理经济的生意，这要求生意以信息的生产复制作为主要价值链。如果价值链当中有非信息部分，需要确保非信息部分的供应足够充足。所以电动车就不是一个网络效应的生意，很多的 O2O 生意也没有网络效应。

②要求信息应用的扩散可以自发发展和自我加强。因为信息产品本身通过大幅度提升体验或效率创造价值，所以是用户自发下载传播同时积极应用。由此保证高留存率、高 ROIC，用户通过活跃的互动拉动新用户的增长。

③确实出现了显著的网络效应,变现前可以通过用户时长增速与用户增速来判别,变现以后可以通过 GMV 增速或收入增速与用户增速的对比判断。

因此,判断网络效应公司的主要特征是信息经济生意、获取用户的边际成本递减、网络价值增速高于用户增速。

由于信息传递速度加快导致用户获取速度加快,因而现代优秀企业投资回报率上升。

3. 不同特征生意回报率对比

具有网络效应的生意用户翻倍则用户价值上涨 300%;具备学习曲线的生意销量翻倍则成本下降 20%~30%。所以网络效应的生意可以有更高的回报率。

在生意早期,用户每年的增速可能超过 100%,这会带来企业每年 300% 以上的价值增长;相应地,学习曲线的生意用户达到 100% 增速很难,企业每年的价值增速往往在 30% 以下。

在生意成熟期,用户每年的增速可能在 20%~30%,这时候网络行业企业的价值每年的增速为 40%~70%;如果是传统产业,销量每年增长 20%~30%,学习曲线效应不明显,企业价值的增速也就在 20%~30%。

网络效应的生意往往一家独大。只要是信息经济生意,对于用户,用户数多的网络体验显著优于用户数少的网络,所以会赢家通吃。而学习曲线的生意只有在规模差距到达一倍以后才有 20%~30% 的差异,所以企业间的差异小,容易出现多个企业相互竞争的局面。网络效应的生意边际成本为零可以有很高的资本回报率,学习曲线的生意边际成本递减缓慢、资本回报率提升较慢。

5.6 超额回报率的检验

基于信息原理的网络效应、品牌和学习曲线会带来超额收益率。具有网络效应的主要是网络公司、软件公司。具有品牌的主要是消费品公司。具有学习曲线的主要代表是医药公司。

在上述理论分析的基础上，本研究利用美国股市和中国股市的数据，对网络效应、品牌和学习曲线的生意是否能够带来超额回报率进行了检验。

资本回报率通常用 ROE 表示，从中国股市回报历史来看，长期高资本回报率的行业具有高股票市场投资回报率。

中国 A 股市场各指数五年 ROE 与投资回报率见表 5-10。

表 5-10 中国 A 股市场各指数五年 ROE 与投资回报率 单位:%

代码	名称	平均净资产收益率（2014—2018 年）	股票年化回报率（2014—2020 年）
882007.WI	金融指数	13	12
882005.WI	日常消费指数	12	11
882011.WI	房地产指数	12	11
882006.WI	医疗保健指数	11	7
882004.WI	可选消费指数	10	5
882001.WI	能源指数	5	-3
882010.WI	公用事业指数	9	7
882003.WI	工业指数	8	5
882008.WI	信息技术指数	7	8
882002.WI	材料指数	5	6
882009.WI	电信服务指数	3	3

数据来源：万得资讯。

万得行业指数过去五年,也就是从2014年到2018的净资产收益率和板块年化回报率的相关性为0.745,高净资产收益率的日常消费和金融行业有较高的回报率。

由此可以说明股市的高回报率主要源自高资本回报率。其中,金融行业的高回报来自一定的网络效应,主要是不同网点之间的交互。日常消费行业的高回报来自品牌,医疗行业的高回报来自学习曲线。

在表5-11、表5-12中,发达国家和发展中国家的零售生意主要是电子商务。从表5-11和表5-12可以看出,过去二十年发达国家和发展中国家相同,回报率最高的生意是零售电商、互联网服务和软件、医疗、消费服务以及食品饮料。

表5-11　　发达国家MSCI指数截至2018年底回报率　　单位:%

名称	10年累计收益率	20年累计收益率	10年复合收益率	20年复合收益率
MSCI发达/零售业	358	502	16	9
MSCI发达/软件与服务	114	380	8	8
MSCI发达/医疗保健设备与服务	305	350	15	8
MSCI发达/消费者服务	271	256	14	7
MSCI发达/食品饮料与烟草	236	233	13	6
MSCI发达/家庭与个人用品	178	208	11	6
MSCI发达/技术硬件与设备	15	208	1	6
MSCI发达/运输	209	185	12	5
MSCI发达/资本商品	89	181	7	5
MSCI发达/原材料Ⅱ	170	162	10	5
MSCI发达/生物制药与生命科技	65	151	5	5
MSCI发达/媒体Ⅱ	37	126	3	4
MSCI发达/能源Ⅱ	58	121	5	4
MSCI发达/耐用消费品与服装	65	106	5	4

续表

名称	10年累计收益率	20年累计收益率	10年复合收益率	20年复合收益率
MSCI发达/汽车与汽车零部件	96	95	7	3
MSCI发达/房地产	92	79	7	3
MSCI发达/商业与专业服务	64	68	5	3
MSCI发达/综合金融	−1	62	0	2
MSCI发达/食品与主要用品零售Ⅱ	32	62	3	2
MSCI发达/公用事业Ⅱ	21	47	2	2
MSCI发达/保险Ⅱ	−3	46	0	2
MSCI发达/银行	−2	9	0	0
MSCI发达/电信业务Ⅱ	−34	4	−4	0

数据来源：万得资讯。

表5-12　发展中国家MSCI指数截至2018年底回报率　　单位：%

名称	10年累计收益率	20年累计收益率	10年复合收益率	20年复合收益率
MSCI新兴/软件与服务	370	1472	17	15
MSCI新兴/生物制药与生命科技	166	1021	10	13
MSCI新兴/媒体Ⅱ	225	672	13	11
MSCI新兴/商业与专业服务	7	667	1	11
MSCI新兴/家庭与个人用品	206	645	12	11
MSCI新兴/汽车与汽车零部件	148	630	10	10
MSCI新兴/零售业	−10	360	−1	8
MSCI新兴/食品饮料与烟草	23	352	2	8
MSCI新兴/食品与主要用品零售Ⅱ	1	232	0	6
MSCI新兴/银行	−18	231	−2	6
MSCI新兴/原材料Ⅱ	−39	223	−5	6
MSCI新兴/技术硬件与设备	28	191	2	5

续表

名称	10年累计收益率	20年累计收益率	10年复合收益率	20年复合收益率
MSCI新兴/保险Ⅱ	16	187	2	5
MSCI新兴/耐用消费品与服装	-47	155	-6	5
MSCI新兴/能源Ⅱ	-60	152	-9	5
MSCI新兴/综合金融	-31	146	-4	5
MSCI新兴/电信业务Ⅱ	-50	53	-7	2
MSCI新兴/资本商品	-47	45	-6	2
MSCI新兴/消费者服务	44	37	4	2
MSCI新兴/运输	-43	37	-6	2
MSCI新兴/公用事业Ⅱ	-39	34	-5	1
MSCI新兴/房地产	-58	8	-8	0
MSCI新兴/医疗保健设备与服务	54	-82	4	-8

数据来源：万得资讯。

互联网公司具有强大的网络效应，进而具有高资本回报率和好的市场表现。网络效应是信息相互交互产生的效应。信息可以多角度相互触达，同时信息的边际成本为0。所以随着信息的增加，信息能够交互创造价值的行业，就可以具有网络效应，大幅度创造超额回报率。电商具有双边网络效应，一些软件也具有网络效应，而其他大的互联网公司普遍有强大的网络效应，因而电商、互联网和软件公司具有高回报率。

学习曲线是经验的累积，经验是信息的接收和反馈。经验的增加会使熟练程度增加，学习曲线的积累能够促使单位成本的降低；由于累积的是之前的信息和经验而不是当前的规模，导致后来者难以追赶，从而具有高回报率。医疗产业重要的是学习曲线，通过不断研究积累以提升新药或者新器械的研发成功率。

消费者服务（尤其是食品饮料）行业是品牌的诞生地。香烟、烈性酒、化妆品、首饰、女包以及服装。品牌带来超额资本回报并带来资本市场的超额回报率。

物质消耗过程通常是线性的,信息消耗过程是非线性的。物质消耗了就会消失,信息消耗了可能产生积累。所以,如果行业的主要原材料是信息,主要价值是品牌、数据、经验以及客户关系。随着信息的累积,公司就会持续领先。这也是基于信息的生意更容易获得高资本回报率的原因。

第6章
市场信息效率低下的信息经济学解释

6.1　信息经济学理论认为有效市场不存在

关于股票市场中信息的作用，有两类不同的看法。第一类观点认为，如果股市信息有效率，股价就可以揭示公司价值。投资人不能获得超额回报，也就不再努力获得信息和做深入研究。

第二类观点认为：在股市当中，人们相信只要努力获得信息就会有超额回报，所以有着强烈的获取信息的动机。但是获取信息的收益只是利益再分配，因此获得和分析信息的行为没有社会价值。

这两种观点似乎是完全矛盾的。一种观点是认为就算在获取信息方面的投资是有社会价值的，但是如果获得信息的投资回报为零，那么也不去获取信息。另一种观点是认为即使获取信息投资没有社会价值，但是因为有回报，仍然会投资于信息。

斯蒂格利茨[203]认为以上两种观点都不正确。第一种观点的问题在于未能正确地认识到市场波动的存在会使价格信息不能有效率传递，导致有时候即使获得信息也会由于恐惧和贪婪而不能正确反馈。第二种观点的问题在于隐含地假设了个体的行为存在非理性，或非竞争性，或两者并存。此外，前者还没有考虑到即使信息市场是自由进入的，均衡仍旧可能是存在部分垄断特征的，个别人可能对于个别信息拥有着垄断力量。同时，对于同样的信息，分析能力更强的一些人也会获得超额回报。

这两种观点都没有能够充分区分信息的私人价值和社会价值。很明显，理解资本市场是如何运行的核心是分析以下问题：在市场经济中，个体获取信息的激励是什么；价格能够在多大程度上反映个体拥有的信息；在企业经理的决策行为中，价格究竟扮演何种角色。

斯蒂格利茨在《信息经济学：应用》中详细阐述了信息与资本市场的关系。斯蒂格利茨认为，在一个完全竞争的市场经济里，获取信息的各种激励很少是具有社会价值的。实际上，在纯粹交换经济这样一个核心而又特殊的情况下，唯一的均衡里根本不存在花费在信息上的成本（也没有贸易存在）。在更加一般的情况下，当存在个体差异的时候，的确存在着获取信息的各种激励。但是如果信息确实是有成本的，那么市场价格就不能完美地反映个人所持有的信息。

企业市场价格不能完美地反映其真实价值，这导致了两个重要的后果。

首先，企业主兼经理人虽然知道企业的市值被低估，却无法很好地将其投资风险分散。他们控制下的企业更显示出风险规避的倾向，尽管产量（利润）与证券市场是零相关的，并且市场在为企业定价时也认为它们是风险中性的。企业并不是以追求市场价值最大为目标，也不受到被兼并的威胁。其次，高质量的企业会试图向市场传递有关质量的信号。

假设只限于考察纯粹的交换经济。假设每个人所拥有的对不同企业的产权就是个人禀赋，每个企业的产出在期末依照各人当期的产权比例进行分配。假设在期初与期末之间共有 T 个交易期，其间个人可以互相交易持有的股权。假设只有两个交易期，这一方面可以大大简化分析，另一方面也不会失去一般性。在某一期的开始直到可以交易的那一时刻，个人可以花费其他资源来获取信息（如各个企业的产量或者不同自然状态的客观概率）。

假设每个人的偏好都相同，并且拥有相同的初始禀赋（他们对各个企业拥有相等的股份）。假设各个企业在各种自然状态下的产量都是已知的，但是各个自然状态的相对概率是未知的。同样，为了简化分析，假设只有两种自然状态。开始时，所有的人都认为这两种状态是同等可能的。考虑下面的两种可能情况。

第一种情况：没有任何投资者研究了市场。那么在第一个交易日，市场

第6章 市场信息效率低下的信息经济学解释

上各个企业的相对价格就一定会反映出每个人先验的信息,以使两种自然状态的概率相等。由于所有人都拥有相同的信息和相同的偏好、相同的禀赋,因此,实际中不会有任何交易发生。在两个交易日里的市场价格完全相等。

第二种情况:有一个投资者研究了市场。上面所描述的情况还可能是个均衡吗?可能不是。因为可能会有一个人愿意用一部分资源来获取下一期真实状态的信息。假设在下一个交易日之前,他得到了这个信息。这样,他就知道市场上哪些企业的价值被高估了,哪些企业的价值被低估了。于是他就会卖空那些价值被高估的企业股票,用卖股票的收入来购买价值被低估的企业股票。在两个交易日之间的间隔时间里,他就向公众披露了他的信息,这就拍高了被低估的企业的价格,打压了被高估的企业的价格,使信息投资人的两部分交易都得到了资本回报,从而能够承担获取信息的成本。因此,对信息进行投资就是有利可图的。但是,由于在信息上的耗费并没有改变可以消费的物品的总量,因此在信息上的耗费称为是社会浪费。一个人的得利是完全建立在其他人的损失之上的。并且由于获取信息是要耗费社会资源的,所以前者的得利要小于后者的损失。

斯蒂格利茨认为至少可以从三个方面反驳这个论断。

①在这个论断中,没有信息的个体也太过简单了。他们至少应该发现:如果他们能够维持原来的资产组合的话,会比介入投机交易更有益。换句话说,他们应该采取非投机策略。这种策略所带来的期望收益会高于假设的简单策略。

②可以反驳说,没有信息的个体比前面所设想的要复杂得多。他们观察到了市场的价格所传递的信息,当关于某个自然状态的证券价格被不断抬高的时候,那一定是由于有内部信息的人知道那个自然状态即将发生。这个特例同样意味着没有交易发生。前一个例子是因为人们拒绝交易,而在这里他们确实有交易证券的需求,但是市场均衡价格使得交易量为零。

③没有理由认为只有一个投资者会研究市场。考虑一下只有两个投资者会研究市场的特例。在第一个交易日之前,他们都知道了哪一个自然状态会发生。假设他们之间是竞争性的关系(不是合谋关系),他们就会互相竞买竞卖,抬高本来应该被低估的证券价格,打压本来应该被高估的证券价格。如此一来,等到下一个交易日到来时,市场价格会和第一个交易日的价格完全相同。证券市场上这两个人既没有盈利也没有损失。相比没有研究市场的人,两个人都有损失,因为他们都进行了信息投资。

因此,如果每个人都拥有相同的禀赋、偏好和信息的话,那么在一个理性的纯粹交换经济里是不可能产生交易的;即使信息量的大小是内生的,一个理性的有信息披露的证券市场也无法存在。具体可以解释如下。

投资人在指数持有策略和付费获得信息选一个,几乎所有人一定会选择前者。

通常投机者无论个体还是群体都难以获得超额回报率,但是需要为信息付出成本,如果扣去信息成本、回报率低于平均回报率,那么努力去获得信息是没有价值的。

即便信息不需要成本,但是其余的人可能不愿意和他交易。结果他就只能定价而已,难以实现超额回报率。

据此推理:假设投资人可以有如下选择:获取每种证券的预期收益率;通过指数跟踪的方式来投资;用指数投资策略投资股票,同时获取每个股票期望收益和方差,其成本远小于获取单个股票信息。信息经济学认为:投资人会选择后两者低成本的策略之一。

在每一期都获得无偏信息的投资者会购买类似的证券组合。风险回报曲线揭示了不同风险对应的回报率水平。投资人可以付费了解每个回报对应的风险水平,从而决定究竟选择哪个组合。这种组合回报风险的成本比投资人单独了解每个证券付出的信息成本低很多,结果其净回报率可能更高。

所以，在均值—方差模型假设下，投资人不会主动获取单个证券的信息，因此也会影响市场效率的实现。毕竟投资者购买的信息越多，市场可能越有效率，但是扣除信息支出以后的回报率可能更低。这些投资者为市场的效率做出了贡献，尽管可能并没有得到额外回报。

6.2 信息学和信息经济学理论阐明了创新的超额收益

6.2.1 信息学关于创新的论述

信息熵衡量了信息的不确定性。这种不确定性通常可以通过创新对于系统和功能的完善来消除。每当有新的信息出现，也就是创新来临，就会消除一部分不确定性。这个过程通常伴随着新产品的出现、新工艺的应用，带来阶段性的回报率的上升。

在信息经济中，信息被定义为"惊异"。根据乔治·吉尔特的说法：香农提出的信息熵把创新、惊异和利润联系在了一起，成为经济信息论的核心[204]。一项发明或者创新成功的标志是能够给人带来惊异，然后才是能带来超乎寻常的收益。当市场吸收一款新产品后，该产品的熵就会逐渐下降。换言之，该产品给人们带来的惊异就会减少。产品的利润率或者资本回报率与惊异程度正相关。惊异程度高或者说是创新度高，那么利润率就高。当惊异程度减少，大家都已经使用习以为常的时候，利润率也就会下降。

市场通过熵（即其内容和惊异）来衡量新产品，新产品也将创造出自己的市场，面临市场的检验，并带来一定的利润。

在信息传输中，一些熵比较高的比特通过熵比较低的、预先确定的信道传输。香农提出的"熵"的终极形态就是信号在一个噪声相对比较小的、具有结构性的信道中的传输。创新带来了惊异也就带来了熵，熵是衡量惊异性、无序性、随机性、噪声、失衡性以及复杂性的一个指标。熵也可以衡量选择的自由度。熵的对立面是可预测性、有序性、低复杂性、决定性和均衡。

6.2.2 信息经济学关于创新的论述

达斯古普塔和斯蒂格利茨（1980）[204]分析了产业结构与研发活动不同特征之间的关系。在他们的分析中，我们注意到，在过程创新模型中，只要市场均衡状态下的产业集中度不是非常高，那么在产业的研发支出与集中度之间就存在正相关关系。

现有的垄断企业将会通过花费足够多的资源用于研发来阻止潜在的竞争者进入研发领域，从而确保自身能获得新的专利权。在这一过程中，垄断企业也获得了超额利润。此外，为了维持这种超额利润，垄断企业也会以快于社会最优水平的速度来进行研究。

如果可以在研发领域展开竞争，那么当前的市场结构（目前产品市场上的竞争状况）对研发活动的影响是什么？斯蒂格利茨指出，与当前的市场结构是竞争性时的情形相比，当前的市场由一家垄断企业主导时，研发支出会更多。原因仅仅在于，垄断企业支付更多的研发成本，那么在创新出现之后的市场上，竞争就会更少，从而利润就更多。杨亭亭、黎智滔、李仲飞（2017）[205]证实了上市公司技术创新能力与股票收益有一定的相关性。

研发活动中的竞争怎样影响产品市场上的竞争？也就是说，如果在研发活动中没有进入壁垒，那么研发活动中的竞争是否会导致新企业进入产品市场，从而使垄断企业的存续期变短？我们的分析表明，在一定条件下，垄断会持续下去：如果在产品市场上，目前的垄断企业也能获得研发技术，它就能（并且将会）阻止其他企业进入。例如，它可以通过进行足够快的研究，来使其他开展研发活动的进入者得不到任何收益。在这些条件下，尽管竞争威胁也许会使垄断企业开展足够快的研究（这个速度要大于没有竞争威胁时的速度），但是垄断企业的存续期并不会缩短。

约瑟夫·熊彼特（1912）[206]早已指出，任何关于资本主义的分析都必须以存在技术变迁的模型为基础，在这些模型中竞争是以新产品或者新工艺的开发存在，而不是（或者同时）以传统价格理论关注的价格竞争的形式存在。他指出，带有技术变迁的市场天然就是不完全竞争的。尽管熊彼特意识到价格竞争在新兴产业中不是最重要的，但他并没有充分地进行说明。

熊彼特指出技术变迁在工业部门中扮演着重要作用。其中的一种作用是：技术变迁自然地使得一种要素具有递增收益，同时使（大部分）研发的费用成为沉没成本。结果是，在存在收益递增的时候，竞争可能无法实行。

对于那些有着领先技术的国家，这些问题是尤其重要的。当技术变迁是研发或者学习曲线的结果时，就可能存在收益递增以及市场力量的高度集中。如果潜在竞争既能保证行业运行的效率，又能保证效率提高的好处能够转移给消费者，那么政府对那些通过技术优势获得主导地位的企业就不应当干预或者限制。

沉没成本的本质特征是，它们代表了不能偿付的花销。它们通常表示那些用于购买不可运输的、不可转换的工厂和设备的花销，比如核电站。斯蒂格利茨后来指出，在有沉没成本的时候，现有企业可以只花费很少的钱，就能在事先阻止潜在对手。

斯蒂格利茨在《信息经济学》当中论述了创新的作用，证明了为何现代工业经济中的竞争都集中于创新行为；而不是像传统微观经济分析的那样，集中于价格竞争。因为通过创新有希望获得利润，相反通过价格战难以获得利润。在研发很重要的行业，创新尤其可以获得更多的超额利润。

研发投资得到的专利可能会降低生产的边际成本，增加产品质量或者引入产品差异化，因此增加了产品需求，或者将专利产权转化为产品生产。斯蒂格利茨考虑了最后一种情况，其中研发没有直接的社会回报。因此，不仅早期先发制人的研发投资有社会成本，而且当先发制人的研发投资阻止了进入之后，现有企业采取的垄断价格也是有社会成本的。如果产品的边际成本降低了，或者产品质量提高了，那么研发就有一个适当的且直接的、基于带来了新信息的回报。

6.3 学习曲线会创造超额回报率

根据信息学经济学的理论，斯蒂格里茨认为，如果一家企业最初就拥有成本优势，尽管这一个优势也许最初很小，但是如果学习的空间很大，而且企业以一个很高的贴现率去贴现未来的利润，那么最初的优势就会随着时间的推移而增加。这体现为优势企业的市场份额会不断增加。在这些条件下，产业集中度就会不断提高，最终会形成垄断。

下面通过古诺双头垄断模型来对此加以说明：假设每期的市场需求曲线都是线性的，即：

$$p(Q) = A - BQ; A, B > 0 \qquad (6-1)$$

进一步地，我们假设，只要生产成本为正，那么学习曲线就是线性的，即

$$c_t^i = \max\left\{0, c_0^i - \beta \sum_{T=0}^{t-1} Q_T^i\right\} \qquad (6-2)$$

对于 $i = 1, 2$，$T \geq t \geq 1$，其中 $\beta > 0$。

式（6-2）表示的学习曲线有两个参数。c_0^i 和 β。前者度量的是学习所能发挥的作用的限度，而后者衡量的则是学习的速度。该式非常清楚地表明：经验积累到一定程度后，学习就会停止。一旦单位成本下降为零，则学习的收益就会迅速递减。

我们假设市场会持续 $T+1$ 期。其中，T 是一个有限的但足够大的数。由于我们要分析的是数量竞争，所以最好是假设这个产业是双头垄断产业。假设有一家企业（如企业1）与其竞争对手相比，开始时就拥有成本优势。我们想研究各企业不采取合作行动时的产业演化。首先假定 T 很大，而且各企业会以很低的贴现率去贴现未来的利润。显然在均衡状态下，企业间的差距在

长期将会消失。原因在于，即使是生产有限的产品，劣势企业（如企业2）也能将经济利润降低至零。从这一时点开始，各优势企业就会获得双头垄断利润。假如时间很长，而且贴现率很低，那么双头垄断利润的现值就会很大。很明显，此时所有企业都能从生产中获利。每家企业的市场份额在长期看来是相等的。但是，如果贴现率很大，那么又会怎样？上面的论述不再成立，而且当与竞争对手之间的成本差异变大时，劣势企业会逐渐退出市场。

6.4 信息不确定性的缩小会影响市场的有效性

证券信息发布的媒介从早期的报纸转化为电视,然后是互联网。信息的广度、深度以及信息传播的速度都发生了巨大的变化。从某种意义来看,信息的不确定性大幅度缩小了。

信息的不确定性缩小提升了市场的有效性。美国市场的有效性强于中国市场,中国市场自身的有效性也逐渐增加。

市场有效性的增加使很多策略不再有效。例如,格雷厄姆的价值型投资策略:格雷厄姆设定了大量的参数用于寻找便宜的公司,初始的时候非常有效。但是随着越来越多的投资人使用类似策略,甚至于采用计算机就可以搜索出来符合条件的公司。这种策略就很难具有超额收益率。其中,最典型的是 ETF 这种被动投资策略的盛行。被动型投资的占比越来越大。

晨星统计的数据显示[207],截至 2019 年 8 月,跟踪美国股指的被动基金规模已经上升到了 4.271 万亿美元,超过了 4.246 万亿美元的主动选股基金。当月投资者从美股市场的主动基金中撤出了 1241 亿美元,而被动基金获得了 889 亿美元的资金流入。被动基金在 1970 年面世,而世界上第一只 ETF 于 1990 年诞生。牛市期间被动基金以其低费率广受欢迎,2009 年以来,追踪美股的被动基金力量不断壮大,跑赢一众基准指数及选股经理。主动基金与被动基金的比例变化见图 6-1。

总的来看,信息促进了市场的有效性。但是无论企业还是基金,领先者的超额回报率并没有缩小。例如,近几年,美国大企业的回报率占据了市场的主导。

中国股票基金的回报率特征可以从表 6-1 看出来。

第6章 市场信息效率低下的信息经济学解释

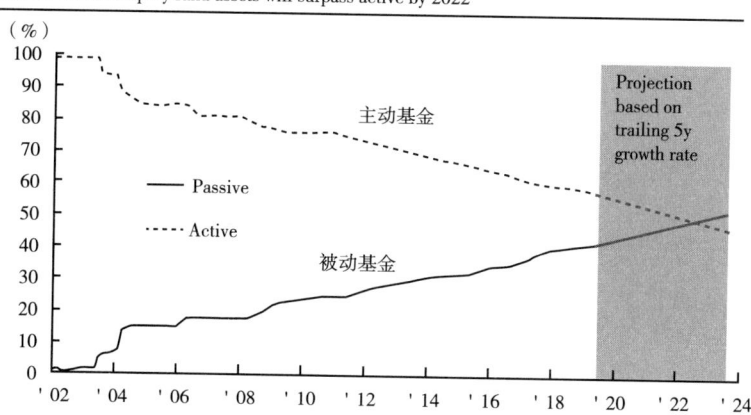

图 6-1 主动基金与被动基金的比例变化

资料来源：新浪财经。

表 6-1　　　　　　　　中国股票基金的回报率

日期	指数			指数回报		
	中国股基指数	万得全A	万得全A（除金融、石油石化）	中国股基指数	万得全A	万得全A（除金融、石油石化）
2005.12.30	1019.41	684.06	787.37	2%	-12%	-16%
2006.12.29	2317.69	1449.51	1428.87	127.36%	111.90%	81.47%
2007.12.28	5346.8	3858.8	4118.92	130.70%	166.21%	188.26%
2008.12.31	2571.34	1430.79	1577.84	-51.91%	-62.92%	-61.69%
2009.12.31	4397.52	2939.79	3367.32	71.02%	105.47%	113.41%
2010.12.31	4406.61	2737.57	3594.46	0.21%	-6.88%	6.75%
2011.12.30	3345.93	2123.85	2507.69	-24.07%	-22.42%	-30.23%
2012.12.31	3532.63	2223.24	2589.9	5.58%	4.68%	3.28%
2013.12.31	4046.85	2344.2	2886.85	14.56%	5.44%	11.47%
2014.12.31	4895.01	3573.48	4105.05	20.96%	52.44%	42.20%
2015.12.31	7034.57	4949.2	6401.7	43.71%	38.50%	55.95%
2016.12.30	5891.28	4310.22	5475.07	-16.25%	-12.91%	-14.47%

续表

日期	指数			指数回报		
	中国股基指数	万得全A	万得全A（除金融、石油石化）	中国股基指数	万得全A	万得全A（除金融、石油石化）
2017.12.29	6666.5	4522.72	5614.34	13.16%	4.93%	2.54%
2018.12.28	4907.05	3244.9	3893.76	−26.39%	−28.25%	−30.65%
2005—2011年指数复合回报				18.83%	15.53%	15.06%
2012—2018年指数复合回报				5.62%	6.24%	6.49%

数据来源：万得资讯。

从2005年到2011年，中国股票基金的年化回报率18.83%，万得全A股票指数的年化回报率15.53%；每年股票基金指数可以跑赢市场指数3个百分点。从2012年到2018年，中国股票基金的年化回报率5.62%，万得全A的指数的年化回报率在6.24%，股票基金指数每年跑输市场0.6个百分点。

过去几年，美国基金的表现更差：普遍都不能跑赢指数，主要原因在于创新导致的市场效率提高。一方面是信息效率提高导致市场效率提升。另一方面就是越来越多的大型互联网公司具有梅特卡夫定律的效应：用户越多、商品越多导致人均消费上升；销量越大，导致采购、物流、运营成本都更低。强大的网络效应使Facebook、Apple、Amazon、Microsoft、Neflix、Google这些公司越大越强，在各自的领域内可以持续扩张，最终成为市值巨大的上市公司。

通常，生意的未来充满不确定性，但是随着互联网和软件公司用数据、算力来提供越来越好的服务，信息工具成本优势也就日益突出，逐渐替代人工。当信息成为资源、算力成为能源的时候，信息就完全改变了各个行业。这些信息行业带动指数快速上涨，如果不买这些行业的公司就不能跑赢指数，这使市场有效性增加，跑赢市场日益困难。

6.5 破坏性创新创造超额收益率

6.5.1 破坏性创新简述

1. 破坏性创新的概念

破坏性创新的概念是经济学家熊彼特在1912年提出的[168]。他认为，创新就是变革经济结构，就是用新结构替代原有结构。熊彼特认为，创新就是企业家重新组合了"生产要素"，发明新的产品或者是新的生意模式。创新会创造更好的体验和更高的效率，从而获取超额利润。创新通常是破坏性的，之前的产品、组织、资产和生意模式都被替代掉。

克莱顿·克里斯坦森（2010）[208]在其著名著作《创新者的窘境》中提出该理论的当代版本。彼得·蒂尔等在《从0到1》[209]中也提到，新产品的体验和效率需要10倍的好才能改变旧有的世界。具有破坏性创新能力的都不是改良式技术，而是革命性的技术。革命性的技术是完全不同的技术，例如汽车相对于马车，计算机相对于算盘，智能手机相对于功能机，电动车相对于燃油车，光伏相对于煤电，Google相对于报纸，亚马逊相对于超市等。

2. 破坏性创新的特征

破坏性创新有以下两个特征。

（1）破坏性创新具有相对性

破坏是于现有的主流技术而言的。一旦破坏性创新逐渐成为主流，也就演变为维持性创新，然后可能在新的领域构建新的破坏性创新。例如，苹果手机在2007年到2010年是破坏性的创新，主要是智能机相对于功能机的创新。但是从2011年开始，功能机逐渐退出历史舞台，这时候智能机的创新就是维持性的创新。小米采用互联网平台做粉丝销售，苹果开专卖店卖手机，这两者都是对于之前电器连锁、3C 连锁和运营商网络的维持性创新。

判断破坏性创新还是维持性创新主要看公司、产品以及主要的生意模式是否变化了。戴尔做电话营销并没有消灭惠普和 IBM，小米做粉丝营销也没有消灭苹果、华为、OPPO 以及 vivo。但是苹果消灭了诺基亚。特斯拉可能会让不少的燃油车厂消失。所以，产品的历史变革可能是破坏性的，营销模式变革对于品牌可能是维持性的。当然新的渠道对于旧的渠道可能是破坏性的，例如超市对于百货商店，电商对于超市。

（2）破坏是一个过程

破坏性创新产品初期不够完善，不能够迅速替代原有产品。但只要创新产品能够逐步完善，就可以达到并且超越老的产品，完成对于原有产品的替代。相对于固定电话，移动电话就是一种破坏性创新，虽然费用高，但方便携带而且可能提供更多的功能。当移动电话诞生时，由于手机贵而且话费高，不能迅速替代固定电话。但是今天几乎很少人使用固定电话了。电动车取代燃油车也需要一个过程，刚开始续航体验比燃油车差、充电站也不足；但是随着车辆驾驶体验的不断提升，最终电动车会替代燃油车。所以破坏通常会有产品替代。

3. 破坏性创新的模式

克里斯坦森将破坏性创新分为新市场破坏和低端破坏两种基本模式，尽管两者可能具有一定的类似。

新市场破坏构建新的产品去满足某个层次消费者的需求。当产品逐渐完善，也会逐渐吸纳主流人群。这是主流的破坏性创新。

低端市场破坏是以类似产品，构造低成本的商业模式吸引之前不消费或者消费频次低的消费者高频购买。

新市场破坏就是典型的新产品创新,比如苹果手机、淘宝网。因为百货店效率不高,所以有了从乡村开始的沃尔玛;因为中国超市的效率不够高,有了淘宝的崛起。这些是新市场破坏。

低端破坏的典型是拼多多、SHEIN、蜜雪冰城,主要是商业模式或者供应链的创新。因为天猫不断引入品牌商品,给了拼多多重新开始的空间;这种是典型的低端破坏。尽管刚开始产品质量不很高,但是利用便宜的价格吸引了用户,然后平台逐渐升级。SHEIN 替代 ZARA 也是一个新市场创新。SHEIN 拥有更高的供应链效率,从设计到送达消费者一共只需 12 天,大幅度降低了库存也为消费者提供了更多的选择,采用大约是 ZARA50% 的便宜价格,吸引了越来越多的用户。蜜雪冰城对于 COCO 也是低端破坏,蜜雪冰城做了优质的供应链,用 COCO50% 的价格可以提供同样品质的产品。蜜雪从大学生群体开始,逐渐把用户拓展到所有的群体。

6.5.2 破坏性创新的作用

1. 破坏性创新通常系统提升了全要素生产率

1920—1970 年全要素生产率的提升是最快的,对应了第二次产业革命。1994—2004 年全要素生产率也提高了,但是低于 1920—1970 年,这对应于第三次产业革命。1890—2014 年美国全要素生产率的年均增长率见图 6-2。

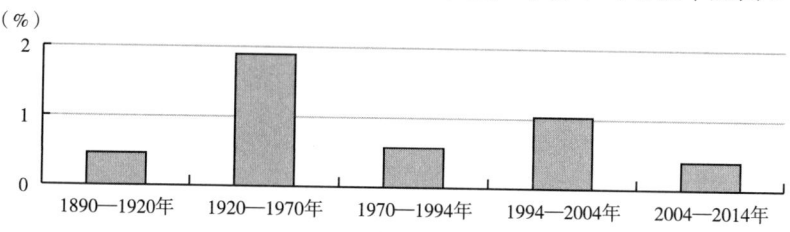

图 6-2 1890—2014 年美国全要素生产率的年均增长率

资料来源:《美国增长的起落》[210]。

第三次产业革命对生产率的影响可能没有完全体现；主要原因也可能是定价问题。比如，Facebook massenger、WhatsApp 这样的产品完全是免费的，这有可能降低了产出的衡量。

2. 破坏性创新产业出现以后的超额收益率

（1）破坏性创新对于行业回报的影响

近期主要的破坏性创新产业是互联网。互联网主要应用在媒体和零售两个领域。互联网出现以后，先是互联网行业本身成为收益率最好的行业；再被互联网影响的传媒行业和零售业变成了差的行业。发达国家不同行业投资回报率见表6-2。

表6-2　　　　　　　　发达国家不同行业投资回报率

代码	名称	1999年1月1日—2019年4月30日
106815.MI	MSCI 发达/零售业	432%
106820.MI	MSCI 发达/医疗保健设备与服务	394%
106826.MI	MSCI 发达/软件与服务	239%
106814.MI	MSCI 发达/消费者服务	228%
106810.MI	MSCI 发达/运输	215%
106813.MI	MSCI 发达/家庭与个人用品	187%
106817.MI	MSCI 发达/食品饮料与烟草	179%
106809.MI	MSCI 发达/资本商品	162%
106807.MI	MSCI 发达/原材料Ⅱ	157%
778418.MI	MSCI 发达/半导体产品与设备Ⅱ	139%
106825.MI	MSCI 发达/技术硬件与设备	122%
106902.MI	MSCI 发达/耐用消费品与服装	119%
106824.MI	MSCI 发达/房地产	119%
106816.MI	MSCI 发达/媒体Ⅱ	113%
106806.MI	MSCI 发达/能源Ⅱ	108%
106819.MI	MSCI 发达/生物制药与生命科技	90%
106811.MI	MSCI 发达/商业与专业服务	89%

续表

代码	名称	1999年1月1日—2019年4月30日
106812.MI	MSCI发达/汽车与汽车零部件	61%
106823.MI	MSCI发达/综合金融	41%
106828.MI	MSCI发达/公用事业Ⅱ	37%
106838.MI	MSCI发达/食品与主要用品零售Ⅱ	21%
106822.MI	MSCI发达/保险Ⅱ	21%
106821.MI	MSCI发达/银行	-6%
106827.MI	MSCI发达/电信业务Ⅱ	-36%

数据来源：万得资讯。

发达国家最近二十年回报率最高的行业是软件服务（含互联网）与零售（主要是互联网零售），低的是电信业务、食品与主要用品零售与媒体等行业。发展中国家不同行业投资回报率见表6-3。

表6-3 　　　　　　发展中国家不同行业投资回报率

代码	名称	1999年1月1日—2019年4月30日
106877.MI	MSCI新兴/软件与服务	1081%
106870.MI	MSCI新兴/生物制药与生命科技	917%
778415.MI	MSCI新兴/半导体产品与设备Ⅱ	866%
106867.MI	MSCI新兴/媒体Ⅱ	783%
106863.MI	MSCI新兴/汽车与汽车零部件	618%
106866.MI	MSCI新兴/零售业	539%
106864.MI	MSCI新兴/家庭与个人用品	516%
106857.MI	MSCI新兴/能源Ⅱ	499%
106868.MI	MSCI新兴/食品饮料与烟草	372%
106872.MI	MSCI新兴/银行	283%
106858.MI	MSCI新兴/原材料Ⅱ	274%
106873.MI	MSCI新兴/保险Ⅱ	222%
106889.MI	MSCI新兴/食品与主要用品零售Ⅱ	197%
106862.MI	MSCI新兴/商业与专业服务	184%
106876.MI	MSCI新兴/技术硬件与设备	147%

续表

代码	名称	1999年1月1日—2019年4月30日
106874.MI	MSCI新兴/综合金融	146%
106903.MI	MSCI新兴/耐用消费品与服装	135%
106879.MI	MSCI新兴/公用事业Ⅱ	125%
106865.MI	MSCI新兴/消费者服务	103%
106860.MI	MSCI新兴/资本商品	77%
106878.MI	MSCI新兴/电信业务Ⅱ	65%
106861.MI	MSCI新兴/运输	54%
106875.MI	MSCI新兴/房地产	24%
106871.MI	MSCI新兴/医疗保健设备与服务	-87%

数据来源：万得资讯。

发展中国家最近二十年软件与零售行业表现较好，电信与食品零售行业回报率较差。

（2）破坏性创新对于市场的影响

从1999年1月到2019年，过去20年即使经历了纳斯达克泡沫的破裂，纳斯达克100的年化回报率是7.4%，标准普尔500的年化回报率是4.4%。破坏性生意多的组合纳斯达克100显著"跑赢"了传统生意较多的标准普尔500。纳斯达克100与标准普尔500回报率见图6-3。

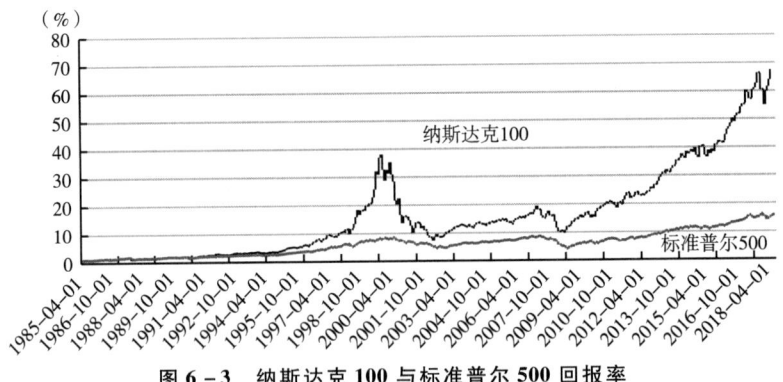

图6-3 纳斯达克100与标准普尔500回报率

数据来源：万得资讯。

其中，1995年到1999年的回报来自软件和PC互联网；2009年以来的超额回报主要来自移动互联网；2015年以来的超额回报来自云和SAAS。

3. 全要素生产率提升以后的超额收益率

纳斯达克100是新公司组合，标准普尔500是传统公司组合。从1985年12月至1994年12月，纳斯达克100指数回报率为12.8%，标准普尔500指数回报率为9.9%；从1994年12月到2004年12月，纳斯达克100指数回报率为14.9%，标准普尔500指数回报率为10.2%；从2004年12月到2018年12月，纳斯达克100指数回报率为10.2%，标准普尔500指数回报率为5.3%。美国重要指数涨跌幅见表6-4。

表6-4　　　　　　　　　美国重要指数涨跌幅

日期	指数			指数涨幅		
	纳斯达克100	标准普尔500	道琼斯工业指数	纳斯达克100	标准普尔500	道琼斯工业指数
1985.12.31	132.29	211.28	1546.67	—	—	—
1986.12.31	141.41	242.17	1895.95	6.89%	14.62%	22.58%
1987.12.31	156.25	247.08	1938.83	10.49%	2.03%	2.26%
1988.12.30	177.41	277.72	2168.57	13.54%	12.40%	11.85%
1989.12.29	223.83	353.4	2753.2	26.17%	27.25%	26.96%
1990.12.31	200.53	330.22	2633.66	-10.41%	-6.56%	-4.34%
1991.12.31	330.85	417.09	3168.83	64.99%	26.31%	20.32%
1992.12.31	360.18	435.71	3301.11	8.87%	4.46%	4.17%
1993.12.31	398.28	466.45	3754.09	10.58%	7.06%	13.72%
1994.12.30	404.27	459.27	3834.44	1.50%	-1.54%	2.14%
1995.12.29	576.23	615.93	5117.12	42.54%	34.11%	33.45%
1996.12.31	821.36	740.74	6448.26	42.54%	20.26%	26.01%
1997.12.31	990.8	970.43	7908.24	20.63%	31.01%	22.64%
1998.12.31	1836.01	1229.23	9181.43	85.31%	26.67%	16.10%

续表

日期	指数			指数涨幅		
	纳斯达克100	标准普尔500	道琼斯工业指数	纳斯达克100	标准普尔500	道琼斯工业指数
1999.12.31	3707.83	1469.25	11497.12	101.95%	19.53%	25.22%
2000.12.29	2341.7	1320.28	10786.85	−36.84%	−10.14%	−6.18%
2001.12.31	1577.05	1148.08	10021.5	−32.65%	−13.04%	−7.10%
2002.12.31	984.36	879.82	8341.63	−37.58%	−23.37%	−16.76%
2003.12.31	1467.92	1111.92	10453.92	49.12%	26.38%	25.32%
2004.12.31	1621.12	1211.92	10783.01	10.44%	8.99%	3.15%
2005.12.30	1645.2	1248.29	10717.5	1.49%	3.00%	−0.61%
2006.12.29	1756.9	1418.3	12463.15	6.79%	13.62%	16.29%
2007.12.31	2084.93	1468.36	13264.82	18.67%	3.53%	6.43%
2008.12.31	1211.65	903.25	8776.39	−41.89%	−38.49%	−33.84%
2009.12.31	1860.31	1115.1	10428.05	53.54%	23.45%	18.82%
2010.12.31	2217.86	1257.64	11577.51	19.22%	12.78%	11.02%
2011.12.30	2277.83	1257.6	12217.56	2.70%	0.00%	5.53%
2012.12.31	2660.93	1426.19	13104.14	16.82%	13.41%	7.26%
2013.12.31	3592	1848.36	16576.66	34.99%	29.60%	26.50%
2014.12.31	4236.28	2058.9	17823.07	17.94%	11.39%	7.52%
2015.12.31	4593.27	2043.94	17425.03	8.43%	−0.73%	−2.23%
2016.12.30	4863.62	2238.83	19762.6	5.89%	9.54%	13.42%
2017.12.29	6396.42	2673.61	24719.22	31.52%	19.42%	25.08%
2018.12.31	6329.96	2506.85	23327.46	−1.04%	−6.24%	−5.63%
2019.12.31	8487.71	3168.8	28135.38	34.09%	26.41%	20.61%
年化回报率	13.02%	8.29%	8.91%			

数据来源：万得资讯。

可见，在 2004 年到 2014 年全要素生产率提升最快的时候，纳斯达克 100 和标准普尔 500 的收益率都是最高的。另外，同期纳斯达克 100 指数相对于标准普尔的回报率的差值也比较高。也就是，1994年之后，新行业和传统行业的收益率显著拉大。

所以，全要素生产率的提升是超额收益率的重要来源。当破坏性创新发生时，有创造力的领域也会有超额收益率。

4. 创新产业回报率的案例

熊彼特和斯蒂格利茨讨论了在有创新的环境下，积极创新的企业将获得垄断利润，处在劣势的企业没有利润并逐渐退出市场。

以中国的PC互联网为例，初期发展起来的是门户网站，然后是BAT等各类公司。经过长期的竞争，目前留下来4家公司，电商的阿里巴巴和京东，主要用游戏变现的腾讯和网易。其他公司如盛大、新浪、搜狐逐渐衰落。

从中国的移动互联网来看，尽管出现过陌陌、微博、快滴拼车、饿了么、映客、摩拜、VIPKIDS，但是最终的赢家是头条、拼多多、美团、快手、哔哩哔哩和蚂蚁这些公司。最终每个领域出现各自的龙头。移动支付领域的支付宝和微信，信息流领域的头条，本地生活的美团，短视频的抖音、快手和哔哩哔哩，电商的拼多多。类似于直播这样的领域，独立玩家如映客和熊猫都消失了，当前最大的是头条和快手；类似于共享单车的领域，早期的摩拜和OFO都消失了。

积极创新的移动互联网公司逐渐从PC互联网巨头那里获得了更多的份额，移动互联网当中处于弱势的企业最终逐渐消失。拼多多从阿里巴巴和京东那里抢了更多的份额。头条从百度那里抢走了广告业务的份额。尽管大家还在玩游戏，但是短视频和直播抢走了越来越多的娱乐时间和支出。五年前iOS的畅销榜前十都是游戏，如今抖音、腾讯视频、爱奇艺和哔哩哔哩进入了付费榜前列。

头条、美团和拼多多的回报率超过了同时代的其他移动互联网公司，也超过了上一代的腾讯、阿里巴巴和百度。创新创造了更多的价值和回报。以上互联网公司在过去两年的股价表现见图6-4，代表互联网公司投资回报率见表6-5。

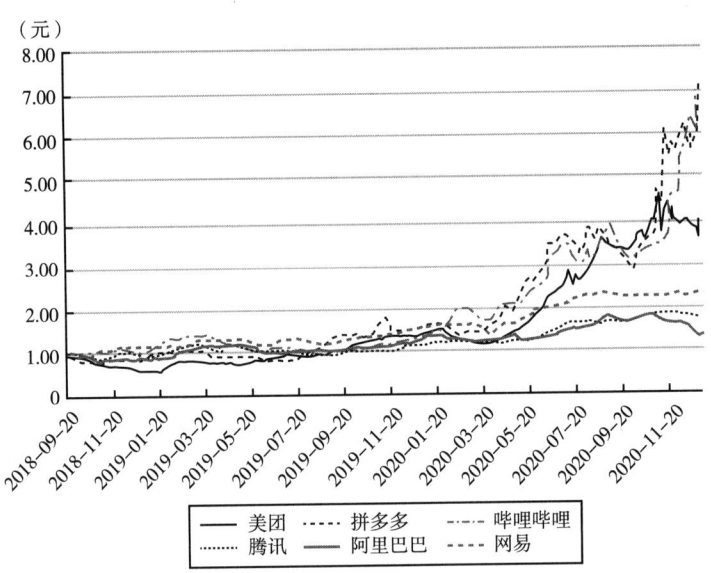

图6-4 主要互联网公司在过去两年的股价表现

表6-5　　　　　代表互联网公司投资回报率　　　　单位：元；%

代码	名称	20180920	20201231	同期回报率
PDD.O	拼多多	22.97	177.44	672
BILI.O	哔哩哔哩	13.81	89.52	548
3690.HK	美团	72.35	293.39	306
0700.HK	腾讯	320.45	565.10	76
BABA.N	阿里巴巴	163.13	233.44	43
NTES.O	网易	38.93	95.58	145

数据来源：万得资讯。

移动互联网公司电商的代表拼多多在过去两年多涨幅最大，其后是短视频公司哔哩哔哩和本地生活类巨头美团。上一代PC互联网的代表腾讯、阿里巴巴和网易是各自领域的赢家,但是回报率显著低于新一代移动互联网的代表。

同样的事情发生在生物制药领域:生物制药领域过去几年的主要新药是PDI。PDI的龙头企业主要是恒瑞医药、百济神州、信达生物和君实生物。除了恒瑞,之前传统医药行业的龙头还有中国生物制药和石药集团。

从信达生物上市至今的主要制药公司的表现见图6-5。

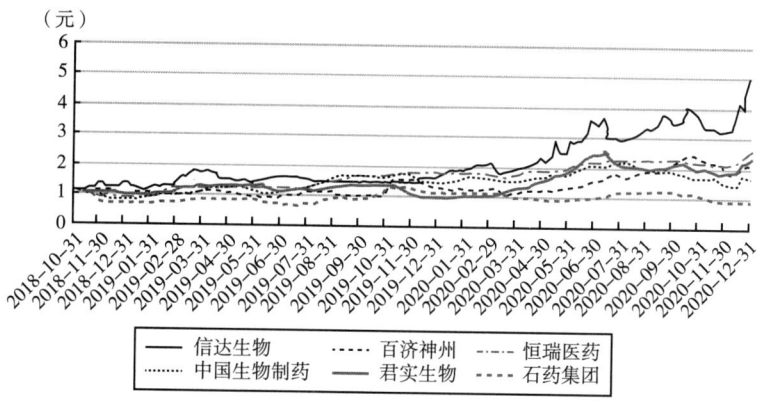

图6-5 主要制药公司的股价表现

数据来源:万得资讯。

主要医药龙头上市公司投资回报率见表6-6。

表6-6　　　　主要医药龙头上市公司投资回报率　　　　单位:元;%

代码	名称	20181031	20201231	同期回报率
1801.hk	信达生物	15.08	80.94	395
BGNE.O	百济神州	125.94	255.40	133
1093.hk	石药集团	16.48	7.95	-2
1177.hk	中国生物制药	7.00	7.52	71
600276.sh	恒瑞医药	60.76	111.49	176
1877.hk	君实生物	—	54.04	139

数据来源:万得资讯。

从 2018 年 10 月 31 日的市场低点到 2020 年 12 月 31 日：PDI 生物医药领域的赢家信达生物回报率为 395%，位列第一；拥有 PDI 的传统医药龙头恒瑞上涨 176%，回报率为第二；PDI 的另外两个赢家君实和百济的涨幅分别是 139% 和 133%。传统医药的第二名中国生物制药涨幅为 71%，石药集团涨幅为 -2%。

创新医药龙头信达的回报超过了恒瑞；创新医药的另两家公司百济神州和君实生物的回报超过了中国生物制药和石药集团。创新公司的回报超过了传统公司，创新龙头有高回报。

无论是生物制药还是互联网，新一代的创新龙头公司的回报率超过了上一代的龙头公司，创新创造了高回报率。

6.5.3 创新对企业和国家的影响

1. 创新导致企业超额收益率上升

收益率高低取决于两个要素：生意创新扩张的速度，生意的网络效应、学习曲线和品牌强弱决定的生意好坏。前者决定价值扩张的快慢，后者决定价值如何分配。越是信息经济，信息传递得越快，信息就能够有效地传达到每一个人，生意扩张的速度就越快。信息传递的快慢很大程度上依靠的是通过互联网做数据积累、大数据和软件进行分析、一定程度上的人工智能做运营判断。在信息经济下，数据的多少、数据分析运营的能力开始成为重要的竞争能力。

腾讯的数据多于头条、时长多于头条，但是数据分析能力比头条差很多，广告收入最终远小于头条。从实物资产到用户再到数据，有价值的资产发生变化，同时各类资产对应的护城河也不同。实物资产年代的护城河主要是规模经济，用户资产时代的护城河主要是网络效应，数据资产时代的护城河主要是数据的智能利用能力。也就是，数据越多、体系的智能化能力越强,无论是用户需求满足、管理体系能力提升,还是供应链能力的提升,都依靠数据的积累和算力的提升。信息快速渗透导致经济快速增长,数据快速积累单个用户价值上升、单用户成本下降,或者单个数据的价值提升、单个数据的成本下降。

用户多了,品牌是否加强、可以涨价?用户多了,是否有学习曲线、效率提高?用户多了,是否有网络效应、提高人均消费支出?用户多了,是否人均服务对象上升、产能利用率提升?用户多了、销量大了,采购成本能否降低?数据多了、算力大了,推荐能力、决策能力能否提升?这些都归结于随着用户的增加、单个用户的价值是否上升?

用户多了以后,组织的人员数量增加。组织是否可以加强?人员能否相互促进分享经验?更强的人能否到来?组织分工是否有效?最终的判断标准是组织的人均产出是否提高。

用户增加以后,单个用户的服务成本是否下降,也是学习曲线的重要表现。核心标志是每个运营单位在数据加强以后服务效率是否提高(也就是人均服务的客户数是否提升)?每个客户是否被服务得更好了?供应商随着供应量增大效率提高、单位成本降低同时服务品质优化。

信息在消费者、组织和供应商的传播速度决定了生意的扩张速度;信息在消费者与消费者之间的联系强度、消费者与品牌之间的联系强度、商家与商家之间的联系强度、品牌与供应商之间的联系强度决定了生意的好坏。信息触达用户、和用户建立了联系,生意就开始了。同时,信息联系的强度决定了生意有多好。其中,信息在组织内的传递速度和彼此的联系强度决定了组织的强弱。所谓创新,也就是创立之前没有建立(无法建立)的信息联系,联系构建的速度决定了创新的强度,而信息联系的强度决定了生意的好坏。

综上所述,信息和生意的关系构建过程首先是信息快速地低成本复制,然后在用户品牌和供应商之间构建紧密的联系，最后表现为新增运营单位或者新增客户的投入产出高低。如果联系紧密、投入产出率高，那么就是好生意；反过来是差生意。

2. 超额收益率上升的结果

电信、媒体和科技行业持续创造大的机会的原因是通过创新塑造网络效应、拓宽了规模的边界。

以 FAAMNG 为例，Facebook 改变了社交方式和媒体传播模式，从纸媒到电视都被逐渐替代；Apple 的 iOS 替代了一切的电影院、有线网络、游戏机，一切娱乐业都要交纳苹果税；亚马逊是云市场的领导者，同时在电商领域有巨大的规模经济不断扩大零售领域的份额。微软也是云市场的领导者。Neflix 逐渐成为长视频市场的领导者，基于全球的巨大的规模经济使其在全球范围内获得更大的市场份额。Google 的安卓是娱乐的平台，YouTube 是短视频唯一垄断公司，Waymo 可能成为自动驾驶的技术平台。

Google、Apple、Neflix、Facebook 基本垄断了娱乐业和传媒业；Amazon 在零售当中垄断，Amazon 和 Microsoft 垄断了欧美的云。从 IT 到媒体娱乐，再到零售，一个个领域都被几个大公司占据。

企业上云进而导致大数据的利用、软件的使用乃至人工智能的逐渐普及，带来的是企业管理边界的不断提升。企业上云意味着数据更高效率的存储、传输和计算。大数据和各种软件的使用使管理的边界大幅度扩张，以往制造业受到厂长的约束而服务业受到店长的约束，以后这些约束基本上不存在了，更加快速的扩张和更加显著的规模经济使企业的集中度上升。互联网优化了企业和用户的沟通；各种视频系统对于企业内部管理优化，各种机械和机器人不断优化产品品质提升效率，使无论企业内部还是外部运营和管理能力加强，企业的规模边界大幅度扩张。这些都有利于各个领域的领导者以及现有的 IT 巨头逐渐在各个领域扩张。

由于新的互联网技术大幅度加强了网络效应。随着经验、数据被物化为软件，随着上云和人工智能的发展，学习曲线效应被大幅度加强，大公司的组织边界也持续扩张。以往的技术进步一般会由很多公司实现，而这一次由于技术扩张速度快和网络效应以及学习曲线导致的规模回报的递增，新的领域往往垄断在少数公司手中。处在对方领域的竞争者不断丧失份额失去价值。所以市场当中领导者和多数公司的马太效应日益增大。

创新的网络效应和学习曲线使大的互联网公司和软件公司主要出现在美国和中国：大型软件公司当中只有 SAP 和 Shopify 不是美国企业；大的芯片公司中只有三星、台积电、ARM 不是美国公司；大型互联网公司只有 yahoo 日本不是美国或中国企业；大型 IAAS 公司基本都是美国或中国企业。

对于网络公司，它是需要有一个非常大的基础用户群才能在网络效应显著的世界里存活；软件公司要囊括足够的管理经验，同时有利于全世界的用户对话分享；云和芯片都是学习曲线和规模经济巨大的行业，小的经济体难以支持。

信息经济占全球的比例越来越大，小国又基本上做不了，逐渐被大国的领导企业垄断。这导致信息产业大国的人均收入会显著高于小国，大国和小国在信息时代收入会拉开。

3. 大国的网络效应和规模经济

前面分析了公司的创新和护城河，现在分析国家的创新和护城河。国家间很重要的差别是国家大小不同导致的人均资源不同、规模经济不同和网络效应不同。

在工业社会之前的狩猎社会和农业社会以及工业社会的早期，人均资源的拥有量是决定人均收入的最重要因素。哪里地广人稀，哪里的人均收入就高。典型就是依靠石油的中东和依赖矿产的澳大利亚。

在工业社会的后期，当技术和资本的重要性上升而资源的重要性下降以后,大国的网络效应和规模经济就体现出来。大国规模效应包括市场的网络效应和规模经济、研发的网络效应和规模经济、文化的网络效应和规模经济以及制造的规模经济,其中前三者日益重要。

产品的研发、生产制造和营销都要日益接近终端市场,所以市场的网络效应和规模经济非常重要,大国才会有很全的产业、才会在每个产业都可能有自己的品牌。市场具备显著的网络效应。随着市场当中人数的增加,每个人可以和更多的人交易,使人均消费额会上升。最终市场当中人数越多,人均消费额就越大,总交易额也就越大。

此外,人口越多GDP越大的国家潜在市场越大,会使厂家针对该国订制产品以及把生产转移一部分到该国并大规模营销,这会使该国企业比较容易从其他企业学习产品设计以及制造。同时,巨大的市场规模可以容纳多个企业并存,为本土企业出现奠定基础。本土市场巨大,存在多样化的需求,给本土的消费品企业带来差异化的机会。本土企业占领下游,会给更多本土上游企业机会,使整个产业链发展起来。典型的就是电子产业链,先是富士康转移产能到中国,中国企业基于安卓平台可以针对中国市场设计产品,从而华为、小米、OPPO等公司崛起,然后镜头、音箱、天线、机壳等产业都逐渐转移到中国。

研发更具有网络效应。研发人员有互动交流可以提高研发的效率,互联网上内容创作者和用户的互动也会促进创作。根据研究,在一个城市研发人员的数量翻倍会使人均研发产出增长20%。研发的学习曲线和规模经济对于硬件产业具有决定意义。无论是汽车、高铁、大飞机、芯片、镜头还是AI,都需要大规模的研发支出投入,小国在很多产业上是没有办法投资的。研发的网络效应可以使各种高科技产品得以研发出来,而且研发费用可以在巨大的用户量当中分摊。同样,学习曲线也意义巨大,镜头是典型的学习曲线生意,别的镜头公司赶不上舜宇,舜宇赶不上大立光。芯片领域也是典型的学习曲线生意，英特尔用多少钱都做不出量产的 10 纳米芯片。梁孟松在三星做出来 14 纳米芯片，在中芯国际连续突破了 14 纳米芯片和 7 纳米芯片。这是典型的学习曲线，经验发挥作用。

文化的网络效应、品牌和规模经济类似于研发的网络效应和规模经济，对于实体和虚拟的消费品行业非常重要。对于文化产业行业，只有大国才能够基于自己强大的文化属性抵御住强势文化的渗透，构建自己的文化产业。例如全球的大互联网公司主要来自于美国和中国，就是因为中国人口众多且有自己的文字和文化，所以能够在巨大的互联网用户上构建中国互联网模式；对于娱乐业，由于有独特的历史文化可以形成众多的 IP，形成层出不穷的优秀作品，基于众多的用户相互分享，从而做大产业。例如，国内的游戏梦幻西游和大话西游创作灵感都来自《西游记》。对于消费品行业，人口众多而且文化悠久可以形成大量的消费品牌，例如贵州茅台、海天味业这类生意。

制造业包括制造过程当中也存在规模经济、网络效应和学习曲线。由于市场庞大且大量出口，中国很多产业的规模是全球最大的，因而在非劳动力密集和非资源密集的行业当中具有成本领先的特性。制造业当中的网络效应表现为集群效应，大量的产业聚集在一个区域，使供应链高效率、低成本而且人才密集。从而使集群内的企业都可以实现高投入产出。大量的产品经理和研发人员构建的学习曲线也是重要的优势，有经验的工人以及产品经理在中国可以充分供应，而且效率高于其他区域的人员。这也使某一企业想退出中国市场，需要全产业链转移，大幅度增加了转换成本。AI 的发展和机器人的出现，也会减缓低端产业从中国转出的速度。

由于市场、研发、文化、制造的网络效应、学习曲线、品牌和规模经济，中国很多产业都会有投资机会，例如汽车、电子、互联网、软件等领域。

巨大的网络效应和市场规模还会给企业带来更大的成长空间和更快的增长速度。全球的初创企业都差不多大，能够做多大和市场有多大密切相关，大国的市场可以为企业提供大的增长空间。学而思、华住、茅台、碧桂园都有可能因市场巨大而成为所在行业全球最大的公司。

在制造业社会国家之间的差异主要是规模经济，到了服务业社会除了规模经济网络效应也非常重要。一个城市就是一个网络、一个生态系统。人口越多、人口之间的交互越多、不同人群的差异性越大、人群跨阶层的流动越多，这个城市的价值越大。一个大城市的总收入、总的创新数量和一个小城市收入以及创新数量的差别符合梅特卡夫定律。一个城市人口每增加100%，人均收入也可能增加100%。

很多的新产业和一个城市的人口数量以及人口密度密切相关。例如电商、外卖、共享汽车，这些产业的每单成本和区域内的人口密度密切相关，因此人口高密度有利于共享经济的产生和发展。进入AI时代，这种特征会更加明显，人越多、数据就会越多，千人千面、无人驾驶、送货机器人、服务机器人都需要大量高密度的需求来快速降低成本以实现快速渗透。

只有规模化才会实现差异化。城市人口越多，每种细分需求的规模就越大，越容易形成产业，反过来导致该城市的生态越丰富、供给的差异度越大、生活品质更高、吸引更多的人口迁入。一个区域的人口就业密度每增加20%，人均的专利数量也会增加20%。同时，各国最大城市占该国人口的比例相对稳定。所以，中国大城市的人口数量会继续增长，人口密度也会达到全球最高，最终使中国大城市的人均收入水平超过其他发达国家大城市的人均收入水平。这种聚焦效应已经体现了出来，例如北京的创新企业数量占全国50%，中国大量尚未上市的独角兽网络公司都在北京。北京和硅谷成为全球的创新中心。

中国有全球最多的人口，会有全球最大的城市以及最高的人口密度，这些城市的人均收入也会在未来接近全球最高水平。城市网络效应的结果是使中国的服务业更发达，人均发明专利更高，最终人均收入也越高。在服务业时代、在网络时代、在 AI 时代，人口的数量成为发展的优势，大国比小国发展得更好、人均收入也更高，日益成为趋势。

中国人力资源素质的提高是未来经济发展和人均收入提升的根本。过去十年，中国的研发人员数量以 11% 的年化复合增速快速增长。截至 2015 年，中国研发人员数量已达到 380 万，为美国的 3 倍，全球之最。中国大学本科及以上学历的毕业生数量以每年 8% 的速度增加，其中研究生的数量增长更快，而理工科毕业生的占比超过 40%。更为重要的是，2016 年"海归"的数量已超过 43 万名。

在人口老龄化的背景下，中国的劳动力供给已经开始出现下滑，中国的人口红利正日益减弱。结果是中国密集型产业的竞争力丧失，逐渐向海外转移。但是由于中国大学毕业生（尤其是研究生）数量多且工资低，这将使中国的研发成本持续低于外国的水平，使全球的研发以及研发密集产业（技术密集产业）逐渐向中国转移。例如，医疗当中的医药合同研究组织产业（Contract Research Organization，CRO），一方面跨国公司将部分研发工作向新兴市场 CRO 企业外包；另一方面新药研发中中国企业占据越来越多的份额，这都显示研发向中国转移。

从图 6-6 可以看出，受过高等教育的毕业生数量逐年增长。过去五年，中国平均每年创造出 20 万个研发岗位，但理工科大学毕业生数量约为 300 万名（包括 20 万名海归和 30.6 万名硕博研究生）。如图 6-7 所示，中国研发人员的薪酬仅为美国同等职位的 10%~20%。有限的研究岗位巨大的毕业生供应导致和美国相比，中国各行业研发岗位薪酬都明显偏低。人才市场的供需失衡是导致中国工程师薪酬偏低的重要原因。

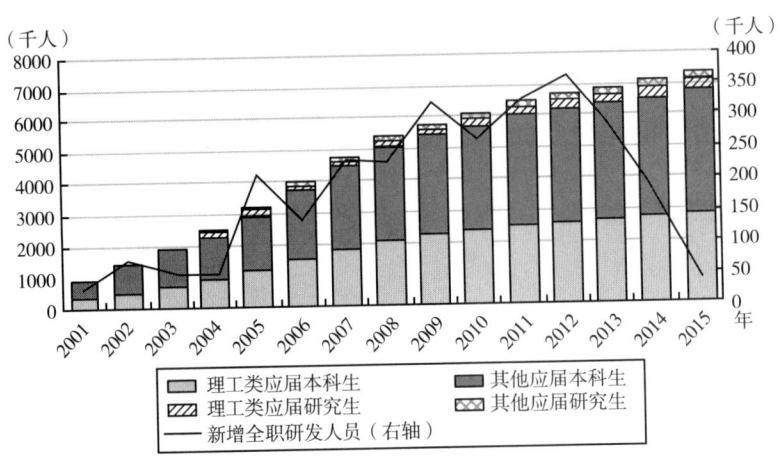

图 6-6　高等教育的毕业生数量

数据来源：CEIC，千人。

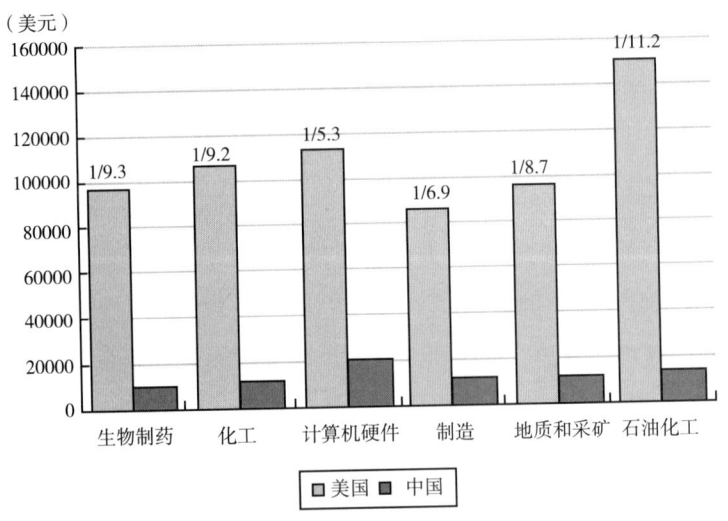

图 6-7　中美研发岗位薪酬对比

数据来源：《中国科学技术统计年鉴》、美国劳工部。

可以想象，未来会发生两件事情。一是研发需求大幅度增加导致研究岗位的大增，可能从 20 万到 200 万个，这主要来自中国市场本土的研发需求上升以及海外的研究岗位向中国转移。二是随着中国研发人员的研发能力不断增强，研发人员的工资也会逐渐和美国接近。驱动因素则是中国在各类研发密集的产业上规模快速增长，带动大量研发需求。这一点可以从图 6-8 看出来，中国研发人员数量整体年均复合增速达到了 11%。

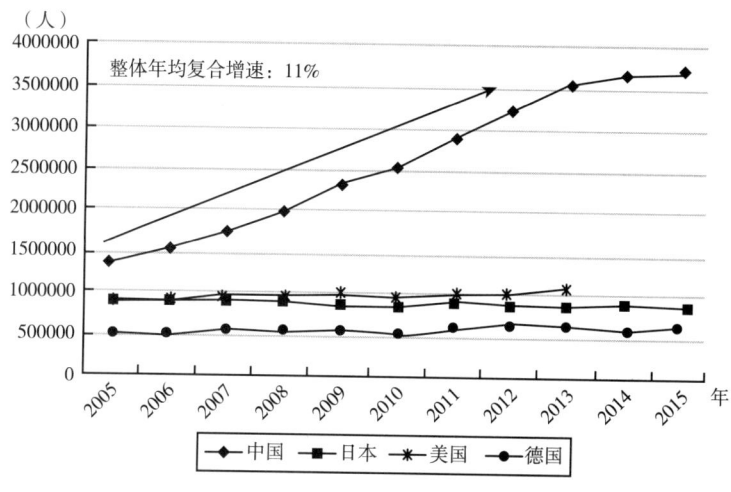

图 6-8 中国研发人员数量增长趋势

因此，为吸引高级研发人才尤其是海外人才从而提升各行业的研发能力，国家需要构建资本市场的创业板，帮助企业高效融资提供研发费用，并帮助研发人员实现个人价值。

6.5.4 创新带来的超额收益率逐渐上升的原因

1. 不同阶段创新对于经济增长的作用不同

美国和中国不同：中国人均 GDP 2019 年达到 1 万美元。美国人均 GDP 达到 1 万美元是在 1978 年。二十年前，1998 年中国人均 GDP 在 828 美元，这正好是美国1929年附近的水平。中国在1998年到2018年经历了美国从1928年到1978年的发展轨迹。中国的经济增速是13%,美国的经济增速是5%。作为中国投资者,在二十年间经历了美国在五十年间的产业变化。中国市场的效率也逐渐进化到了类似美国1978年的情况。但是中美之间的速度差很难维持,过去四十年美国的人均GDP从1万美元增长到6万美元,中国大约也需要类似时间完成。

图6-9是以1万美元作为基准,各国(地区)在达到1万美元之前过去四十年的历年人均GDP。可以看出,在人均1万美元之前,日本等国家和地区的增速都高于美国。这就是所谓"学习—赶超"的东亚模式。

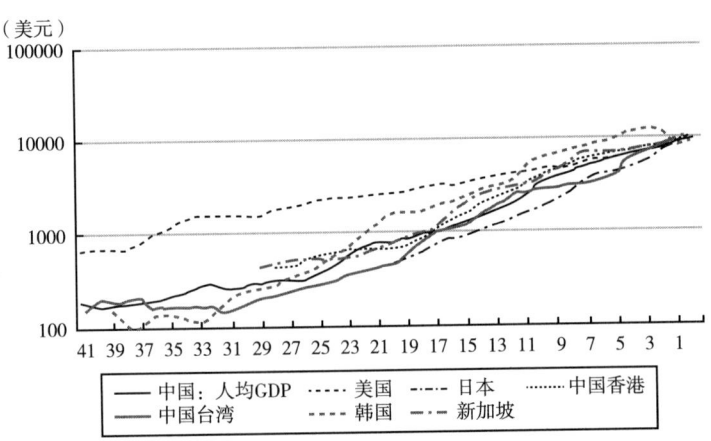

图6-9 各国(地区)人均GDP 1万美元之前的发展趋势

数据来源:万得资讯。

去掉美国以后看得更清楚。

从过去四十年的发展来看,在人均GDP发展到1万美元之前:中国人均GDP前四十年的增速与韩国等类似;前三十年的增速与新加坡等的类似;前二十年的增速和日本的类似。由于中国过去的GDP的增速和日本等的高度类似,所以认为未来的增速也和日本等的类似。除美国外各国(地区)人均

GDP 1 万美元之前的发展趋势见图 6-10。

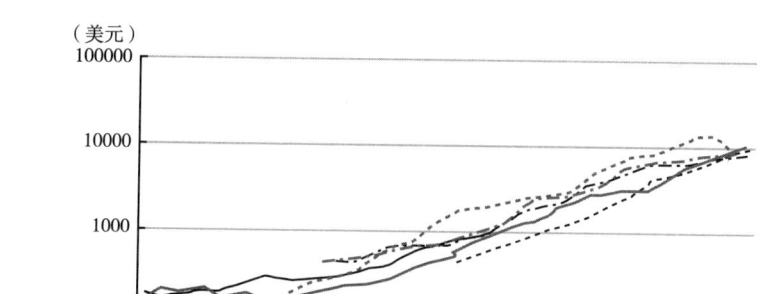

图 6-10　除美国外各国（地区）人均 GDP 1 万美元之前的发展趋势

数据来源：万得资讯。

从图 6-11 可以看出，在超过 1 万美元以后，日本等国家和地区人均 GDP 增长趋势开始分化。但是，亚洲国家和地区的平均水平和美国的类似。

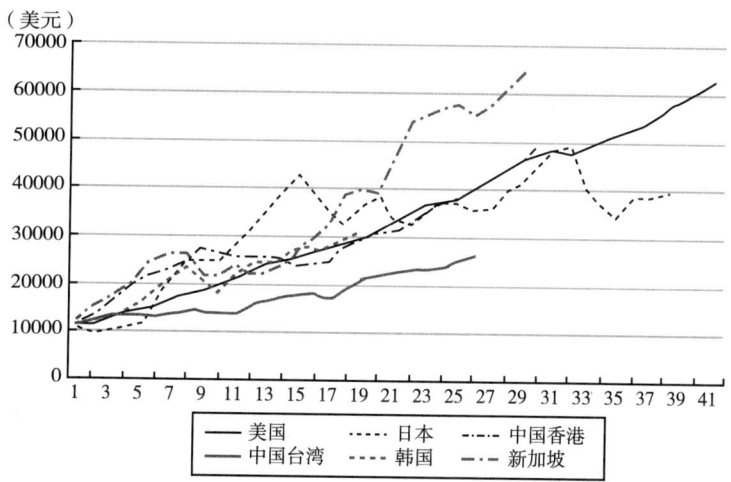

图 6-11　各国（地区）人均 GDP 超过 1 万美元以后的发展趋势

数据来源：万得资讯。

用图6-12的数据可以同时反驳两种观点：一种是克鲁格曼的观点[211]，即东南亚金融危机时候认为东亚模式主要靠高储蓄和高投资，容易陷入中等收入陷阱，难以持续增长。但是最近二十年日本等国家和地区的人均GDP都超过了2万美元，证明东亚模式存在创新，具有可持续发展动力。另一种是东亚模式神话的观点[212]，这种观点认为东亚模式是独特的，优于其他模式。但是在1万美元以后亚洲模式的平均水平和美国没有区别，也验证了亚洲模式之前主要是后发优势的可以快速吸收投资和技术的模式。但是当发展水平开始接近，需要通过创新而不是模仿来发展的时候，东亚各国（地区）和美国的发展速度类似。

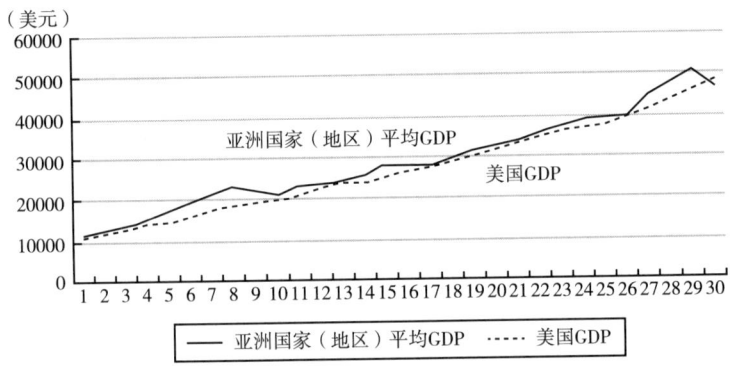

图6-12 亚洲国家（地区）的平均GDP水平和美国比较
（超过10000美元后）

数据来源：万得资讯。

所以关于国家的创新结论比较清楚：后进国家通过开放引进技术，技术进步的速度比自我研发要快，所以可以有更快的发展速度、也能够获得超额回报率。这种模式的前提是保持开放可以学习，同时组织可以迭代提高生产率。

当后进国家接近先进国家的时候，一方面没有那么多的现成技术可以学习借鉴了，另一方面先进国家也会努力通过技术封锁或者专利保护的模式制造后进国家的学习障碍。此时后进国家需要以自己研发为主，创新的速度很难超过先进国家，结果发展速度开始趋同。但是只要坚持创新提高技术，收入水平可以持续提高。一旦遇上新的技术革命，也可能弯道超车。例如，中国在互联网的发展上接近美国，超过了其他发达国家。最近在新能源车研发上接近了特斯拉，在光伏产业发展上实现了全球领先。

2. 当前中国的发展阶段

由于当前中国处在美国1978年的发展阶段，除了互联网超前发展和美国类似以外，其他领域基本和美国当时的情况类似。1978年的时候，美国制造业已经成熟开始转移，重点发展的是第三产业（尤其是连锁服务业），同时软件产业开始快速发展。中国的制造业还在发展，连锁消费正处在快速增长时期，未来软件产业也会快速发展。由此，中国市场制造业还有机会、消费和服务行业有机会，TMT等软件行业也有机会。所以，基金经理比较容易战胜市场，市场效率也相对较低。

美国不同，多数产业已经发展成熟，只有TMT和生物制药领域还有比较快速的发展。其他领域需要在TMT产业的技术出现外溢以后、带来商业模式创新才有较大的机会。

3. 创新的主要驱动因素是教育

人均收入增长最主要的驱动因素是人均资本含量和创新，创新主要用人力智力资本来衡量。研究主要是本科及以上学历人员做的事情，所以本科生占人口的比例可以非常好地解释人均收入的增长。

计算得出，中国人均GDP与本科生比例的相关系数为0.99（见图6-13）。

未来本科生占比和美国1万美元以后的人均GDP变化高度相关：美国1万美元以后的人均GDP和中国本科生占比的相关系数为99.7%（见图6-14）。

对于未来中国本科生的占比进行预测，未来四十年中国本科生占所有人口的比例会从当前的5%上升到25%。人均GDP从1万美元上升到5万美元左右。

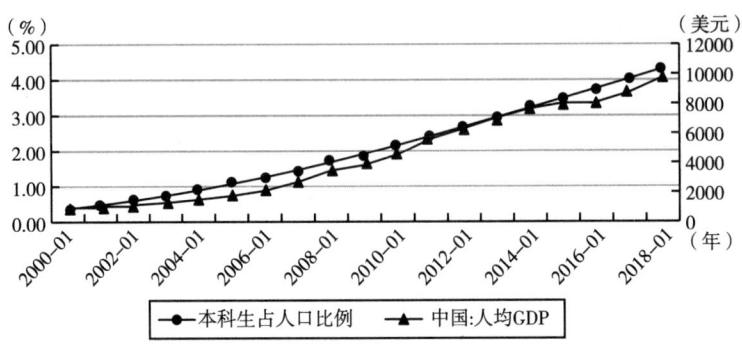

图 6-13　中国人均 GDP 与本科生比例的增长趋势

数据来源：万得资讯。

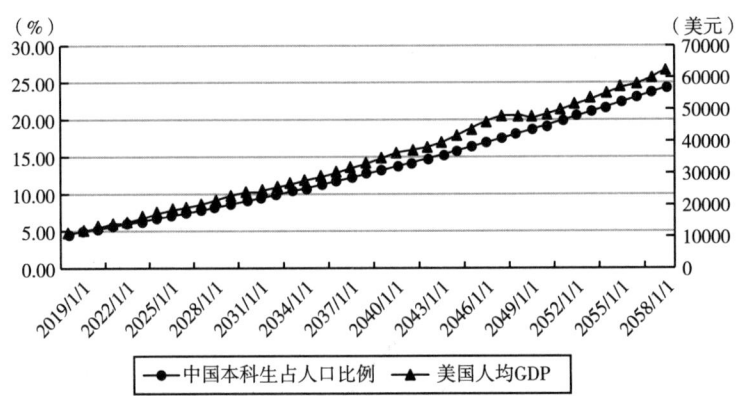

图 6-14　未来的本科生占比和美国 1 万美元以后的人均 GDP 变化趋势

数据来源：万得资讯。

所以无论过去还是未来提升人均收入主要依靠创新，而创新来自于人均教育水平的提升。

综上，创新创造高收益在产业适用，也在国家之间适用。一个国家创新主要来自于受教育水平提升带来的人力资本的提高。企业的创新也是通过提高本科生等科研人员比重来实现的，先是学习应用新的技术，再是开发应用新的技术。

4. 大国经济带来的产业超额收益

（1）大国环境红利

基于巨大的市场、工程师红利、充裕的资本和激烈的竞争，中国企业会在未来几十年持续拥有非常多的投资机会。

①巨大的市场。十年后中国会有 13 亿人口，其中 10 亿人为中产。总人口以及中产的数量和美国、欧洲之和一样多，人均 GDP 超过 2 万美元。2019 年中国的消费品零售规模达到 41 万亿元，超过美国消费品和食品 5.26 亿美元的销售规模。中国的市场未来会持续增长，十年后消费品市场会达到目前的 2 倍，接近欧盟和美国的总和。

②工程师红利。中国学生尤其是理工科毕业生不但数量多而且勤奋。在中国，加班是家常便饭：2020 年 11 月在产能 1 万辆不变的情况下，特斯拉通过工作 7 天和"三班倒"把产量提升到了 2 万辆。通过国产化，特斯拉 MODEL3 在中国的制造成本大大低于美国。

中国互联网企业纷纷出海，但是研发基地大部分在中国。在中国可以招聘到大量勤奋的产品经理和研发人员，而这在很多国家非常困难。Tencent、Sea、Yala、Bigo、SHEIN 就是依靠中国的研发团队迅速迭代产品。

③充裕的资本。中国在 2019 设立了创业板，加速了科技企业上市。在之前，港交所修改了上市规则，允许没有盈利和 AB 股不同权的企业上市。2020 年中国大量的互联网、软件、芯片、新能源车、光伏、生物制药企业在 A 股、港股和美股上市。

快速便捷的融资、科创板等给予了较高的估值，使中国高科技企业有了充足的资本支持。充足的资本提供了充足的研发费用，为科研人员提供了良好的研发环境；资本也提供了强大的激励，科研人员有了造富的机会。大量优秀的研发人员从美国等发达国家回国创业，实现迅速的技术追赶。

④激烈的竞争环境。迈克尔·波特在《国家竞争优势》[213]中指出，国

内的竞争环境决定了该国产业的竞争能力。中国有全球最大的国内市场，同时市场竞争非常激烈。

由于没有强大的反垄断法，人力雇佣相对自由，容易形成自由和充分的竞争。市场广阔，可以让更多的企业生存。中国企业喜欢进入快速增长的领域，和已有的玩家展开竞争。大量的人才在竞争和激励下忘我的工作，充裕的资本使每个领域的企业之间展开激烈的竞争。在光伏、在线教育、新能源车、社区团购等各个领域都有很多企业展开了激烈的竞争。竞争的结果是产生优秀的商业模式、高效的运营和领先的组织。

（2）大国环境带来的投资机会

①持续成功的中国企业。激烈的竞争同时促进了创新。中国有了越来越多本土产生的创新，这些创新处在全球领先的位置。现在全球40%最畅销的游戏都是中国研发，例如：PUBG、王者荣耀、Free Fire、元神；在娱乐方面，中国Tiktok、Bigolive、Yala占据越来越多的份额。在电商方面，SHEIN在全球快速扩张了份额。

在制造业方面，中国在全球光伏领域占有50%以上的份额，在手机和新能源车领域所占的份额也越来越高。中国的光伏行业经历了二十年的发展周期，凭借着技术不断进步、不断扩大的规模以及更高的效率，使光伏各个环节的成本全球领先，最终占据了全球50%以上的光伏份额。随着华为、小米、OPPO、vivo的出海，中国手机企业在海外占据了越来越多份额，全球六大手机品牌中中国有4个。中国新能源车市场在2020年放量，蔚来、理想、小鹏和比亚迪在全球新能源车市场当中处于领先地位。

中国互联网行业的全球化战略开始初显成效；由于智能手机的出现，中国出现了全球性的手机品牌；由于新能源车的出现，中国可能诞生几十年来全球新的汽车品牌；随着生物制药领域的蓬勃发展，中国在某些创新药领域逐渐赶上全球先进水平，也会出现全球性的生物制药公司。大的产业创新给了中国经济弯道超车的机会。巨大的市场、大量的工程师、充裕的资本和激烈的竞争环境,帮助中国在创新领域出现了领导企业品牌。

②巨大的本土市场培育优秀企业。中国市场是10亿中产的市场,总规模和当前欧美市场总额类似。由于文化、语言相同以及互联网的作用,中国市场集中度会更高,在每个行业的最大公司的市值都会和欧美对应行业领导公司的市值类似。

③海外市场开拓发展空间。中国的企业已经开始大量出海,出海也会产生大量的海外收入和市值。届时发达国家的市场会增长,其他发展中国的市场也会发展起来。可以至少再造一个中国市场的规模。

我们会看到中国的麦当劳——海底捞、中国的星巴克——喜茶、中国的可口可乐——农夫山泉、中国的宝洁——蓝月亮、中国的雅诗兰黛——完美日记、中国的ZARA——SHEIN等。如果生意持续成功,这些中国公司十年后的市值会超过现在对标的美国公司的市值。

本章基于信息学和信息经济学的角度,解释了当前股票市场信息效率不够高的原因。基于信息经济学的创新创造了巨大的价值,解释了一部分的超额收益率;基于信息学的网络效应、学习曲线和品牌构成了护城河,企业可以创造尽可能多的价值,解释了另一部分的超额收益,可以充分应用网络效应的公司,会有几亿、几十亿的用户,用户相互介绍增加用户,用户和用户互动创造内容;网络提供了用户需要的各种产品,用户越多单个用户的价值越大,也就会创造更高的超额收益。

这解释了各类企业如何创造超额回报率,也解释了国家间的超额收益率来源。对国家而言,应当培养大量的大学毕业生,同时将资本引导向研发,构筑可以形成网络效应的产业集群和城市群。由于网络效应、学习曲线和规模经济的存在,在市场化的环境下人均产出就和总人数相关。最终人口最密集同时网络效应最充分的区域,就是人均收入最高的区域,中国也会成为高人均收入国家。

第 7 章
如何应用信息资源管理手段提升信息效率

7.1 大数据会提高信息的全面性和及时性

数据可以实时体现各种行为信息。在过去的若干年，互联网大数据的使用越来越普及，信息的全面性和及时性大幅度增加。例如，百度指数、Google trend 的使用以及淘宝数据的使用。百度指数对于互联网和消费品公司都适用，淘宝指数主要是对于消费品适用。

在大数据时代，投资者可以实时地了解到比以往更多的信息从而提高决策效率，采用大数据进行证券投资决策也有可能获得超额收益。本研究对于当前比较可行的证券研究大数据来源以及方法进行了总结，并就新浪微博和购物中心品牌的关系进行分析、对于百度搜索指数和股价走势的相关性运用回归模型进行了检验。

利用大数据进行各个领域的研究方兴未艾。国外从 2008 年就开始使用大数据进行证券市场研究，美国从 2008 年运用大数据研究通货膨胀，取得了不错的效果。中国已经有百度百发 100 和 i100 两个大数据基金。使用大数据进行证券市场研究，可以在很大程度上改变证券市场研究的数据来源以及研究方法，本书在这方面进行探索。

7.1.1 如何获得有用的大数据

1. 什么是和上市公司相关的大数据

（1）什么是和上市公司有关的有效信息

和上市公司有关的有效信息主要包括品牌信息、销量信息、价格信息、证券信息等。

品牌信息：这可能和公司名称和公司主要产品的关注度相关，例如微信、淘宝和茅台等。

销量信息：主要和公司具体产品的关注度相关，例如格力空调、农夫山泉的销售数据。

价格信息：主要和公司产品价格的关注度相关，例如房价、油价等。

证券信息：包括股票和债券的关注信息，主要是每个股票的搜索量。

不同的信息从不同的角度反映公司的经营状况或者投资者的关注状况，可以提供上市公司研究的不同角度的数据。

（2）上市公司有效信息对应的大数据

公司品牌名称、公司产品销量、产品的价格以及证券的所有关注信息构成上市公司对应的大数据，这些大数据可以帮助企业和投资者了解经营情况。

此类信息在早期主要是网站点击量信息，这些信息在 Alexa、百度等网站上可以查到。现在的公司大数据信息包括搜索信息、社交网站信息、电商网站信息。

2. 早期的网站数据显示网络公司的经营情况

早期可以统计的上市公司大数据主要是上市公司网站的访问量和点击量，这对于网络公司的经营状况具有很大的代表性，这些数据在 Alexa[①] 以及中国网站排名[②] 上可以获得，网站的访问量和网络公司的市值具有较强的相关关系。例如，Google、Amazon、Facebook、Twitter、淘宝、腾讯、百度。

3. 搜索行为是非常有价值的证券大数据

（1）搜索数据来源

对于非网络公司，非常有价值的大数据是搜索数据。全世界主要的英文

---

① 资料来源：www.alexa.com/。
② 资料来源：http://www.chinarank.org.cn/。

搜索数据来自 Google，中文搜索数据来自百度，这两个公司拥有各类搜索的搜索大数据。Google 提供的大数据产品是 Google Trends[1]，百度提供的大数据产品是百度指数[2]。Google Trends 和百度指数提供了上市公司最主要的大数据来源，最有价值的是这些数据都有历史记录，例如百度指数的数据是从 2006 年开始的。

（2）搜索数据的价值

任何在网络上的行为都会被记录，归集起来为大数据。互联网时代，由于传媒的平台和销售的平台越来越集中在互联网上，所以可以通过搜索量就知道关注度，进而可以预测销售量。

对于消费品，通过百度指数可以有效分析网民的消费行为。百度指数记录的是网民对于该消费品的搜索行为，一般情况下品牌搜索往往是新用户的搜索，对于价格和详细品类的搜索可能是比较成熟客户的搜索。

品牌搜索代表新用户的搜索。一旦品牌搜索增加，就意味着产品新用户的增加。这会带动收入和盈利的增长，最终导致股价的上涨。

4. 其他的大数据

（1）社交媒体数据

如今微信和微博成为重要的社交媒体，也提供了关于上市公司的大数据。一类是微信和微博对于公司品牌、产品乃至于证券名称的讨论数量。在微博上可以很方便查询到关于某个品牌的微博数量。另一类是某个品牌的粉丝数量，这基本上代表了该品牌的忠实客户数量。

这两个数量可以用来直接比较同品类不同品牌的影响力大小。万达广场、万象城和五彩城、大悦城微博信息与租金数据见表 7-1。

---

[1] 资料来源：http://www.google.com/trends/。
[2] 资料来源：http://index.baidu.com/。

表 7-1　万达广场、万象城和五彩城、大悦城微博信息与租金数据

公司	2014年上半年租金（亿元）	新浪微博数（个）	新浪粉丝数（万个）	租金/微博	租金/粉丝	微博/粉丝
万达广场	51.77	176661593	393	59	2635	45
万象城和五彩城	18.01	21938772	93	164	3868	24
大悦城	14.78	28891367	141	102	2096	20

数据来源：万得资讯、新浪微博。

比较万达、华润置地和大悦城地产三家公司在 2014 年上半年的投资业务收入：其中，华润置地包括万象城和五彩城两个子品牌，大悦城地产和万达都是一个品牌。万达广场的租金收入远高于万象城和大悦城。

通过新浪微博数的比较可见，含有万达广场的新浪微博数量远高于万象城和大悦城。通常来说，在购物中心当中消费一次可能发一条微博。微博数基本上表明了购物中心的累计消费频次。

从粉丝数量来看，万达的粉丝高于大悦城、大悦城高于万象城和五彩城。粉丝数量代表的是忠实客户数，因为忠实客户可能成为粉丝经常关注。

租金/微博的数量反映的是零售中的客单价。由于通常购物商场的租金大约占销售额的 20%，假定上下半年租金相等，反映到万达广场、万象城和五彩城、大悦城的客单价分别在 295 元、820 元、510 元。这种客单价和万达社区购物广场、万象城奢侈品购物广场以及大悦城时尚购物广场的定位吻合。

租金/粉丝反映了购物中心的每个客户的价值。从上述数字可见，万象城的每个客户价值最大，其次是万达广场，最后是大悦城。这和购物中心的定位仍然有关系，万象城和五彩城定位最高，每个客户贡献的价值仍然较高，但是客户价值差异已经远小于客单价。

微博/粉丝反映的是客户在购物中心的消费频次。显然，比较大众化的万达广场消费的频次比较高，高端的万象城、五彩城和大悦城的消费频次比较

低。这也使万达广场的单个客户价值和万象城、五彩城的差异没有那么大。

由于微博数可以反映消费的变化而粉丝数可以显示忠实客户的变化，通过对于新浪微博可以分析企业经营状况的变化和企业客户数的变化。这种变化的分析无论是对购物中心本身、入驻商户，还是对资本市场的投资者都有较大意义。

（2）电商的数据

消费品的大数据主要在淘宝、天猫、京东等几个平台上。这里既有每个商品的累积销量数据，也有每个商品的评论数据，两者同时构成消费品的大数据。在上市公司财务数据发布之前，从这些数据上可以即时跟踪消费品的销售数量。这些平台大数据的缺点是数据的时间段不够长。

（3）服务的评论数据

服务的大数据集中在点评、美团、58同城、携程等一些网站上。消费者在对于服务进行消费以后通常会给出评论，网站也通过各种方法鼓励评论。评论数和好评数的变化，体现了消费者对于商家服务的评判。

（4）第三方数据

第三方通用数据公司，例如互联网当中的 Questmobile 和 App Annie。前者对于中国移动互联网的数据进行分析，反映每家公司的月活、日活、打开次数和用户使用时间，采用 Questmobile 可以按周的频次和月的频次看到每个互联网 App 的流量变化。后者可以以日和月为频次看到下载量和收入。

例如，在 2020 年的新冠肺炎疫情期间（2月初）在中国的 App Annie 就可以看到在线办公和在线教育非常火爆，同时娱乐的 App 下载量上升。

2020 年 2 月 3 日，上班的第一天，远程办公软件钉钉、企业微信和腾讯会议就到了下载榜的前列。同时，学习强国、学而思网校快速到了下载榜前列。从付费榜可以看出，腾讯视频、爱奇艺居于前列，抖音直播开始进入付费榜前几名（见图 7-1）。

图 7-1　2020 年 2 月初 App 下载榜

数据来源：App Annie。

2020 年 4 月 30 日，腾讯会议和钉钉仍然在下载榜前列，显示远程视频办公即使在逐渐复工以后，仍然是刚需。提供直播的抖音短视频已经在收入榜排行第三（见图 7-2）。

图 7-2　2020 年 4 月上班第一天 App 下载榜

数据来源：App Annie。

海外的新冠肺炎疫情发生后出现了类似的状况。

美国 2020 年 3 月 13 日也考虑封城后，3 月 16 日的美国下载榜上位居第一名的是 Zoom、第三名的是教育领域的 Google Classroom，娱乐领域的 TikTok 进入下载榜前列、付费榜上的 Netflix 居于前列（见图 7-3）。

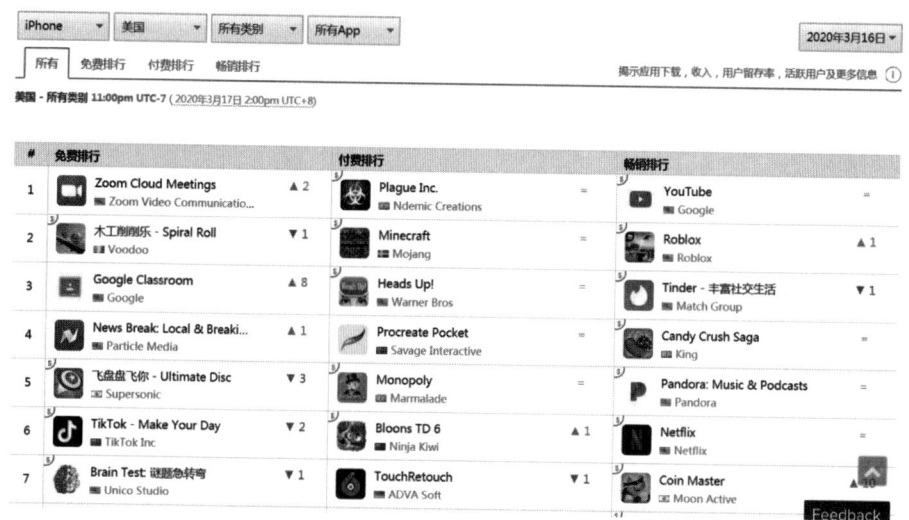

图 7-3 2020 年 3 月美国 App 下载榜

数据来源：App Annie。

2020 年 5 月 1 日，美国下载榜上 Zoom 仍在第一名，TikTok 排在第二名。在线办公趋势保持，在线教育的趋势变弱。在付费榜上，新上榜的是 Disney⁺（见图 7-4）。

由 Questmobile 的月度数据也可以看到趋势变化（见表 7-2、表 7-3）。

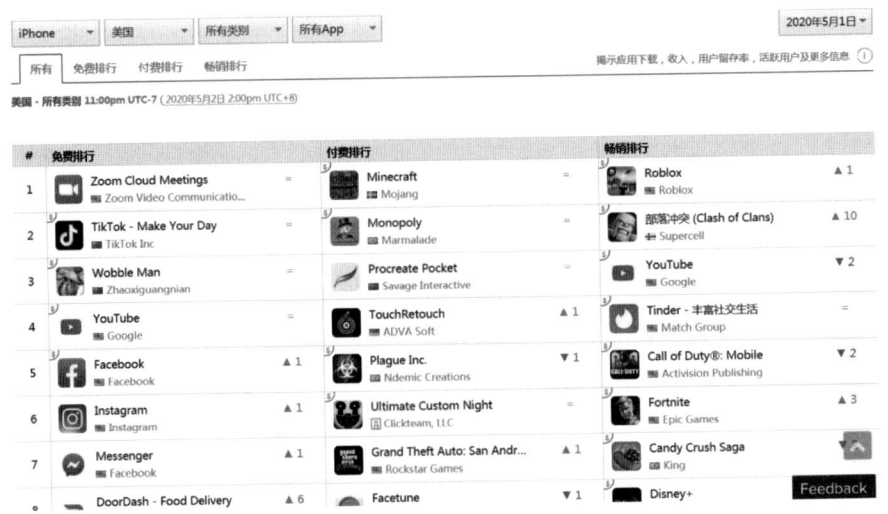

图 7-4 2020 年 5 月美国 App 下载榜

数据来源：App Annie。

表 7-2　2019 年 8 月—2020 年 3 月活跃用户数（iOS&Android）　　单位：万人

App	2019.08	2019.09	2019.10	2019.11	2019.12	2020.01	2020.02	2020.03
钉钉	5533	6114	6351	7066	7312	7443	21168	28772
腾讯会议	—	—	—	—	—	77	4726	15823
Zoom	50	47	38	38	38	49	338	391
学而思网校	286	225	187	172	177	255	1.53	698
作业帮直播课	143	190	293	315	335	270	1750	633
猿辅导	62	52	58	64	65	119	852	246
高途课堂	64	50	58	63	75	102	302	200
跟谁学	30	20	24	35	35	36	61	72

表 7-3　　2019 年 8 月—2020 年 3 月活跃用户数同比增长　　　　　单位:%

App	2019.08	2019.09	2019.10	2019.11	2019.12	2020.01	2020.02	2020.03
钉钉	61	70	73	85	80	80	413	517
腾讯会议	—	—	—	—	—	—	—	—
Zoom	—	—	64	38	31	66	1123	938
学而思网校	130	125	77	79	67	91	1134	582
作业帮直播课	301	379	652	719	653	526	4878	1767
猿辅导	83	142	114	118	38	179	1856	313
高途课堂	966	977	558	782	762	891	2091	1835
跟谁学	91	54	61	123	100	81	252	381

数据来源：Questmobile。

从上述数据可以看到，钉钉在新冠肺炎疫情期间的用户增长了几倍，腾讯会议从无到有获得几千万用户，Zoom 的中国用户在两个月增长了 900%；Zoom 的海外用户从 2019 年 12 月的 1000 万人增长到 2020 年 4 月的 3 亿人。同时，Google Meeting 和微软的 TEAM 的用户也同时呈数倍增长。

（5）收费的大数据

收费大数据是类似 YIPIT 等第三方抓取数据，对于主要的互联网公司和各种消费品公司都适用。每个月都可以跟踪公司数据，公司的数据可以得到比较快速的反应。跟踪的方法有网页爬虫爬数的方法；通常互联网公司比较常见。

餐饮业可以采用统计 App 本身的订单数的方法来监控企业经营状况。餐饮和服务业还可以根据门前道路拥堵指数的方法来跟踪企业经营状况，主要是上述方法都有助于对于公司销售额进行实时追踪。

众多互联网公司都对 Yipit 这个第三方数据公司不满意。Yipit 可以用各种方法抓取互联网公司的数据，而且通常非常准确。所以，在公司公布正式的财报之前可能股价早已上涨，也可能在公司公布财报之前股价早已下跌。

Yipit 比 Questmobile 强的地方是，Questmobile 只跟踪到用户数和时长，Yipit 通常可以跟踪到收入，更接近财务报表。Yipit 比 App Annie 强的地方是，App Annie 只能跟踪 iOS 和安卓付费的公司。Yipit 有可能跟踪其他消费品公司。

跟踪海底捞的好办法是研究海底捞的排队时长。海底捞的 App 提供了各个店的等位时间，根据等位时间可以观察店面的经营状况。

店里的流水号也是个办法，根据不同店的订单数可以监控店面运营。也有公司努力不被监控。例如，瑞幸咖啡为了不被监控就采用了随机出订单号，订单号远高于实际出单的情况。

随着大数据的日益普及和流行，企业即时的经营信息会逐渐反映到股价上，逐渐实现半强有效。大数据信息优先于财务报表且日益准确，成为大的趋势，依靠看着财务报表可以赚钱的时代结束。由于竞争激烈，以后可能看着实时的大数据也难以赚钱了。

5. 小结

消费者的注意力、时间和金钱的分布体现了产品和品牌的价值。注意力的变化、所花时间的变化和消费金额的变化，在今天都可以通过各种大数据进行分析。分析这些大数据，可以更好地实现对上市公司经营状况的分析。

7.1.2 大数据和股价的相关性验证

1. 大数据和有关市场整体表现的相关性验证

（1）股票市场的关注度和市场整体表现

"股票开户"这个关键词的搜索说明新股民对于股市的关注程度，新开户的股民越多，股价上涨的概率也会上升。2014 年 2 月开户搜索就创出了历史新高，深圳成指也在 2015 年 1 月接近 2010 年的高点。

采用一元回归模型，开户数百度搜索数量为自变量，之后一年的深圳成分指数为因变量，经过计算得出两者之间的回归关系见图 7−5。

深圳成指 = 7194 + 2.04 × 1 年前的"开户"搜索数

$$R^2 = 0.26 \qquad (7-1)$$

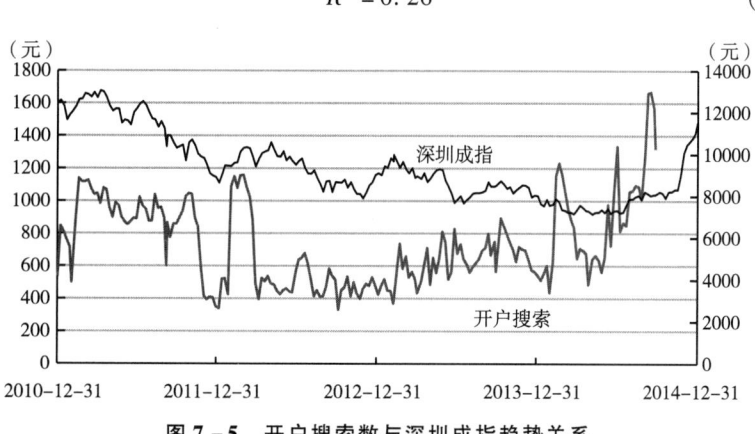

图 7-5 开户搜索数与深圳成指趋势关系

资料来源：百度指数。

（2）房价的关注度和实际的房价走势

"房价"这个词反映了买房人对于房地产市场的关注程度，买房人对购房感兴趣的时候会有兴趣搜索房价的变化。"房价"的搜索变化对于未来的销售回暖和房价上涨具有领先性（见图 7-6）。

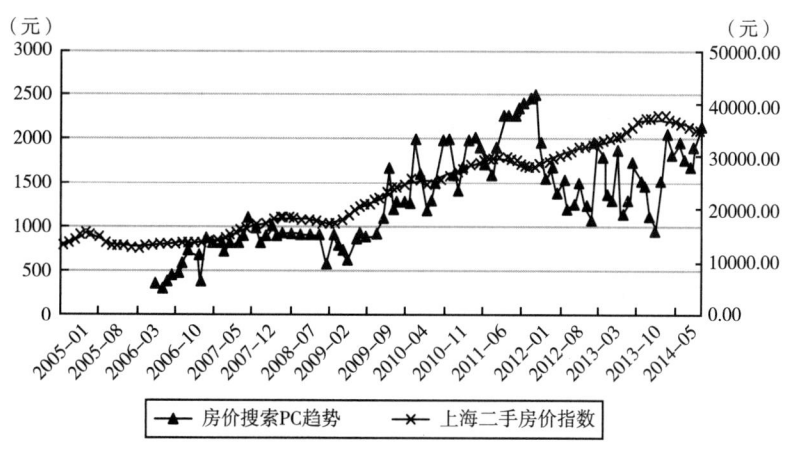

图 7-6 房价搜索与上海二手房房价趋势关系

资料来源：百度指数。

"房价"的百度搜索领先房地产的价格大约有 18 个月,是分析房地产市场的很好的领先指标。

采用一元回归模型,"房价"百度搜索数量为自变量,之后 18 个月的上海二手房价格为因变量,经过计算得出两者之间的回归关系如下:

$$上海二手房价格 = 16000 + 8.9 \times 18 \text{ 个月前的"房价"的百度搜索}$$
$$R^2 = 0.59 \qquad\qquad (7-2)$$

2. 具体的上市公司股价和搜索大数据的关系

(1) 长城汽车

由图 7-7 可以看出,"长城汽车"的百度搜索领先长城汽车的股价达到 18 个月。通常,购车人购车之前会有一个调研过程。汽车是品牌逐渐被消费者认知的过程,车型刚刚推出潜在用户的搜索增加。当车型逐渐成熟,新用户的搜索会减少,最终体现在销售和股价上。

图 7-7 长城汽车搜索与长城汽车股价趋势

资料来源:百度指数。

$$长城汽车股价 = -1.24 + 0.0049 \times 18 个月之前的长城汽车搜索$$
$$R^2 = 0.8 \tag{7-3}$$

（2）贵州茅台

由图 7-8 可以看出,"茅台"的百度搜索指数领先茅台股价 6 个月左右。作为一个日用消费品,消费者从感兴趣搜索到购买该产品的过程比房子、汽车周期要短。

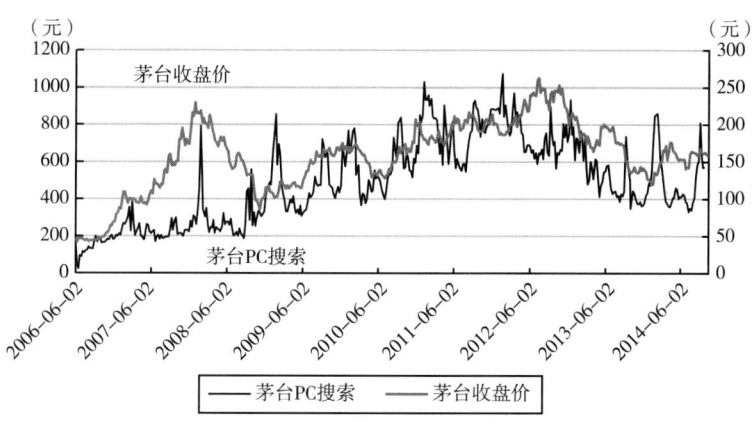

图 7-8　贵州茅台搜索与贵州茅台股价趋势

资料来源：百度指数。

$$贵州茅台股价 = 104 + 0.11 \times 6 个月前的茅台酒百度指数$$
$$R^2 = 0.36 \tag{7-4}$$

（3）搜房网

由图 7-9 可以看出,搜房网的百度搜索指数领先搜房的股价 10 个月左右。作为一个互联网公司,百度搜索意味着新用户的产生。搜房网的用户搜索数据在 2013 年 2 月到达最高点,在 2014 年 2 月出现显著的同比负增长。股价在 2014 年初出现高点后不断下滑。

$$搜房股价 = -4 + 0.0002 \times 搜房网百度指数$$
$$R^2 = 0.2 \tag{7-5}$$

搜房网的搜索具有非常强的季节性,在每年春节后非常集中,这影响了数据检验的相关度。

以上从耐用消费品、日用消费品和互联网公司等不同的类别进行了一个品牌的百度搜索指数和对应公司的股价的回归分析,发现搜索指数具有显著的领先性同时回归检验的相关性较强。

图7-9 搜房网搜索与搜房网股价趋势

资料来源:百度指数。

7.1.3 运用大数据研究获取超额收益

当前,在证券市场进行大数据应用的首发者是广发基金和百度合作的广发百度百发基金产品和新浪i100基金产品。百度百发基金首发20亿元,取得了发行的成功。

1. 百度百发基金

(1) 样本空间

百度百发基金以中证全指作为样本空间。

(2) 选样方法

搜索因子的设计方案:对样本集合股票计算搜索量;对搜索量因子构建

模型,由此得到每期个股搜索因子;对样本中的股票,按其搜索因子、财务因子等计算评分序列,选取排名前列的股票作为中证百度百发策略 100 指数成分股。

(3) 指数表现

百度百发基金具体表现数据见表 7-4。

表 7-4　百度百发基金公布的模拟历史收益和同期指数的比较

年份	上证综指	深证 100	中证 500	沪深 300	中证全指	百发 100
2009 年	80%	113%	131%	97%	106%	201%
2010 年	-14%	-4%	10%	-13%	-4%	31%
2011 年	-22%	-31%	-34%	-25%	-28%	-21%
2012 年	3%	2%	0%	8%	5%	24%
2013 年	-7%	-5%	17%	-8%	5%	46%
2014 年至今	-4%	-9%	1%	-8%	-2%	12%
2009 年以来累计	12%	26%	102%	19%	56%	545%

数据来源:中证指数公司,2014 年 6 月 30 日。

2. i100 基金

i100 基金系列由深圳证券信息有限公司与南方基金管理有限公司、新浪财经联合编制,是国内首批挖掘投资情绪并应用于指数选样的策略指数。大数据 100 指数(简称"i100")通过对经济和金融领域的大数据进行定性与定量分析,同时考量股票基本面与市场驱动,精选出 100 只股票组成样本股。

两个大数据基金目前的收益率主要是模拟历史数据的收益率。目前,两只大数据基金都已经有了实际的交易数据,在持续一年到几年以后可以较为清楚地看到基于搜索和投资情绪的大数据是否可以带来超额收益。

大数据时代已经来临,基于大数据来进行证券市场研究也将越来越流行。大数据可以实时体现各种行为信息。在大数据时代,投资者可以实时地了解到比以往更多的信息从而提高决策效率,采用大数据进行证券投资决策也有可能获得超额收益。i100 基金与深证成指走势见图 7-10。

图 7-10　i100 基金与深证成指走势

资料来源:新浪财经。

7.2 信息获取方式的变化影响企业运营

目前,房地产供大于求、降价的声音不绝于耳,房地产营销行业也在进行模式创新:首先是成立了聚合中小二手中介公司进行新房销售的房多多,其次成立聚合二手经纪人进行新房销售的好屋中国,再次安居客和搜房遭到了二手房经纪公司的抵制,最后是搜房和一手代理公司世联、合富的合作。这些变化是在地产从供不应求到供大于求的转折时候发生的,最终是供求关系的变化导致了房地产信息搜索模式发生了重大变化,从买房人搜索房产信息成交到销售机构搜索客户信息并且通过O2O的方式实现成交。

7.2.1 原有的广告加代理的销售模式

1. 模式介绍

原有的房地产销售模式:买房人先通过广告和楼盘搜索获得楼盘的信息,再去售楼处经过销售代表的介绍形成购买决定的模式。

早期的楼盘广告主要是先采用报纸广告,再转变为网络广告。网络广告相对于报纸的优势是可以通过文字、视频展示,可以看到评论,网页信息永远存在且不会过期。由于这些优势,网络广告不断替代了纸媒体。

早期的楼盘主要是先由开发商自己的销售人员来销售,再逐渐转化为代理商如世联等公司销售。代理公司的好处是在一个城市能销售更多楼盘、更具有规模经济,同时培训体系更加专业。

2. 模式特点

原有的房地产销售模式是一种买房人主动搜索的模式,无论是什么样的广告形式,最终是买房人自己在报纸上、网络上搜索所需要的楼盘。在不同的阶段,客户搜索信息的模式存在差异:在早期的报纸广告阶段,需要买房的客户会买了报纸去搜索楼盘信息,或者在报纸上看到了楼盘广告产生了兴趣继续检索。随后的网络广告是先采用弹出广告和飘窗广告吸引买房人的注意力,再由买房人自己搜索有关楼盘信息。

在早期的代理阶段,代理都是在售楼处里面等待客户上门进行销售。随后,销售代理开始根据之前上门的客户名单,给客户打电话提升销售成功比率。

3. 模式的主要问题

依赖于客户的主动搜索和上门。广告要等待客户的点击,信息要客户自己主动搜索。售楼处要等待客户主动上门。

需要客户具有主动的强烈购房意愿才能成交。如果客户不主动看广告或者看了广告没有去搜索楼盘信息,广告就没有价值。客户不主动去售楼处销售就无法完成。这些都需要客户具有强烈的买房意愿,而这只有在房子供不应求的时代才容易发生。

7.2.2 房地产供求形势的改变影响营销模式

1. 住宅市场从供不应求到供大于求

目前,房地产市场的形式发生了巨大的变化,从供不应求变成了供大于求。这种供求形势的改变对房地产营销模式产生了巨大的影响。

从表7-5中可以看出,商品房的待售面积是持续上升的,从2001年的1.1亿平方米增加到2013年的4.9亿平方米,住宅的待售面积也在同步上升。同时,商品房的销售面积也从2001年的2亿平方米增加到2013年的13亿平方米。

第7章 如何应用信息资源管理手段提升信息效率

表7-5　　　　　　　　商品房库存面积与销售面积表

指标名称	商品房待售面积	商品房待售面积：住宅	商品房销售面积：累计值	商品房销售面积：住宅：累计值
单位	万平方米	万平方米	万平方米	万平方米
2001年	11315.00	—	20779.24	18498.79
2002年	12545.55	—	24969.27	22117.18
2003年	12825.62	—	32247.24	28502.47
2004年	12325.79	—	38231.64	33819.89
2005年	14679.00	8564.00	55486.22	49587.83
2006年	14550.00	8099.00	61857.07	55422.95
2007年	13463.00	6856.00	77354.72	70135.88
2008年	18626.00	10660.00	65969.83	59280.35
2009年	19947.00	11494.00	94755.00	86184.89
2010年	23570.50	14199.00	104764.65	93376.60
2011年	27194.00	16904.00	109366.75	96528.41
2012年	36460.00	23619.00	111303.65	98467.51
2013年	49295.00	32403.00	130550.59	115722.69

资料来源：国家统计局 www.stats.gov.cn。

从表7-6中的库存消化周期看，2007年的周期最短，只需要2个月就可以完全消化完；最长的是2001年，库存需要6.5个月才能消化完。2013年接近了2003年的水平；2014年库存上升销售恶化，恶化到了2002年的水平。

表7-6　　　　　　　　房地产库存消化周期

指标名称	房产库存消化周期	住宅库存消化周期	商品房	住宅	商品房新盘	住宅新盘
单位	月	月	去化率	去化率	去化率	去化率
2001年	6.5	—	65%	—	—	—
2002年	6.0	—	67%	—	95%	—
2003年	4.8	—	72%	—	99%	—

续表

指标名称	房产库存消化周期	住宅库存消化周期	商品房	住宅	商品房新盘	住宅新盘
单位	月	月	去化率	去化率	去化率	去化率
2004 年	3.9	—	76%	—	101%	—
2005 年	3.2	2.1	79%	85%	96%	—
2006 年	2.8	1.8	81%	87%	100%	101%
2007 年	2.1	1.2	85%	91%	101%	102%
2008 年	3.4	2.2	78%	85%	93%	94%
2009 年	2.5	1.6	83%	88%	99%	99%
2010 年	2.7	1.8	82%	87%	97%	97%
2011 年	3.0	2.1	80%	85%	97%	97%
2012 年	3.9	2.9	75%	81%	92%	94%
2013 年	4.5	3.4	73%	78%	91%	93%

资料来源：国家统计局 www.stats.gov.cn。

从表7-6中的当年总可售的去化率来看，商品房去化率2007年达到了85%；2013年下降到了73%和2003年类似水平。

从表7-6中的当年开盘的去化率来看，2004年、2006年、2007年去化率超过了100%，销售量超过了推盘量导致库存下降，2013年新开盘去化率已经下降到91%，预计2014年低于90%。2013年商品房新盘的去化率已经低于2002年。当年的销售少于新增供应，说明的是需求少于供应、销售的难度就会增大。在2004年、2006年、2007年、2009年这样的年份显然需求超过供应、销售相对容易。

利用大数据可以对于需求的减弱进行直观分析。从图7-11来看，对于买房有兴趣的消费者从2011年到2013年在不断上升。到了2014年，对于买房感兴趣的消费者没有上升还略有下降，已经低于2013年的水平而略高于2012年的水平，这说明消费者的购房意愿开始减弱。另外，买房意愿弱于2013年但是高于2012年，这和当前的住宅销售情况吻合，2014年上半年商品住宅销售额3.11万亿元,这少于2013年上半年商品住宅销售额3.34万亿元,但是高于2012年上半年2.33万亿元的销售额。

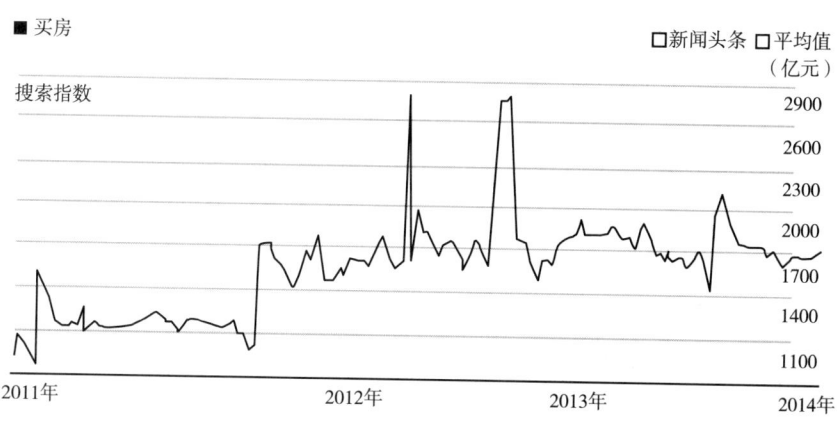

图7-11 "买房"百度搜索指数

资料来源:百度指数 http://index.baidu.com/。

综上所述,从2014年开始,商品房包括住宅的销售难度已经类似于2002年。市场进入不景气的阶段,销售小于供应,销售压力的上升推动地产营销变革。

2. 之前的信息搜索模式和营销模式出现了巨大的问题

(1)客户的主动搜索量减少

原有房地产营销模式依赖客户的主动搜索和上门。但是现在客户到搜房等网站的主动搜索量降低了。门户网站的广告要等待客户的点击,网站流量缩减以后广告点击量同样减少。

由于买房的兴趣降低,新房售楼处和二手房门店的上门量大幅度减少。房子的去化率不断下滑。

图7-12是中国最大的地产网站搜房网的搜索大数据信息。从图7-12可以非常清楚地看到,搜房网2014年的搜索量不仅低于2013年同期,也低

于 2012 年同期，仅仅高于 2011 年同期。从大数据角度可以看到，希望通过网络搜索房产信息的购房者已减少，而且衰减的速度比购房意愿本身衰减得还要快。

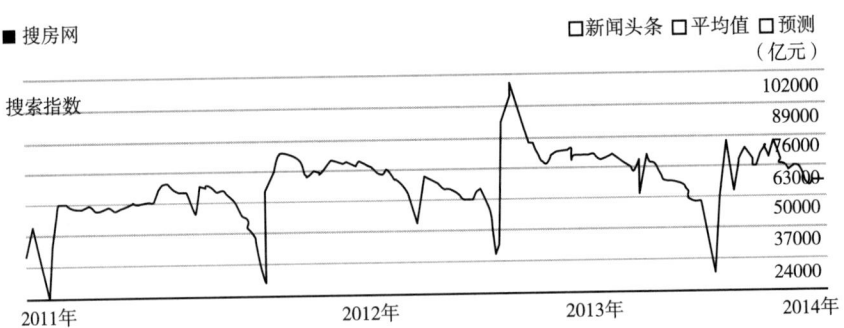

图 7-12 "搜房网"百度搜索指数

资料来源：百度指数 http://index.baidu.com/。

（2）客户成交意愿大幅度减弱，搜索信息以后的成交率下降

即使客户到网上搜索了楼盘信息，但是去售楼处的转化率也下滑。或者即使去了售楼处，成交的转化率也降低。

房地产营销的变化主要是在客户主动搜索房产信息不足、主动上门减少和上门以后转化率不高的背景下采取的营销新办法。

3. 面对上述情况当前地产销售采取的模式

（1）过渡模式的主要形态

过渡时期的营销方法是对于客户进行主动的不做区分的信息轰炸，包括：线下派传单、发短信、打电话；线上微信、微博等社交媒体大量转发；线上销售如搜房卡；通过看房班车聚集客户等。

过渡时期模式的问题是对于客户不加选择的信息轰炸。如果是对于所推荐房子没有兴趣的人，只会忽视；即使是对于所推荐房子有一定兴趣的人，由于推荐者专业性不强、可信度不高以及对于信息轰炸的反感，效果也越来越差。

碧桂园在2013年采用全民营销，其本质就是激励所有员工和老业主向所有认识的人促销，这种模式就类似于这里所说的过渡模式。碧桂园的销售额从460亿元增加到1040亿元；然而，2014年各个公司都采用了全民营销，这种模式的效果快速削弱。

（2）过渡模式的代表公司

搜房：在2010年推出了搜房卡，前期主要通过提供折扣卡的方式吸引客户上门；在2014年市场不好以后开始采用线下大量推广的模式。

乐居：模式基本上和搜房类似。

房多多：线下整合中小中介商，中小中介商的经纪人给潜在客户打电话；房多多自己从开发商获取房源批发给经纪人。

好屋：线下直接整合经纪人，经纪人给潜在客户打电话；好屋从开发商处获取房源批发给经纪人。

（3）必然消失的过渡模式

在这种过渡模式下，销售主动寻找客户，符合供大于求市场的要求。但是完全没有对于客户进行任何筛选的电话营销存在巨大弱点。从营销效果上看，没有任何客户信息搜索范围限定的电话营销效果很差，而且会使客户感觉受到骚扰；从营销成本上看，毫不精准的客户搜索带来的是高昂的搜索成本。

7.2.3 供大于求时代的营销模式核心是大数据

1. 供大于求时代营销需要精准的大数据模式

精准营销模式的本质是销售根据客户需求进行精准推荐。

获得大数据是精准营销的起点。先拥有每个客户的大量数据，才能对客户需求进行较为准确的判断；还必须有大量客户的此类数据，才能做到对每个客户都能提供对方最需要的商品。因此，拥有客户的大数据，这是精准营销的开始。

精准营销是根据大数据搜索客户，实现客户和房子的配对。精确营销根据房子所处的位置、单价、户型、配套等信息确定出目标客户：除了旅游地产，一般客户工作或者居住的位置都在楼盘一定半径范围内；客户的财富状况要和房产的总价配对；客户的家庭人口数量需要和户型配对；客户家庭的年龄结构要和楼盘的设施配对，例如学区房和有小孩的家庭配对，有养老设施的房子和老年人比重高的家庭配对。

锁定客户、有针对性地营销。通过大数据，根据一定的需求模型，较为精准地锁定了客户，就可以进行有针对性的营销。直接打电话、发短信未必是理想的方式。进入客户生活和工作的交际圈层，在和客户熟悉乃至信任的前提下推荐效果最好。

精准营销模式的核心是有效的互动。精准营销要求拥有客户的大数据、营销人员和客户处在一个共同的生活工作圈当中，这事实上要求销售系统或销售人员在线上线下要有有效的互动，从而能够获取客户信息并且能够逐渐和客户认识、交流乃至取得信任，这样不但可以快速搜索出客户，同时推荐的成交率也会提高。

2. 如何获取大数据

流量是大数据的基础，先要有客户流量产生，再从客户的行为中获得大数据。

（1）如何主动获取线下流量

①哪里产生流量。住宅的客户流量在住宅附近人流密集的地方，包括楼盘附近的住宅小区的门口、附近购物娱乐中心的门口、交通枢纽的入口、写字楼密集区的入口。

这些流量中只有属于这个楼盘的目标客户的流量才是有效的，所以要寻找定位类似的小区、购物中心和交通枢纽来获取线下流量。

②如何获取这种流量。需要在流量集中的区域设点来采集，采集以后多

次回访来确认。

（2）如何获取线下大数据

①直接通过线下流量获取。通过在流量密集的区域开展活动获取。例如，对于某个新盘，在新盘售楼处或者附近楼盘的小区或者写字楼通过活动获取客户数据会更有效。

大数据获取的第一个方法是要求客户在流量密集区域填表获取客户信息，这需要大规模的人力。

大数据获取的第二个方法在流量密集区域设点销售。例如，在购物中心和地铁站附近设立销售网点，这同样需要较大的人力。现在的二手房门店也是一种方式。

②通过有线下大数据的机构获取。通常银行、物业公司、电信运营商、邮局等机构拥有客户的线下数据。可以通过和这些机构的合作获取客户数据。

（3）如何获取线上流量

①哪里有线上流量：访问量大的网站一般可能有网上流量，例如百度、腾讯等。一些房地产信息网站如搜房也有一定的流量。

②如何获取线上流量：对于地产销售机构，将房产信息从现在的楼盘细化到每套具体房子是获取线上流量的基础，由经纪人和客户进行线上互动是获取线上流量的主要手段。

未来可以构建O2O平台，其中关键就是要把房产信息精确到每套房子而不是当前的每个楼盘。另外，销售人员可以和客户通过网络互动交流。

（4）如何获取线上大数据

①通过线上流量获取大数据。可以通过线上线下互动的房产O2O营销平台获取大数据。现在的搜房网只有客户的电话和客户电话打到哪个楼盘的信息，难以称之为大数据。如果希望拥有大数据，只有通过销售人员和客户的线上互动把数据积累起来。

②通过有线上大数据的机构获取。一般位置信息：很多手机App（如微信等）都有。精准位置信息，要给客户送货才能获得。京东就拥有这种信息。

客户的财富信息：可以从客户居住的小区、工作的写字楼、购买的商品交易额来推断。微信、阿里巴巴和京东都拥有此类信息。

客户的家庭成员构成信息：也可以从客户的送货信息等推断。京东和阿里巴巴拥有此类信息。微信的朋友圈也可能有此类信息。

客户的年龄信息：可以从客户购买商品的交易行为上推断。京东和阿里巴巴拥有此类信息。

3. 进行客户的大数据分析

获得了客户的大数据以后，就可以根据房产状况和客户做大数据分析，来确定目标客户。找出了最佳客户，客户的成交率才会比较高，也能够节约客户搜索成本。

客户大数据分析方法：主要是根据收入水平推断可以承受的总价水平，根据家庭人口数推断所需要的卧室的数量，根据家庭人口的年龄判断对于教育资源、养老设施的需求，根据经常活动的场所判断所需求房产的位置。

①根据位置确定客户；对于非旅游地产，寻找在房子一定的距离范围内生活工作的客户。

②房产的总价和客户财富状况要配对。

③客户的家庭人口数量需要和户型配对。

④客户家庭的年龄结构要和楼盘的设施配对。

学区房可以吸引大量拥有适龄儿童的家庭。这些家庭需求尤其迫切。中国的养老可能遵循社区化的方向，要给老年人推荐拥有较多养老设施的房产，开发商在设计产品的时候也要考虑附近居民的年龄结构，并有针对性地设计产品。

⑤根据客户拥有的房产数量推荐房产。如果客户已经拥有了小的房子，需要为其推荐大面积的房产。如果客户在一个城市已经拥有多套房产，可能需要向其推荐旅游地产比较好。

总之，通过多维度的大数据分析，进行客户和产品的配对，可以针对产品找出最适合的客户来进行主动营销。

7.2.4 未来房地产的精准营销模式

在对客户进行精准营销的时候，需要划分房产类型，针对刚需客户进行的房产的精准营销和非刚需客户具有显著差异。针对刚需的标准房产营销将逐渐转为比较标准的平台电商模式，针对非刚需的非标准房产营销将逐渐转为以经纪人为交易平台的模式。

这两类交易模式的本质和现有的互联网电商模式相同的。

对于标准品，一般采用 B2C 的模式，典型的是京东和天猫。刚需房产具有相对标准和供求关系较好客户会主动购买的特征，所以较为适合天猫的模式，即开发商和购房者在网上匹配达成交易。

对于非标准品，一般采用 C2C 的模式。差别是由于非标准品的每个细分产品都不相同，导致搜索的成本非常高，需要大量的人做大量的沟通工作分散成交，在电商领域典型的是淘宝。非刚需差异化强的产品需要以经纪人为核心达成交易。

作为相对标准品的房子，由于每一套仍然有细微的差别，也比一般的电商产品复杂，也需要有销售进行沟通。

1. 刚需房产和非刚需房产的分类

刚需房产和非刚需房产由于产品的标准化程度不同、面对的客户群不同，因此导致了信息搜索和营销的难易程度不同。决定房产信息搜索难度的主要因素是城市、位置、户型配套；决定客户搜索难度的主要因素是城市、位置、户型、总价等因素。

（1）城市

刚需客户通常在大家比较熟悉的一二线城市，而非刚需客户在三四线和旅游城市，从客户搜索来看，一二线城市的客户搜索容易而三四线困难。一二线城市信息发达，买房人搜索房产成本低；三四线城市信息不发达，买房人搜索房产成本高。旅游城市由于买房人不确定在哪里，造成搜索客户成本非常高；同时，旅游城市本身市场不够发达，导致买房人获得真实、可靠的信息难度大、信息搜索成本高。

通常三四线城市和旅游城市的城市面积和楼盘的总量并不比一二线城市多，但是信息搜索更困难。一方面，信息媒体的发达程度不高，很多信息在媒体上未必都能够获得；另一方面，更重要的是信息质量不高，由于市场化程度不高，信息的真实性和准确性存在很大的问题。这是房地产信息网站所不能解决的问题。

所以在三四线城市品牌的价值更大，因为品牌代表着品质。相反在一线城市，大部分开发商是品牌开发商，信息本身的质量比较高，信息搜索的成本也比较低。

（2）位置

城区楼盘少、关注程度高、买房人相对熟悉、搜索楼盘成本低。通常购买者就在附近工作生活，同时购买者具有较大兴趣，通常供不应求，所以搜索客户成本低。

郊区楼盘不在买房人工作圈和生活圈，买房人不熟悉所以信息搜索成本高。同时买房人经常不是附近工作和生活的人群，所以搜索客户成本高。

（3）户型和配套

刚需房产通常是相对比较标准的户型和配套，房产信息搜索成本低；对应客户一般是中等收入人群，搜索对象明确成本低。

非刚需房产通常产品的差异化强，信息搜索成本高。例如，别墅是非刚需产品，一个楼盘的每套别墅产品的面积、户型、绿化和配套都是不同的，导致信息的搜索成本很高。非刚需产品对应客户是高收入人群，搜索到高收入者和实现成功营销都需要较高的成本。

高端客户群的搜索采用的通常是圈层模式。所谓圈层是指富人通常有一个圈子，只有进入这个圈子才有认识富人的可能性，也只有在这个圈子里才有可能建立信任感实现成功的营销。

（4）总价

总价低的产品需求旺盛、搜索客户成本相对较低，高总价的产品受众小、搜索客户成本较高。

低总价的房产接近普通商品，看中了直接下单购买就可以了。碧桂园卖房子像卖白菜一样就是典型的案例。

高总价的房产是典型的奢侈品。即使是服装等奢侈消费品，电商现在也没有做起来。奢侈品讲究购物环境，购物过程中"一对一"的服务感受非常重要。正因为如此，奢侈品需要以人为交易平台完成。

正是由于城市、位置、户型、总价等因素不同，客户搜索房产尤其是开发商搜索客户的模式不同，房产营销要分为基于刚需的电商模式和基于非刚需的经纪人模式。

2. 基于电商平台的刚需房产营销

刚需产品具有客户搜索楼盘信息成本低和搜索客户的信息成本同样低的特点，未来会逐渐接近于电商交易。建立房产电商平台的模式如下。

（1）构建移动端售楼处

房产是基于位置的，大部分人每天在办公室和住宅之间移动。大部分人会购买在办公室附近和住所附近的房产。移动端App具有位置信息，方便为客户展示房产,也方便获得客户的位置信息。在根据客户信息进行大数据分析以后再给客户推荐房产,可以大幅度降低搜索客户的成本和客户搜索房产信息的成本。

(2)基于房子变成网上交易平台

之前的搜房等网站的信息基于楼盘,使房地产网站本质是个媒体,不基于具体的房子不能变成电商平台。建立基于每一套房子的电商平台,在 App 上把每套房子的所有信息充分展示,大幅度降低客户对房子的信息搜索成本,就为电商的成功建立了基础。

当客户通过 App 就可以获得每套房子的充分信息,开发商或者销售机构基于 App 也可以实现获得搜索客户所需要的充分信息,房产的电商平台就彻底构建完成。

对于一二线城市城区较低总价的中小标准户型产品,供求形势相对比较好、达成成交难度小,如果能够提供充分信息就可以实现网上电子交易。

(3)互动式营销体验

App 互动式随时交流。即便是标准化的刚需产品,不同房子还是有差异。每个房子即使信息完全,但是由于信息比较复杂,对于很多客户来说还是需要有销售员讲解。尤其在信息还没有到达充分之前,营销人员的互动是非常重要的。除了房产电商平台 App 本身提供的互动软件,也可以通过微信、微博等实现互动。

App 的交流可以由客户发起,但是更多会由销售人员发起。销售人员对于客户需求的不断跟进和满足需要通过 App 进行。在客户信息积累到一定程度接近大数据以后,通过大数据找出目标客户,销售人员就可以主动为客户推荐其他房产,实现客户搜索和成交。

街景视图看房和 App 视频看房。房地产的信息很多是三维图像信息,这种信息要基于三维图像展示。其中,非实时图像可以通过街景地图展示,街景地图可以为消费者提供多角度立体图景，逼近实际看房感觉。消费者还需要不同时间的实时看房，这就需要 App 的视频展示。最终视频技术不断进步以后，消费者实地看房的必要性会消失。

基于在网络端的互动式营销，在网络端有街景展示以及样板间、配套的展示；销售实时在线，和客户进行交流；交流后销售通过 App 及时对客户跟进沟通营销。通过上述模式，对于客户主动性强导致搜索客户成本低以及转化成本低、房子相对标准导致客户搜索房产的信息成本较低的刚需房产可以逐渐实现网上交易。

3. 非刚需房产营销

非刚需房产由于双向信息搜索成本高，营销模式与刚需房产不同。

①地产新房销售也会属地化，本地流量需要属地化获取，线上流量需要社区化获取。无论线上线下，销售要做的事情是客户高频率接触；线下是在流量密集的入口接触客户，主要包括开店、拜访和社区活动。线上是在类似社区这样本地人群密集的区域开店、建群和社区网友交流。无论微信、陌陌、各种地图、58同城、各类团购，乃至传统的BBS、贴吧、微博，都是在网络上本区域线上流量最聚集的地方开展营销。

②简单的营销手段失效，营销需要融入社区的生活与服务。非刚需产品往往是三四线城市、旅游产品、远郊区、复杂产品、高总价的交易，不是打一个电话或者消费者看了一个广告就可以达成交易的。

销售人员需要把自己变成一个区域的房产专家乃至于区域房产的意见领袖，能够就房子以及和房子相关的物业服务、装修家居、教育、医疗、社区购物等和社区居住相关的服务提供数据、咨询和解决方案；销售人员要了解认识社区当中的每个人，了解每个家庭的需求，积累对于每个家庭需求的大数据，才能有效营销；地产营销或者说社区服务需要和社区居民成为朋友具有信赖感，这样营销的成功转化率才会比较高。每个社区都是一个平台，不仅要了解有什么服务、是否可以折扣，还要了解每个服务的品质；不仅要评论，还要评论的整理和引导；社区还需要组织与线上线下网络互动的活动，通过互动的活动建立经纪人和社区内居民之间的相互粘性，这样才能实现信息的传播以及客户的搜索和营销。

③销售的组织架构发生变化。改变销售的组织架构，做到销售的属地化、社区化营销。很多地产公司引以为自豪的是可以把销售从一个城市调到另一个城市集中作战。随着售楼处在新房销售过程当中的重要性日益下降，以后更为重要的事变成了销售人员属地化乃至社区化。例如，一个销售人员就专门卖望京的楼盘，即便升职最好也是就地升职，这个销售人员需要做的就是和居住工作在望京的住户建立联系，从售楼处、小区活动、小区 BBS、小区微信群和 QQ 群，建立这种联系。开店意义不大，有意义的是和每个人认识，至少在网上认识，认识以后可以不断交流和传输信息。简单开多少个微信账号都没有意义，有意义的是怎么在每个账号或者每个群里面销售可以不断和附近社区的客户交流，了解信息提供建议；从一个带看房者变成真正的销售。

④经纪人是非刚需房产的营销平台。非刚需房产营销本质上是在线下和线上进入一个区域购房者的圈子，和购房者互动沟通建立信任关系实现的推介和营销。在这种模式下，经纪人是信息交互平台也是营销平台，房产信息和客户信息通过经纪人实现传递，经纪人根据房产状况在他的朋友圈中搜索合适的客户成交。这和刚需房产逐渐接近电商化、以网络本身作为交易平台有所不同。

类似于链家这样在社区具有大量门店和经纪人，可以在线下和客户大量互动，掌握客户信息的公司具有一定的先发优势。在 2014 年市场低迷之后，链家在北京地区的一些楼盘可以实现从搜索客户、带客户看房到促成客户最终成交等整个交易链条，对于交易链条上原有的发布信息媒体和在售楼处的代理商都有所替代,体现了未来模式的一种雏形。

由图7-13可见,在2014年房地产市场不好的背景下,链家的搜索量超过了2013年的搜索量,其价值逐渐被买房人所认可。在房产逐渐供大于求以后,客户自主搜索楼盘信息实现成交的营销模式效力减弱,取而代之的是通过大数据搜索客户信息找到潜在客户,然后通过销售人员与客户的线上线下实时互动以及O2O实现销售。刚需房产逐渐实现真正的网上交易,非刚需房产需要以经纪人为平台完成信息交换和交易。

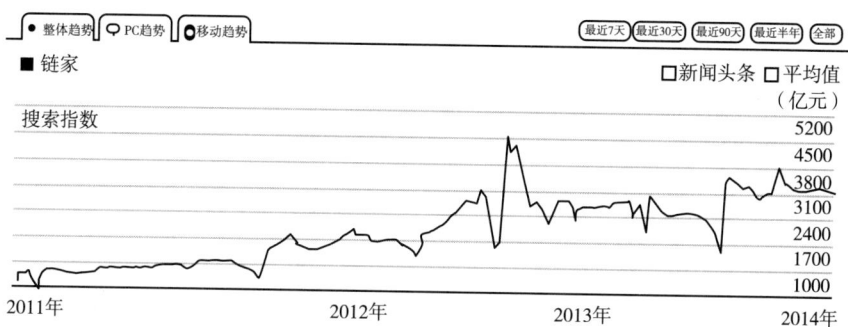

图7-13 "链家"百度搜索指数

资料来源:百度指数 http://index.baidu.com/。

7.3 人工智能应用促使信息效率提升

7.3.1 人工智能简述

人工智能（Artificial Intelligence，AI），是通过计算机的数据、算法和算力去构建智能系统，达到逐渐模拟人的目的。[214]

人工智能一直以来都是人类孜孜不倦去求索的领域。2012年由于算法的突破以及英伟达GPU的突破开始快速发展，2016年阿尔法狗战胜李世石标志着人工智能进入了新的发展阶段。从那时候开始，无数资本涌入了这个领域，加速了人工智能的快速发展。从语音识别到图像识别，再到语义识别和自动驾驶，一个个领域开始逐渐有所突破。

当前的人工智能分为弱人工智能、强人工智能、超人工智能。

（1）弱人工智能

弱人工智能是指主要按照预先设定的程序来完成任务、而不能真正地推导和处理问题的智能机器，这些机器没有智能，也不具备自主意识。比如现在的送餐机器人，只是有固定路线设计和视频识别的机器人。

（2）强人工智能

强人工智能是指真正能推导和处理问题的智能机器。这种机器有知觉、自我意识，可以胜任人类很多工作。强人工智能的程序，需要具备以下能力：推理、构建策略、形成决策乃至解决问题的能力；表达知识的能力，以及在此基础上持续的学习能力；使用自然语言进行交流沟通的能力。

（3）超人工智能

计算机程序通过持续发展，可以比所有的人类都聪明，这种成为超人工智能。超人工智能最终还是凭借脑力的发展，理解、运算以及创新的能力都比人类更强。

在人工智能的发展过程中,"深度学习+超大算力+大数据=人工智能"。通过不断提高算力、积累数据和革新算法,大幅度提升了信息效率。

7.3.2 人工智能提升信息效率的路径

人工智能是先做训练获得规律然后根据新的数据进行推导的流程。之前,机器只能根据之前编写的程序来处理信息,当没有预设的情况出现或者需要大量的语义判断时候就无能为力,可以说这时候还是机器而不是机器人。而人工智能真正塑造出了"大脑",让机器人有视觉、有听觉,可以理解学习文字数据所包含的"语义",可以自我学习,从而不断进化。

其主要的应用包括智能投顾、分析师替代、算法交易以及人工智能管理资产。

1. 智能投顾

智能投顾(robo-advisor),即智能投资顾问,也称机器人投顾。这个术语在几年前哪怕是金融从业人员都没听过,但是现在逐渐成为金融行业很常见的场景。虽然这个词的原文里虽然有机器人这个词,但实际上并没有涉及机器人。智能投顾是一种机器学习算法,可以根据客户的收益目标及风险承受能力自动调整金融投资组合。

未来中国智能投顾市场将蓬勃发展,替代目前的投资顾问业务,规模可能到达几千亿元。

客户输入自己的收益目标(如预计65岁退休时会有25万美元的存款)、年龄、收入以及当前资产,然后智能投顾会将客户的投资以合适的资产类别和金融工具进行组合,以实现客户的收益目标。

智能投顾可以按照客户的投资期限、回报预期和风险偏好等维度,运用人工智能技术给每个投资者出具个性化的投资方案。智能投顾发展需要良好的算法平台对金融行业数据和大量的客户数据进行收集处理。国内的互联网巨头与传统金融机构都在技术端和客户数据端发力,各自推出了符合中国客户的个性化产品。

不仅如此,算法还可以根据市场数据和客户投资目标调整投资组合。首先是构建资产配置、择时和选股模型,其次根据不同的环境逐渐优化模型参数,最后数据导入不断输出配置结果。随着不断训练不断优化,最终智能配置模型会有日益高的配置水平和收益率。

2016年底,招商银行上线了"摩羯智投"。由此智能投顾逐渐成为金融机构的标配服务。四大行、股份制银行以及城商行相继推出了此项业务,并且不断改进提升。在智能化的大趋势下,人工智能将逐渐替代投资顾问。

2. 分析师替代

以前的新闻报道都是分析师写的。由于很多是有规律的,所以可以逐渐使用人工智能替代。以往,先做的是一般的新闻报道。现在越来越多的分析报告使用人工智能来完成。假以时日,分析师逐渐会被人工智能替代。

3. 算法交易

算法交易,也称为"自动交易",是运用交易软件,输入明确算法的交易指令,由系统负责执行的交易策略。算法中通常包括时间、价格、交易量,快速成交或者平均成交。算法交易可以分为被动型、主动型和综合型三种。

(1) 被动型

被动型算法交易首先会利用历史数据估计成交量,不会根据市场的状况选择交易时机与数量,在此基础上按照一定的程序进行交易。该策略可以减少目标价与实际成交均价的差。被动型算法主要包括成交量加权平均价格(VWAP)、时间加权平均价格(TWAP)。

(2) 主动型

主动型交易根据市场的实时状况做出即时的决策，判断交易与否以及交易的数量和价格等。主动型交易算法会努力做价格趋势预测：判断市场价格在向不利方向运动时，就推迟交易；反之，加快交易的速度。当市场价格存在一定的均值回归时，尽可能抓住每一次有利于自己的波动。

(3) 综合型

综合型算法包含既定的交易目标，也会对是否交易进行一定的判断。这类算法是先把交易指令拆成在不同时间段的若干指令，每个时间段内由主动型交易算法进行判断。两者结合可以达到最优。

算法交易加剧了1987年的股灾和2020年3月的四次熔断。如果全市场都用某种算法交易，可能忽然就没有流动性了。

算法交易的普及逐渐替代了交易员。高盛等各大投行已经减少了大量的交易员。客户和投行都节约了成本。

4. 量化投资

量化投资就是根据历史经验数据，总结量化投资模式，以获取稳定收益为目的的交易方式。量化投资已经有长期的发展，由于投资业绩稳定而卓越，市场规模持续不断扩大。文艺复兴、Two Sigma 和 D. E Shaw 等都是有名的量化基金。量化投资区别于定性投资的鲜明特征就是模型，通过搜集各种数据，然后采用模型进行分析得出结果，进而做出投资决策。

从2018年的管理资产规模来看，前几名的对冲基金依次为：桥水基金1629亿美元；AQR 1138亿美元；文艺复兴科技601亿美元；Two Sigma 388亿美元；D. E Shaw & Co. 312亿美元。排名前六位的大多为数量型的基金。[178]

量化选股是采用人工智能来购置股票组合的行为。根据配置模型，如果符合条件就放入组合，否则剔除。

5. 量化择时

根据上文所述，对于 A 股市场指数的检测发现，通过均线系统进行指数交易可以获得超额收益，不同时间的股价存在相关性，从而拒绝随机游走假设。这也说明市场尚未到达弱有效，由此通过分析股价择时就是有可能的。实践当中，运用道氏理论均线法则，如本书 3.2 所示，在中国股市就可以择时实现超额收益率。2004—2016 年量化基金发展规模见图 7-14。

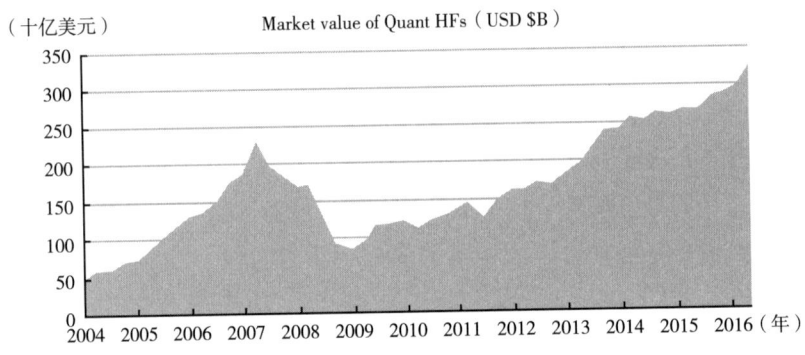

图 7-14　2004—2016 年量化基金发展规模

资料来源：新浪财经：荷马学院：干货，带你认识牛气冲天的量化对冲基金。

6. 统计套利

统计套利是利用股市的历史规律进行套利，这种套利的风险在于历史统计规律是否会重现。统计套利有两类：一类是利用股票的收益率序列来构建模型，在组合的 β 很小的前提下实现阿尔法收益；另一类是采用股价时间序列的协整关系建模。第一种是市场上非常典型的多空对冲策略，净仓位很低或者为零，在类似风险属性的行业多空对冲，纯粹赚取不同公司之间的阿尔法收益。第二种是协整策略，一般是配对交易，利用两个公司稳定的价格差异，做多一个公司，同时做空一个公司，利用两个公司稳定的价差获取无风险收益。

7.3.3 人工智能在投资领域的运用及案例

1. 人工智能在投资领域的运用

人工智能技术早期在投资领域中已有所运用，人工神经网络（ANN）就是被认为较有用的算法之一，人工神经网络已被证明能够有效处理金融市场中的不确定性，相比于线性回归模型能够挖掘数据中的非线性关系，同时能够有效地处理大量数据中的噪音信息。更吸引人的是，人工神经网络模型可以通过新数据的训练来更新现有的模型，在瞬息万变的市场中能做到快速反应。

相对于传统量化投资基金，人工智能型基金的一大优势是更大限度地回避了人为操作的误差，可以在短时间内处理更大量的数据，并可以动态地更新模型的参数以及模型本身，所以使算法更加灵活且适应性强，使其在长期超越静态的传统量化模型的表现。相对于传统的量化模型，人工智能型基金算法更加灵活，甚至设立了一些随机性，这使其算法相关性相对于传统量化模型更弱。

图7-15为Eurekahedge在2017年1月的研究。图中由上至下的不同曲线分别为：人工智能型量化基金收益、传统基金收益、偏转传统型量化基金收益、指数型基金收益[215]。

可见，自2010年起，相比于任何其他种类的基金，人工智能型基金收益都更高。

此外，由表7-7的相关性矩阵看出，人工智能型的量化投资基金和其同类型基金的相关性都较低，和一般的对冲基金的相关性甚至是负数。

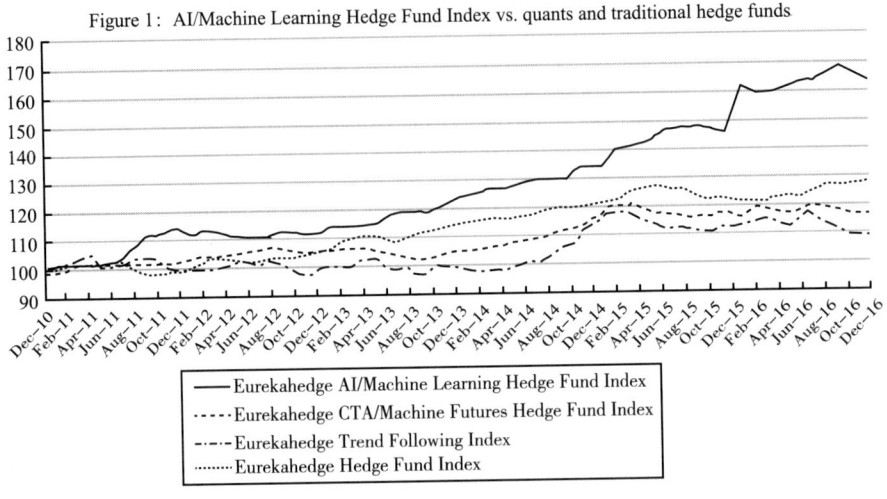

图 7-15 不同种类量化基金收益比较

资料来源：Eurekahedge。

表 7-7　人工智能型的量化投资基金和其同类型基金的相关性

	Eurekahedge AI/Machine Learning Hedge Fund Index	Eurekahedge CTA/Managed Futures Hedge Fund Index	Eurekahedge Trend Following Index	Eurekahedge Hedge Fund Index
Eurekahedge AI/Machine Learning Hedge Fund Index	1			
Eurekahedge CTA/Managed Futures Hedge Fund Index	0.014	1		
Eurekahedge Trend Following Index	0.062	0.938	1	
Eurekahedge Hedge Fund Index	(0.267)	0.284	0.178	1

资料来源：Eurekahedge。

2. 人工智能基金如何运行：TWO SIGMA

Two Sigma Investment 成立于 2001 年，创始人是 David Siegel、John Overdeck 和 Mark Pickard。其中，David Siegel 和 John Overdeck 均为 D. E. Shaw 前员工。D. E. Shaw 是非常老牌的量化对冲基金，有非常好的长期业绩。Bezos

就是 D. E. Shaw 的前员工，然后开始创业建立亚马逊。

Two Sigma 与传统量化基金有重大差别。Two Sigma 是同时遵循技术创新和资产管理规则的公司。成立伊始，Two Sigma 就强调机器学习和分布式运算的运用。Two Sigma 72% 的员工来自麻省理工学院等院校的计算机科学、数学和工程专业毕业生。

Two Sigma 的崛起是因为人工智能技术的发展：运用大量的数据进行人工智能模型的训练，根据成功训练的模型进行推导，寻找好的投资标的，构建卓越的投资组合。

这种投资方法的特点是，借助人工智能的算法来过滤全球信息，无论结构化的财务信息、股价信息，还是非结构化的文字信息、图像信息。尤其是通过对非结构化的信息更好地理解世界，做出投资判断。

例如：某个量化策略是这样运行的。以某个品牌商的公司作为案例：在构建模型的时候，Two Sigma 的科学家和数学家们会构建与这只股票相关的多个交易模型。一个模型将自动阅读各个分析师的研报，以此来确立模型。一个模型则会在 Facebook 上寻找用户评论来统计好评次数或者差评次数。还有一个模型可能是跟踪到品牌店的客流变化。

每一种模型都会推导出各自的交易建议，算法会给不同模型的计算结果赋权。系统再进行一些风控来确认投资建议。最终，操作系统会自动进行交易。

科学家们可能会花几个月来优化一个模型。模型交付不是终点而是起点，在实际运行当中会根据运行状况来持续优化模型。

当前，全世界大部分投资经理还是用自己的头脑来做出投资决策。而 Two Sigma 用人工智能系统来决策，人工智能系统相对于人脑会有越来越显著的优势。

量化投资模式依靠巨量数据和超强算力的支撑。Two Sigma 有超过几万个数据源、几十万个 CPU 以及大量的内存和海量的运算。

2008 年，Two Sigma 的资产规模达到 46 亿美元，并且在 2017 年达到 500 亿美元。

Two Sigma 这样的人工智能金融公司崛起，只是开始。随着大数据和人工智能的流行，证券投资将逐渐实现半强有效。目前的人工智能技术还处在早期，对于主动投资的替代还处在初级阶段，但是已经越来越有效力。未来人工智能对于语义分析、图像分析和情景分析的能力越来越强，使对于人类基金经理的替代越来越强。当人工智能比较完善的时候，基于历史经验主要依靠现有信息的基金经理将逐渐被替代，投资的半强有效将会实现。

只有基于新的生意长期进行判断的领域，才不会被人工智能接管。换言之，市场是不大可能实现强有效的。这主要是因为未来领域没有数据，也没有历史经验可以被有效研究。早期生意依靠企业家实现，投资这些生意依靠对企业家的判断以及相关生意的理解。

第 8 章
股票市场信息效率的发展趋势

8.1 强信息有效仍然很难实现

根据上述研究可以发现,即使随着信息日益发达且人工智能的能力不断演进,市场信息效率也很难实现完全强有效,主动管理也仍然存在。其原因如下所述。

8.1.1 信息仍然不能低成本无限制获得

尽管互联网实现了信息的平等化,但是信息仍然不能低成本获得。无论是互联网跟踪广泛使用的 App Annie、Questmobile,还是具体跟踪某个公司的 Yipit 的数据库,价格都非常昂贵。这种价格只有专业投资机构能够使用。

原因是数据的获取、整理都是需要成本的,结果是数据的价格是比较贵的,普通的投资人并没有经济能力购买。

由于信息的不公平性仍然存在,所以能够购买信息的机构可能具有超额收益率,市场的有效性仍然不足。

反过来,如果购买信息没有超额收益率,就没有机构愿意购买,也就没有人愿意生产数据。因为购买信息获得的收益可能只够覆盖信息成本。

Questmobile、App Annie 和 YipitData 的产品具体内容见图 8-1 至图 8-3。

图 8－1　Questmobile 的产品

资料来源：https：//www.questmobile.com.cn/products/truth。

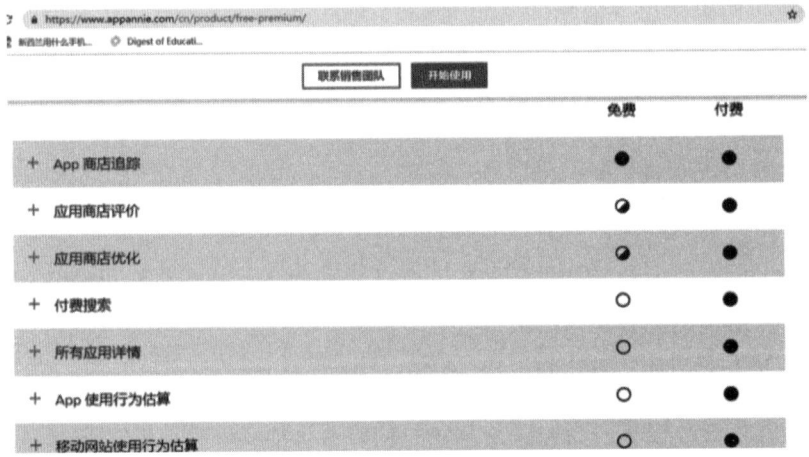

图 8－2　App Annie 的产品

资料来源：https：//www.weiyangx.com/330017.html。

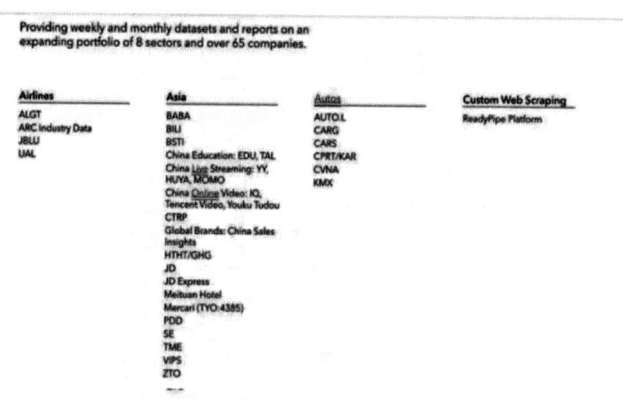

图 8-3　YipitData 的产品

资料来源：https：//www.weiyangx.com/330017.html。

注：YipitData 通过收集公开的网站信息，从而分析当前公司的指标，为客户提供每周和每月的数据集（Datasets）和报告，目前已覆盖了航空、汽车、运输、旅游等 8 个领域，共计 65 家公司的数据，其中包括阿里巴巴、京东、eBay 等。

8.1.2　人工智能仍然需要长时间进化

随着技术的进步，人工智能不断逼近人类水平，在信息的处理速度和工作量上显著超过人类，对于投资起了很大作用。

尽管人工智能已经有很大进步，但是现在连语义分析还没有做得很好。距离可以彻底模拟人的投资还有很长的路要走。

这需要算力的继续提高、数据的继续积累和算法的持续演进。目前来看，各个领域的人工智能都还需要很长的时间去逐步进化。例如，虽然 Google 翻译的准确程度在不断提高，但是还是不能达到人类翻译的水平，目前复杂的翻译仍然需要人类进行。翻译水平不能达到人类水平，语义分析也还需要不断提高。

8.2 主动管理继续存在并会持续取得超额收益率

8.2.1 主动管理可以继续获得超额收益率的原因

大数据可以做到跟踪当前发生的一切事情,但是对于未来仍然无能为力。

人工智能的原理是训练和推理。训练需要基于已经有的历史经验和数据推导出来数量关系,然后对未来进行推理。对于没有历史数据的新行业,也就没法用人工智能做投资。所以主动管理可以继续获得高回报率。

主动管理以往在二级市场和一级市场都存在,现在二级市场的主动管理比例持续下降。指数基金获得了越来越高的比例,这是因为指数基金的费率比较低,也因为跑赢指数变得日益困难。

但是主动管理的基金并非不能获得超额收益率。只是由于市场的有效性越来越高,获得超额收益率的难度越来越大。集中体现在传统行业难以获得回报率以及新产业当中的回报集中在少数公司。

1. 日益头部化的二级市场投资

从表 8-1 可以看出,2018 年以来美国市场大部分回报来自新产业。

表 8-1　　　　2018 年以来美国股票市场行业回报

牛市:2018-12-24—2020-07-20		涨幅大于 200% 的标的数量
行业	能源	2
	材料	1
	工业	7
	非日常消费	22
	日常消费	2
	医疗保健	96

续表

牛市：2018-12-24—2020-07-20		涨幅大于200%的标的数量
行业	金融	5
	信息技术	39
	通信服务	6
	公用事业	0
	房地产	3
合计		183

数据来源：万得资讯。

从图8-4可以看出，2009年之后，纳斯达克100和道琼斯指数回报差距日益拉大。

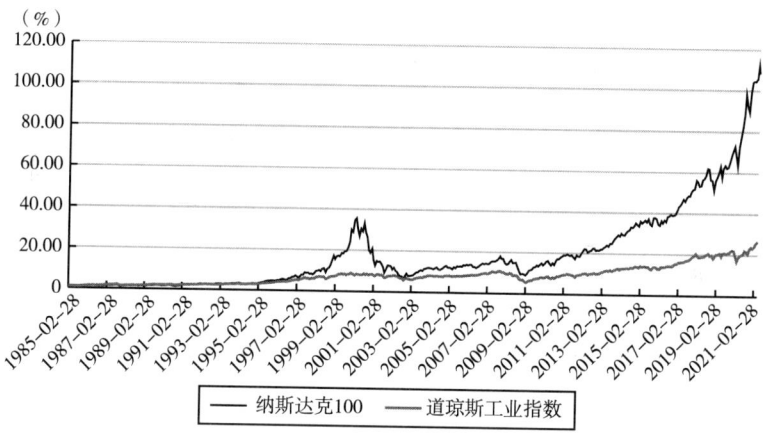

图8-4 纳斯达克100VS道琼斯指数回报率

数据来源：万得资讯。

这一点可以通过不同行业十年回报率的差异来说明。从下面的行业表现（见表8-2）可以看出来：发达国家主要是美国过去十年的高回报行业主要是电商、软件、互联网、半导体、技术硬件、医疗器械、生物科技。银行和能源在过去十年没有回报。而这些高回报的产业大多在纳斯达克上市，而道琼斯指数代表的行业大多为传统行业。

表8-2　　　　　　　　　　发达国家行业表现

代码	名称	十年回报
106815.MI	MSCI发达/零售业	563%
106826.MI	MSCI发达/软件与服务	543%
778418.MI	MSCI发达/半导体产品与设备Ⅱ	442%
106825.MI	MSCI发达/技术硬件与设备	387%
106820.MI	MSCI发达/医疗保健设备与服务	352%
106816.MI	MSCI发达/媒体Ⅱ	299%
106819.MI	MSCI发达/生物制药与生命科技	172%
106811.MI	MSCI发达/商业与专业服务	155%
106902.MI	MSCI发达/耐用消费品与服装	148%
106814.MI	MSCI发达/消费者服务	147%
106813.MI	MSCI发达/家庭与个人用品	142%
106810.MI	MSCI发达/运输	131%
106812.MI	MSCI发达/汽车与汽车零部件	109%
106809.MI	MSCI发达/资本商品	104%
106838.MI	MSCI发达/食品与主要用品零售Ⅱ	102%
106823.MI	MSCI发达/综合金融	95%
106817.MI	MSCI发达/食品饮料与烟草	94%
106822.MI	MSCI发达/保险Ⅱ	86%
106824.MI	MSCI发达/房地产	52%
106828.MI	MSCI发达/公用事业Ⅱ	34%
106807.MI	MSCI发达/原材料Ⅱ	32%
106827.MI	MSCI发达/电信业务Ⅱ	23%
106821.MI	MSCI发达/银行	-4%
106806.MI	MSCI发达/能源Ⅱ	-38%

数据来源：万得资讯。

不但发达国家，发展中国家（地区）也有类似表现。从表8-3可以看出，中国香港股票市场上，获得高投资回报率的优秀公司主要来自互联网、软件与服务、医药类和硬件类等行业。

表 8-3　　中国香港行业十年回报

代码	名称	十年回报
887130.WI	香港软件与服务	1247%
887125.WI	香港制药、生物科技与生命科学	579%
887131.WI	香港技术硬件与设备	389%
887118.WI	香港消费者服务Ⅱ	275%
887128.WI	香港保险Ⅱ	176%
887116.WI	香港汽车与汽车零部件	161%
887119.WI	香港媒体Ⅱ	160%
887129.WI	香港房地产Ⅱ	145%
887134.WI	香港公用事业Ⅱ	110%
887132.WI	香港半导体与半导体生产设备	108%
887124.WI	香港医疗保健设备与服务	85%
887127.WI	香港多元金融	85%
887117.WI	香港耐用消费品与服装	70%
887126.WI	香港银行	43%
887121.WI	香港食品与主要用品零售Ⅱ	34%
887113.WI	香港资本货物	31%
887123.WI	香港家庭与个人用品	31%
887115.WI	香港运输	27%
887133.WI	香港电信服务Ⅱ	23%
887112.WI	香港材料Ⅱ	11%
887120.WI	香港零售业	2%
887111.WI	香港能源Ⅱ	-15%
887114.WI	香港商业和专业服务	-21%
887122.WI	香港食品、饮料与烟草	-25%

数据来源：万得资讯。

从表 8-4 可以看出，A 股优秀公司不但来自软件与服务、医疗类和硬件类行业，还来自食品、饮料类和消费者服务类行业。最典型的是白酒、调味品和免税店。

表 8-4　A 股行业表现

代码	名称	十年回报
882111.WI	食品、饮料与烟草指数	358%
882119.WI	软件与服务指数	277%
882114.WI	制药、生物科技与生命科学指数	259%
882107.WI	消费者服务Ⅱ指数	227%
882120.WI	技术硬件与设备指数	211%
882117.WI	保险Ⅱ指效	204%
882113.WI	医疗保健设备与服务指数	195%
882121.WI	半导体与半导体生产设备指数	181%
882106.WI	耐用消费品与服装指数	172%
882112.WI	家庭与个人用品指数	162%
882110.WI	食品与主要用品零售Ⅱ指数	118%
882115.WI	银行指数	115%
882116.WI	多元金融指数	93%
882105.WI	汽车与汽车零部件指数	91%
882118.WI	房地产Ⅱ指数	85%
882103.WI	商业和专业服务指数	58%
882102.WI	资本货物指数	58%
882123.WI	公用事业Ⅱ指数	49%
882101.WI	材料Ⅱ指数	43%
882122.WI	电信服务Ⅱ指数	42%
882104.WI	运输指数	20%
882108.WI	媒体Ⅱ指数	3%
882109.WI	零售业指数	-2%
882100.WI	能源Ⅱ指数	-39%

数据来源：万得资讯。

过去十年发达国家和港股的高回报率产业集中在数字新媒体产业和生物科技产业，传统产业整体没有回报。A 股消费品公司因为渗透率和集中度继续提高，因而有比较好的回报。而发达国家的这些产业已经得到了充分发展，难以有好的回报。

在新兴行业当中，回报率更加集中，少部分公司占据了多数回报。如果投资者在过去几年没有买入FAANG［Facebook（FB）、Amazon（AMZN）、Apple（AAPL）、Netflix（NFLX）和Alphabet（GOOG）］，获得高回报率的难度很大。

过去十几年中，FAANG 5个公司的营业收入利润、市值占全部美股的比重都有了大幅上升（见图8-5）。这意味着投资其他美股，难以获得超过FAANG的回报率。过去几年中，FAANG占纳斯达克比重逐渐提升。

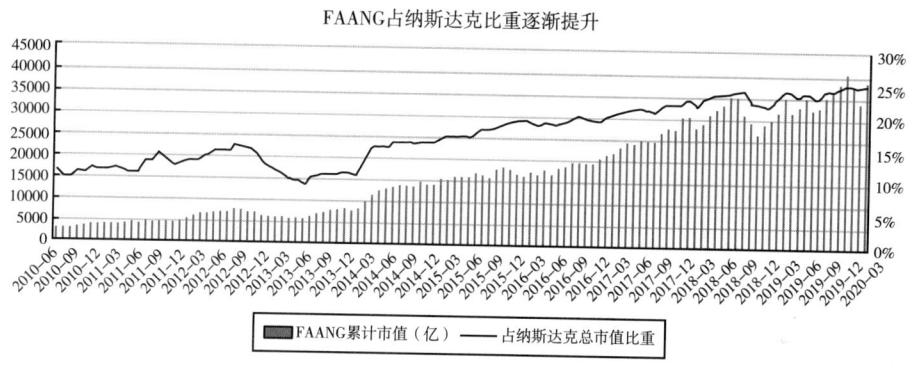

图8-5 少部分公司产生大量回报

数据来源：万得资讯。

技术的持续进步会带来长期的低通胀、低利率，由此绝大多数固定收益资产逐渐都没有回报率；技术的发展也造成了大部分的回报来自于新行业，传统行业产生的回报很少；赢家通吃造成了回报的头部化，结果就是少部分创新公司产生了大部分回报，大部分创新公司没有回报，大部分非创新公司也没有回报，大部分固定收益产品也没有回报。

以往二级市场的回报是个正态分布，少部分公司获得高超额回报，少部分公司负超额回报，多数公司获得正常均值附近回报。现在二级市场的回报是个粗尾分布，少部分公司获得大部分回报，大部分公司没有回报或者负回报。

2. 回报头部集中的原因

（1）固定收益回报率下降原因

固定收益产品的回报主要和经济增长率以及通货膨胀率相关。随着全球年轻人口的比例下降，造成全球经济增长预期下滑。更重要的是，摩尔定律等技术进步曲线使长期的通胀消失。

随着资源的枯竭，很多之前的生意，生产的边际成本会逐渐上升。但是由于摩尔定律的存在，和摩尔定律相关的生意成本不断下跌。范围从信息生意扩大到了能源生意，再到汽车等生意。越来越多的产业互联网化，降低了信息成本，影响到媒体产业和通信业。线下零售被电商替代，一部分需要线下办公的工作被视频办公替代。

2020年光伏发电和煤电同价；2030年光伏价格只有煤电的50%；2023年新能源车的价格会低于燃油车，其后还会下降。

软件现在逐渐开始替代人，随着人工智能的发展，最终大部分人的工作会被机器人替代。

结果是信息产品、能源产品以及人工的价格都很难上升。长期没有通胀带来的就是零利率和负利率。结果是无风险利率为0，固定收益产品的回报率也是风险溢价的体现。

大量的固定收益投资长期需要逐渐转为权益投资。

（2）传统产业回报率下降原因

光伏电价的持续下跌导致了传统的煤电厂逐渐消亡，煤炭企业逐渐消亡。

燃油车被电动车替代导致燃油车产业、4S店以及被挤压的石油产业逐渐消失。当自动驾驶来临的时候，各类的陆上交通（如地铁、公交、高铁、长途巴士）都会受到影响；车险行业的规模可能会显著缩小。

当互联网金融开始发达，传统的银行、寿险公司、券商的生意会变得困难。

传统产业本身由于需求增长萎缩，很难有好的回报。现在，由于技术进步的扩散，很多领域都逐渐被新的供给替代，因此很难有好的回报。

（3）新兴行业集中度提高原因

互联网公司经常有强大的网络效应，从而具有赢家通吃的属性，导致集中度大幅度提高。Facebook 和 Google 在全球的媒体广告上占有很大比例；iOS 和 Google Play 对于全球的娱乐业过桥收费；亚马逊依靠在全球卖家和物流上的棘轮效应获得远大于沃尔玛时代的份额。

软件、硬件和医药行业的规模经济日益增强。软件行业前期研发和推广成本巨大，后期成本不断递减，后来者难以追上。硬件如芯片的研发和设备投资巨大，同时有强大的学习曲线，参与者逐渐减少。新药的研发成本日益提高，最终获得成功的创新医药企业只是少数。类似于芯片、光伏这样的由于服从摩尔定律导致具有网络效应或者学习曲线的生意越多，规模经济越显著，行业的集中度也就越高，行业的龙头公司回报率也就越高。

3. 投资模式的启示

固定收益产品没有收益、传统产业的权益投资没有回报，新兴产业少数公司产生了绝大多数的回报。投资回报分布的粗尾化使极少部分资产有超高回报率，绝大部分资产没有回报率。投资者如果策略正确，就可能获得超高回报率；如果策略不正确，就根本没有回报率。

固定收益和传统行业的投资固然没有回报率，新兴产业的绝大多数投资也没有正回报率。

上述结果就是全球二级市场的投资也 VC 化了，最优秀的公司和基金获得了绝大多数收益，其他的公司和基金没有回报。和 VC 投资一样，赌赛道是一个办法，毕竟新产业作为一个整体回报高于传统产业。但是更重要的还是加强研究和投资的能力，投资到头部优秀公司（如FAANG）。

8.2.2 主动管理获得超额收益率的途径

主动管理获得超额收益率的模式，就是集中投资于少数新生意的赢家。主动管理需要做的就是在新的生意当中当赢家出现的时候投资。

先是创新可以创造巨大价值使生意存在，再是护城河促使生意获得高资本回报率。

1. 创新创造价值

（1）创新创造价值的原理

"创新是以已有但没用过的技术再造新的产品和生意，与现有商业环境结合，创造出10倍不同于以往的体验和效率。"

成功的创新是那些能够充分利用成熟技术，尤其是以前未曾使用的技术，实现重大的产品和商业模式创新、大幅度地改善体验和提高效率，从而创造价值的创新。

创新创造价值。价值是通过技术创新、产品创新和商业模式创新创造出来的。人类的社会进步和经济发展是由经济增长带来的，而经济增长又是通过无数产品和技术而推动，从而满足用户需求实现巨大销售。

从几千年人类历史来看，持续的创新创造价值。工业革命200多年人类生活水平的进步比之前的2000多年还要大。今天日新月异的生活变化都建立在科技创新的基础上，每个当今世界大市值的公司也是主流生活方式的代表。苹果、亚马逊代表了移动互联网环境下的生活。特斯拉正在带给我们自动驾驶时代的生活体验。很多中国公司正在成为创新的动力源，社区团购会让每个农村居民享有和市民一样多的选择、一样好的品质和一样便宜的价格。

每一代创新都是从新的能源和材料开始构建新的动力机器，构造新的主机硬件，构建基础设施网络和操作系统，在此基础上开发出新的应用，利用新的技术架构提升效率，改造传统生意，这个过程会经过几十年的时间。

在创新过程中，新要素转化为生意要有几个阶段：科学发现、要素具备、产品研发、组织设立、生意达成。不同的要素重构形成新的产品和生意。每一代创新都是由多个技术新要素促成的，并由优秀的企业和企业家予以组合开发出优秀的产品。

同时，新技术的应用会对原有产业产生巨大的影响，从而构筑新产业或者将原有产业彻底颠覆。机器使消费品可以标准化生产，公路、铁路和船只使消费品能够运到各地，电话、电报使跨区销售网络可以建立，电视使消费品牌得以塑造，计算机使跨区域管理得以实现。每一次的应用替代都会带来巨大的生意机会。

（2）如何判断创新是否存在

判断创新的标准，是新技术的应用是否可以给一个行业带来本质的变化，主要看体验和效率的提升。

①产品体验的提升。对于创新，没有巨大的体验差异是没有意义的。何谓巨大的体验差异？人力被蒸汽机替代；马车被火车和汽车替代；电报电话使信息的传输距离和传输速度提高了无数倍；电视传播的信息是报纸和收音机的无数倍；电脑的运算速度是人脑的无数倍；互联网使信息量、商品量以及可以联系的人的量扩大了无数倍。体验一定可以用数字来定义，例如，力量大了10倍，速度快了10倍，数据量大了10倍，可选择商品量多了10倍，10倍的意思是说这是一个本质的差异。

②产品效率的不同。效率不同可以体现在消费端，比如价格下降了90%，成本下降了90%。例如，随着摩尔定律，单位算力的成本每年都会大幅度下降。

质的差别是体验差异，量的差别通常是效率差异。

效率的体现需要成本的显著降低才有用。如果一个创新没有彻底改变供应链,没有流程优化和管理优化,没有显著的新科技或者新科技组合的应用,那么基本上不会创造价值。

可以从体验的改善、效率的优化这两个角度判断创新是否出现。体验的改善:新的应用比旧的应用体验改善的倍数;效率的优化:新的应用比旧的应用效率优化的幅度。

$$创新的幅度 = 体验改善的幅度 \times 效率优化的幅度 \qquad (8-1)$$

这也就是创新创造了多少价值的衡量方法,可以判断什么是真正的创新,什么是伪创新。

(3)发现重大创新

创新就是不断产生新想法,不断试错直到成功的过程:新的科学奠定基础,新的要素技术出现,新的产品是把新的要素组合一遍,提供一个从来没有过的强大功能。当有了新要素的新平台出现,再基于新平台做一个新的或者体验效率大幅度提高的应用。新要素出现而且具有一定规模的应用,经常是新产品产生的基础,因为可以让新产品稳定且便宜,当然有时候是直接应用终端带动要素原件。

重大创新对新要素的利用越充分、与已有产品的差别越大、新体验越强大,成功程度越高。新产品、新作品都符合这个规律。

好的创新是否还处在快速渗透过程,有一些检测标准:产品已经推出并广受好评;该项业务的收入超过100%增长,对于主要公司的收入和市值已经可以有贡献;业务符合边际成本递减原则;业务具有规模经济,在一定规模以后可以盈利,而且可以有很高的 R 资本回报率和内部收益率。

投资于好的创新要聚焦于行业领导者,主流生意的领导者带来最高的收益率。在互联网时代体现赢家通吃的属性:在中国,即时通信领域:只有微信和QQ,金融领域:微信支付和支付宝占据超过90%的份额,出行领域:

滴滴占据大部分份额。在本地生活中：美团有70%份额；小视频领域：基本被头条和快手两家公司分享所有份额；在房产领域：贝壳具有远高于第二名的地位；电商领域集中在阿里巴巴、拼多多和京东三家公司；在游戏领域：腾讯和网易获取了80%的份额。

在美国区域：即时通信领域是Facebook旗下的Facebook Messenger和Whats App；金融领域基本上是PayPal和Square两家；出行领域Uber占据了三分之二的份额；短视频基本被Instgram和YouTube占据。电商领域的主要公司是Amazon以及社交电商的代表Shopify。

这些生意当中即时通信具有最强的网络效应，很容易在早期就一家独大；金融支付具有用户间和商户间巨大的网络效应，故PayPal尽管过去十几年没有创新仍然领先。视频领域体现同样内容的双向网络效应，更多的用户和更多的内容相互吸引，腾讯旗下的微视尽管可以借助腾讯的流量也很难成功；Uber和AirB&B在海外竞争较弱，国内的滴滴出行和美团在早期尚不显著，主要是靠组织驱动，但是硬仗打完赢家就出来了。

像即时通信这种网络效应很强的生意，例如微信。微信上线几个月就奠定了胜局；微信支付横空出世的时候就可以和支付宝分庭抗礼。美团却是在和一个个对手（如窝窝团、点评、饿了么）的战斗当中证明了自己，主要依赖于强大的组织战斗力取得了胜利。所以，非常好的生意一开始就可以看到赢家，没有那么好的生意都是依靠组织驱动获得成功。

从信息的角度来看，创新的特征包括创新实现的区域、创新实现的可能性以及创新的强度。

创新实现的区域包括在现有主流创新领域的附近运用现有的资源和新的技术，创造出新的产品，挖掘的新创新领域。

创新实现的可能性有：与现有主流发展领域的联系节点，与已经出现尚未应用的技术的联系节点，与现有基础设施渠道的联系节点，与客户兴趣的联系节点，以及这些节点之间彼此的潜在联系数量和联系强度。新的技术要素应用越多，产品创新性就越强；与原有成熟的技术以及应用系统交叉性越多越强大，与原有的基础设施联系越紧密，就越容易获得支持，与客户的兴趣点联系越紧密，就越容易获得强大的反馈从而成功。

创新的强度通常取决于现有成熟技术的应用程度和新要素的应用程度，以及两者的结合程度。创新中软件功能优于硬件功能，硬件功能为软件功能的实现提供基础。

本质上，出现新的技术要素后，要将新技术要素和原有产品、系统重新组合，然后观察想象可能出现的所有排列架构，最后观察哪个架构实现了系统硬件的完美整合、软件的完美整合以及与用户的完美互动，哪个参数进一步实现了整个系统的最优化。

2. 护城河帮助生意留住价值

前面围绕如何寻找好生意探讨了创新，下面分析好生意的另一要素——护城河。护城河首先要经得起时间的检验。价值实现最终要用时间来检验，时间是好生意和好企业的朋友。

创新和护城河的本质都是体验和效率的差异。从创新来说，产品体验相较于之前产品有巨大的超越和效率成本的节约，这是高速增长的前提，直到替代了旧的产品。

从护城河来说，相对于做同样产品的竞争者，产品要有体验和效率上的巨大的差异，确保用户得以保留。

此外，在面临新产品开始挑战的时候，企业要能够通过完善的设施、便捷的操作、长久使用形成的习惯或者巨大的网络以及品牌，实现防御。必要时候进入新的领域，和新的技术或者新的要素结合以后，相对于新的竞争者提供更好的体验或者更低的成本，可以把以新模式出现的竞争者消灭掉。越是系统性建立起生态系统的生意，新的生意模式越是难以攻击。如果旧有的生意系统吸收新的要素可以快速加强生意模式，那么可以获得再一次快速发展的机会。

3. 规模化和差异化促成更大的生意

巨头出现的主要原因是规模收益递增。以往规模不能做得很大的原因是：随着人的增加，规模收益是递减的，很容易达到规模不经济的点；对于消费者，规模意味着差异性的丧失。前者意味着组织能否内部拆小或者大规模的时候仍然容易管理，后者意味着是否可以柔性生产和销售。随着分工、流水线、柔性作业、软件、互联网以及人工智能的出现，使人的管理难度减小以及人逐渐被替代，数据越来越成为生意的驱动，企业的规模可以跨越管理边界而扩大，各个生意的集中度都会有不同程度的提升。

对于互联网时代尤其是人工智能时代，规模的扩大来自于消费者的千人千面，这既包括平台可以聚合现有的所有商品和服务组合，也包括可以根据需求定制客户需要的所有商品；实现的基础是平台拥有所有的用户数据，能够对于用户的行为实现准确的分析，知晓每种行为偏好应当配合何种产品；硬件软件化可以根据需求直接制造产品或提供服务；硬件网络化可以根据偏好随时满足用户需求且相互共享实现产品或服务最大的利用率；组织智能化减少了管理层级以及需要管理的人，智能化软件化带来的人员减少使大部分对于人的管理职能消失，少部分还需要人的协调但是组织已经可以更加扁平和缩小；训练和推演的不断加强使决策速度和有效性得到改善；最终使从创意、设计、研发、采购、制造到营销、交易、仓储、配送、售后各个环节软件化、网络化、智能化、共享化。

企业的运营是场景、数据、运算、制造、服务的过程；企业能够做多大取决于所有差异化的需求当中满足的比重，所有差异化的供给可以形成的比重，所有差异化的需求满足和供给形成的共享程度和规模化的程度。最终规模化和差异化能够共存的程度，对于所有需求满足的程度以及不同竞争对手之间在规模化和差异化对比的差异决定了组织和生意的规模。未来由于大数据和人工智能的发展，只有规模化才能实现差异化；由于大众需求日益个性化，只有差异化才能实现规模化。

举例来说，基本上通用软件的生意都只有一个，类似社交乃至电商网络的生意也是一个，人工智能领域依赖于不断产生的大量数据的生意可能也只有一个；这种生意的共同特征是可以产生或弱如视频办公软件或强如社交软件的网络效应。软件只有通用才能共享，搜索需要大家相互优化找出最佳搜索结果，翻译中最佳翻译结果的选取上传带来价值。如果生意需要人与人的交互来优化或者达成，那就容易形成强的转换成本而具有唯一性形成垄断。如果只是自己使用和别人无关，那么不太容易形成唯一的垄断。

搜索引擎的集中度会远高于新闻推荐的原因是消费者对于搜索质量的要求很高，所以只会选择搜索质量最好的，而搜索质量和用户不断使用密切相关，所以几乎只有排在第一位的搜索引擎可以存活。但用户对于新闻推荐的质量要求较低，用户的兴趣爱好和其他人没有明显的关系，容易实现迁移。

未来对于每个产业的分析判断，很重要的是要观察是否有场景可以接触客户，接触当中是否产生数据，是否足够智能可以分析应用数据，是否能够柔性、智能定制个性化的产品，是否具有个性化产品服务过程，是否可以根据每个人的反馈优化产品服务。

比如，有些场景天然接触客户，首先产生大量数据，然后就可以利用这些数据做很多生意。先是广告，再是娱乐乃至电商，这就是快手和头条的进化过程。有时候除了数据还需要运算能力，所以有了云计算；有时候还需要配送，所以有了外包的物流；有时候还需要有支付的能力，所以有了各种支付；每个场景当中所需要的各种基础设施做起来以后都成为了新的生意。

总之，要看每个生意当中是否都会接触不同的客户，都有不同的需求，在长期成本允许的前提下根据个性设计产品满足个体需求；同时是否每类个体需求又可以汇总起来实现规模化的满足。

具体结合产业特征来讲，信息产品行业相对容易，因为信息生产的边际成本为零，只要找到了差异化的需求，然后配对差异化的供给就可以了。因此信息产品行业会软件化、互联网化和智能化，实现较高程度的整合，每个领域最终保有一两个公司就可以了。

而对于实体商品的领域，差异化的需求在场景中以数据的形式产生，但是供给的差异化成本较高，需要平衡差异化导致的成本上升和价格提升；但是随着制造柔性的上升，只要规模化厂家愿意差异化，就可以更好地实现个性化的定制。本质的障碍在理解个性的需求上，这个问题会随着数据的不断积累而有所改善；企业的规模也可以越来越大。

场景和数据是前提，可标准化和规模化是基础，各类生意的最优规模边界都会不断扩大。多数品类未来领导者的份额都会比之前更大。

规模化和差异化未来相互促进将成就越来越大的生意。结果是大公司在全球占有越来越大的市场份额。工业化之前，企业只能区域化扩张；工业化之后，企业可以扩张到全国；信息化叠加规模化和产业化之后，产业可以扩张到全球。所以，西尔斯百货可以在部分城市扩张，沃尔玛可以扩张到全球，而亚马逊从一开始就实行国际化扩张。信息化使ZARA能够创立快时尚的模式，但是互联网到来以后可以构建更好的快速反应模式，因而SHEIN可以给客户提供更多的选择和效率更高的供应链。扩张的范围也会超过ZARA。

规模化带来的效率丧失。随着规模的改变，不同类型的生意适合于不同的组织形式。在最近的组织扩张的过程中，出现类似阿米巴组织这样一种形态。大的组织通常容易产生官僚病，但是贝索斯创新了组织形式，明确提倡了两个披萨原则：如果两个披萨还不能喂饱一个团队，那说明这个团队的人太多了。腾讯是在公司内形成很多小的组织来管理不同的产品。阿里巴巴则是另外一种体系，每个生意重新建立起来一个独立的大组织，有各自不同的激励体系,使新业务的团队能够充分激励干劲十足。后者的组织非常适合于自上而下完成使命,前者的组织非常适合于自下而上自主创新。

4. 如何做好创新投资

综上所述,做好创新领域的投资必须深刻理解产业变革的方向。

(1)产业变革

投资从来都是时代的投资。每个时代最好的投资都是这个时代逐渐成为主流的科技产品代表的生活方式。消费品需要新的产品、新的供应链、新的媒体和新的渠道才能建立新时代的新品牌。

从全球来看,第二次世界大战以后出现了品牌发展的好时期,包括:电视网作为新媒体出现;连锁超市作为新的渠道进入千家万户;计算机帮助管理带来连锁店面管理、连锁品牌管理的成熟。无论产品、媒体、渠道,还是供应链管理的公司,都成为优秀的投资对象。

从20世纪80年代开始,随着摩尔定律持续发挥作用,基于算力、算法和数据的生意成为主流。

20世纪80年代中期,苹果、惠普等个人电脑开始普及,英特尔的CPU开始流行,Windows、Office、Oracle等各种软件开始普及。

20世纪90年代中期进入互联网时代,从雅虎、Booking、亚马逊、Ebay到谷歌、奈飞、Facebook。从门户到在线旅游再到电商、搜索引擎以及社交网络,美国互联网实现了迭代。

20世纪90年代后期开始,中国出现了新浪、网易这样的门户网站,携程让旅行在线化,腾讯、阿里巴巴和百度分别构建了社交网络、电商以及搜索引擎。

2007年开始进入移动互联网时代,智能手机开始普及,苹果构建了硬件和iOS这样的操作系统;随后基于屏幕无限下拉和算法信息推荐,出现了头条;基于LBS,出现Uber、滴滴、美团、Airbnb的生意;基于摄像头和4G,

出现了Instagram、YouTube、快手、抖音、哔哩哔哩的生意；基于二维码，出现了支付宝、微信支付的新生意。

2015年开始进入云的时代：硬件上GPU成为了基础运算芯片，亚马逊构建了云平台AWS，各种SAAS（如开店软件Shopify、远程视频办公软件ZOOM、云数据库Snowflake）日益普及。

几乎在同时，电动车的时代也来临：电动车如Model 3成为新一代的硬件平台，未来自动驾驶系统会逐渐成熟成为新一代的操作系统，也会有很多的应用在操作系统上给乘客增添乐趣。

中国的情况有所不同。中国2000年的时候发展阶段类似于美国的1950年。所以消费品牌借助于电视媒体、超市渠道和ERP管理逐渐全国化，白酒、家电、调味品、中药以及服装行业创造了优秀的回报率；同时，中国互联网开始发展，无论是腾讯、阿里巴巴、百度、京东还是后来的头条、美团、拼多多、快手、哔哩哔哩，都为投资者创造了优秀的回报；中国的IAAS和SAAS也逐渐发展起来，在阿里云基础上，各个领域的SAAS逐渐发展起来；中国的硬件产品逐渐跟上时代，新能源车和电池领域中国都已经处于领先地位，中国在全球光伏领域处于绝对领先地位。各个产业的持续创新发展，给投资人创造了高回报率。

创新产品通常都是年轻人最先使用，因为年轻人更能够接受新鲜事物。一方面年轻人年龄增长自然扩大用户群，另一方面一部分中老年人也会逐渐接受。因而，年轻人喜欢的新产品会逐渐扩大市场份额。对于年轻时就消费的商品，投资人很容易有信心；对于当前不消费的产品，就不容易理解而难以投资。

（2）如何判断未来的主流创新生意

如何判断一个新的生意是否会成为主流创新生意？第一，新生意的效率或体验要有数倍的提升，小幅度的提升仅仅是改良而不是破坏性创新。第二,生意要够大,小生意不会是主流生意。第三,生意增长足够快,这样才能快速建立生态系统。第四,生意要有好的商业模式和卓越的资本回报率。第五,已经得到消费者验证非常满意,而且愿意推荐。很多生意需要时间需要技术进步去完善体验,当产品成熟了,就可能演变为主流创新生意。

最近几十年的生意都有摩尔定律的驱动。未来一段时间也仍会这样。未来世界的创新是,改变物质世界的人工智能、改变精神世界的VR和AR、改变经济社会的数字货币和区块链,以及改变人自己的生物科技。现有的世界会逐渐进化到未来的世界。

①视频娱乐的进化。当前的视频娱乐主要是各类视频和直播。视频和直播在各个领域实现应用,先是基于娱乐的视频和直播,再是在教育、电商领域的应用,同时在办公领域快速提高了渗透率。视频可以提供比图文大得多的信息量,直播在很大程度上替代了面对面的交互,同时交互人员的数量和效率实现了大幅度提高,因而在各个领域得到日益广泛的应用。目前,视频和直播在各个领域的应用仍然在早期,未来的渗透率会大幅度提升。

随着芯片的进步和算力的不断提升,两者累积到一定的程度,VR和AR兴起。VR可以使视频直播和现实世界效果类似,同时在虚拟世界产生大量的应用。无论是游戏还是各种视频,其形式和内容都会和现在完全不同。用户可以进入游戏或者视频,直接与虚拟人物互动,整个虚拟世界会日益壮大。

人类将越来越多的时间花在虚拟世界当中,生活在VR游戏当中、VR视频当中以及VR直播当中,在虚拟世界体验现实世界感受不到的生活。

②软件到人工智能的进化。美国各个领域的SAAS层出不穷,仍维持高速增长,最终就是在脑力劳动的领域尽可能替代体力劳力。过去中国的软件渗透率只有美国的10%,但是疫情改变了一切。中国在各个领域的软件渗透率快速提升。社交电商软件帮助线上线下直播,腾讯会议协助远程办公,各

种通信软件帮助教育直播课迅速渗透。

软件的渗透只是开始，未来人工智能的发展会促进各个领域软件的智能化，一步步地在各个领域替代人力、替代实体场所以及替代硬件。

电商一天天替代实体零售，以微信视频号、抖音电商为代表的社交电商在2019年迅速崛起，在2020年社区团购以C2M解决配送和库存的问题，让线下零售的价值主要成为体验店，购物中心成为生活服务中心。

随着VR的发展，视频办公软件让远程办公和现场办公的区别几乎消失，未来远程办公的比例会不断提升，逐渐接近100%。

各类CRM软件在人工智能加入之后，客户服务日益智能化，智能客服会有越来越大的比例。

最终，写字楼的需求量缩小，购物中心的潜在需求面积受到影响。如今越来越多的是由人来完成的工作逐渐由智能化的软件完成。

③硬件智能化：出行、配送、制造与服务。软件智能化的同时，硬件也实现智能化。

自动驾驶将在五到十年内实现，到时候无人驾驶出租车将成为除了自己骑自行车之外最便宜的交通方式，从而成为最主要的交通方式。同时，各种车载娱乐应用，尤其是AR应用将流行，无人驾驶车成为重要的娱乐载体。

配送会逐渐无人机化（无论是商品配送还是外卖配送）。配送员终究会老的，年轻人不愿意做配送员。长期持续保持配送成本稳定的，就是无人机配送。随着无人机技术提升和成本下降，未来五到十年会成为现实。

自动化制造管理的软件和机器人是未来十年的大趋势。各种人工智能的技术会先在工厂成熟，实现制造的智能化。特斯拉的名言是"Machine Create Machine"，最终整个制造逐渐无人化。这也帮助中国保持制造业的成本优势。

将销售终端和制造端连接，用人工智能预测需求传导到制造终端，已经逐渐被类似SHEIN这样的企业实现了。这在未来会成为越来越重要的趋势，使整个价值链智能化。

服务的智能化还需要时间。服务是远远比工厂制造更加智能的过程。海底捞的厨房机器人和送菜机器人智能化程度都不高。制造业的机器人本质上还是机器，毕竟流程都是可以预先设计好的。服务业的机器人需要视频识别、语音识别，要能够自主判断，能够自己做出动作。真正意义的服务机器人预计在2030年至2040年出现。届时，中国的老龄化会非常严重，各种人工智能和机器人会有效帮助解决老龄化的问题。

④移动支付到数字货币的进化。在中国，移动支付乃至在网上实现各种金融消费场景已经被微信支付和支付宝实现。在美国，PayPal和Square也在逐渐实现金融的数字化。在东南亚，SEA旗下移动支付的金额快速增长。

下一步数字货币占金融资产的权重会不断提升。比特币本身会不断发展，也可能会有其他类似以太坊这样的币发展壮大，毕竟需求是多种多样的。各种有价值的区块链也会逐渐出现，解决各个领域的问题。

与此同时，全世界的价值体系也可能重塑，创造的价值越来越多的时候不是体现在利润上，而是体现在收入和市值的上升上。

⑤智能化驱动的新消费。从头条开始，字节就用算法驱动给用户推送日益精准的内容；视频时代，抖音给用户推荐精准的视频，在海外TikTok超越了文化差异，用数据和算法同样实现了精准推荐。

拼多多和头条的差别就是，头条用算法推荐信息，多多用算法推荐商品。

SHEIN、完美日记和元气森林的共同特点是给客户推荐大量的商品，根据客户的选择持续优化产品。与其说这些公司是消费品公司，不如说这些都是算法公司。

在各个领域，根据数据化、智能化的方法来重新定义商品组合，运用新的互联网渠道实现销售都是大的趋势。消费品会日益差异化，同时整个公司由于可以高效适应不同人群的需求又可以充分规模化。差异化和规模化成为可以相互促进的趋势，共同促进了新的品牌诞生，也共同使品牌的规模经济延伸到全球。

在这个时代，善于运用互联网改进消费品牌和传播消费品牌的中国消费品公司，具有能够发展到全世界的潜力。

⑥生物领域的进化。生物领域应用人工智能的手段会大幅度加快基因筛查以及基因编辑的速度以及快速降低成本。

生物技术领域最近快速发展，但是和大家的期望相比还是差距巨大。人工智能技术的加入，对于药物的前期筛查有重要帮助，可以大大加快药物研发的速度。同时，人工智能技术也大大促进疾病早期筛查的效率，提高治愈率。这些都会促进整个医疗领域的大发展。

⑦基础设施的进化：算力、芯片、通信。虚拟世界建立的三大基石是算力、通信能力和电力。3G创立了移动互联网世界。4G刺激了视频直播推进了移动互联网。5G奠定了自动驾驶、VR的基础。6G的时代会使VR和AI高速发展推动虚拟世界形成。SpaceX会帮助广大的地区同样享受到虚拟世界带来的巨大福利。

从视频到VR，从软件到AI，从自动驾驶、无人机、无人制造到服务机器人，从移动支付到数字货币，从媒体到渠道再到品牌的算法推荐，再到疾病研究，所有这些都建立在算力、数据和算法的基础上。

数据以摩尔定律的速度增长，分析数据需要的算力以摩尔定律的平方倍增长，这些都带来巨大的算力需求的快速增长。算力的增长就是云计算和边缘运算的快速增长。整个未来的世界构架在算力的基础上，提供算力的云计算平台就是新一代的操作系统。

云计算构建在芯片基础上，如同每一代操作系统都建立在硬件基础上。ARM架构逐渐替代X86架构，GPU在数据中心、人工智能以及将来的VR

当中占据日益重要的权重，各个领域的 ASIC 会随着应用成熟而被广泛使用。无论如何，都要使用芯片代工厂（如台积电）的产品，也都要用到 ASML 的光刻机。

未来世界构建在算力基础上，算力构建在芯片基础上。

⑧基础设施的进化：新的能源。未来世界建立在算力基础上，同样也建立在电力基础上。需要算力的地方就需要电力，算力也需要电力来帮助维持运转。2018 年初，数字货币挖矿需要消耗的电力仍然记忆犹新。而未来，无论实体世界还是虚拟世界都需要电力来维持运转。电力需求也会远超当前的预测。

光伏是未来全世界成本最低的绿色能源，光伏发电的成本符合摩尔定律不断下降，这为维持未来世界快速迭代高速发展奠定了基础。无论算力还是电力的成本都遵循摩尔定律在不断下降，这使整个世界可以没有通胀地高效运行。

未来世界中代表虚拟世界的 VR/AR 以及数字货币的比例上升：虚拟世界包括构架在互联网上的人与信息交互的媒体娱乐世界，也包括连接人与商品的世界，还包括连接人与人的社交和其他软件世界，尤其是数字货币经济的世界；以人工智能为基础的硬件以及生物科技构建支撑的实体世界也会快速变大，但是在其中花费的时间和金钱权重会下降。一切建立在以芯片为基础的算力基础上，也建立在以光伏为基础的电力基础上。

5. 创新生意投资方式总结

（1）投资于创新

创新是价值的源泉。今天排在全球市值前列的伟大公司大部分是第二次世界大战（尤其是 20 世纪 70 年代）以后创立的，可以说价值来源于创新。

所以投资成功第一要素就是要投资于创新。通过对于人类历史各类成功创新的分析研究，创新的概念可以定义如下：创新是以已有但没用过的技术再造新的产品和生意,与现有商业环境结合,创造出 10 倍不同的体验和效率。

创新成功的观察点就是:运用新技术尤其是以前未曾大量使用的成熟技术开发新产品,产生新的功能,从而获得新的应用。例如,触摸屏最早用在游戏机上,但运用并不广泛,后来却在智能手机上得到了广泛应用。

因此,涉及不明确成熟的技术的创新项目要否掉,没有看到产品模式导致功能彻底进步的创新项目要否掉,产品出来以后体验和效率没有显著提升的创新项目要否掉。最后一步,能否通过看到的产品来判断 ROI 是投资核心,没看到产品的不可以投资,产品不足够好的也不能投资。

技术组合为产品的过程会出现较大的不确定性,要经过不断调整和调试,最优组合、最优参数才能出现。必然性是如果技术都具备了,那么一定可以调试出产品来,偶然性是设计的优劣决定了产品究竟能否成功和获得多大成功。投资者通常应该在创新出现必然性以后投资。

①如何发现创新。从自上而下的角度看,过去几十年,从 1976 年到 1985 年是 PC 硬件普及的阶段,标志是 CPU 的使用和 PC 电脑的出现;从 1986 年到 1995 年是软件时代,标志是 Windows 和 Office 的广泛使用;从 1996 年到 2005 年是 PC 互联网时代,标志是门户网站以及电商网站的成功运营;从 2006 年到 2015 年是移动互联网时代,标志是苹果手机的使用、微信的诞生以及 AMS 的商用;2016 年至今是人工智能时代,标志是电动车和无人驾驶的普及、GPU 的大规模使用、各类人工智能应用出现、各类机器人的广泛应用以及 AR 和 VR 重塑娱乐生态。把握科技发展的主导方向,可以发现主要的创新。

从自下而上的角度看,观察生活当中出现的每个新应用;跟踪上市公司出现的每个创新应用;运用大数据持续发现新的现象级产品产生。将自上而下与自下而上相结合,才能第一时间发现创新。

②主流创新带来巨大价值。每一次真正的创新都要求产品的体验或效率有大幅提升，进而推动新产业的诞生。每一代新产业基于硬件提供的生产力大幅度提升，相对于原有的产业发生质的变化，才能够彻底替代原有产业。

计算机和互联网最初是使组织可以变大的管理工具，然后才是娱乐工具，在互联网时代可以作为零售平台、金融平台、IT服务平台、媒体平台。优秀的互联网电商平台和云平台类似，所做的都是在提供无穷选择、优秀体验，并不断提高效率、降低成本、维持最低售价、清除竞争对手。

电动车也产生了巨大的变化。首先，作为交通工具，自动驾驶产生改变了整个交通方式，司机不再有必要。其次，电动车成为一个移动的智能手机，具有新的AR功能，创造了新的娱乐方式。最后，实现自动驾驶以后，堵车这一现象会消失，人们的居住方式会发生变化，进而导致生活方式的彻底改变。

③生意可行性判断要点。判断一个生意的可行性，就是判断一个生意组合的各个要素的可获得性以及组合本身的可实现性。很多时候，一个要素突破，再和其他要素结合，就有了新的产业。要找到是什么要素突破了，这个要素可以和什么要素结合，新要素可以显著提高哪种生意的效率，新硬件或者新要素的新功能可以用来做什么。

判断一个新生意是否可行，有以下几个思路：原有的生意为新的生意奠定基础，之前构造的产业基础为之后的产业创造实现条件；要有新的基础要素（例如基础的零部件出来，整机才有条件形成）；新产品都是把各种新出现的有利技术要素恰当组合实现，每一代产品都是当时的要素组合，一旦革命性的要素出现，并被重新组合到新产品中就会形成新的产业突破；产品就是不同要素组合穷尽不断试验的过程；新产品可能有多种技术实现路径，很难提前判断哪种路径会赢；新产品的研究是否成功具有高度的不确定性，何时成功也具有不确定性。一方面可以先投资于重要要素的生产，如果新产品成功必然会使用；另一方面要不断观察判断产品的进度，关注是否存在重要的突破，一旦出现重要突破，就可以快速投资。

任何时代的投资人都是在投资属于时代的好生意上获得成功的。由图 8-6 可以看到，全球最大市值公司排行榜 30 年的变化。

图 8-6　1990—2019 年全球市值前十大公司变迁

数据来源：https://tieba.baidu.com/p/6443573081。

世界是变化着向前发展的，创新会不断替代旧的产品或生意；投资上只有投资新的生意才能获得长期超额收益率；新的动力和材料的突破是新产品产生的基础，主要动力机器的突破是新产品产生的转折点，主机的出现代表新时代的来临，基础网络和操作系统与用户的保有量相关，既是好生意，也是主要的投资对象；那些利用新技术可以大幅度提升用户体验和效率的应用方面的生意，也可以考虑；最后，能利用新的技术加以改造传统的好生意也是还不错的选择。

主流创新一般与这几个领域的新生意相结合：动力的提供方一般为公用事业生意，材料生产方往往是重资本的生意，动力机器往往有技术含量，是技术密集型的生意，主机在早期需求旺盛，技术没有扩散的时候，是技术密集型的生意；后期竞争增加，沦为较差的生意。无论是早期的基础设施网络还是近期的操作系统，一般都是所处时代的好生意，建立在基础设施和操作系统上具体的应用多数是消费品的生意，往往也是轻资本的生意。生意被改造、效率得到提升，多数时候带来新旧产业的更替，少数时候导致生意内的优胜劣汰，最终赢家的规模经济显著提升、领先优势扩大、带来高资本回报。

因此，创业者要善于分析新的要素能够给哪些产品带来革命性的体验和效率变化，然后设计好的产品、生意模式和组织。对于投资者，要时刻关注各类新产品的诞生，关注哪些新产品被快速接受，开始出现迅猛的渗透，同时分析是否带来价值链的本质变化以及生意的属性如何，找出可以建立最强大组织的最优秀的企业进行投资。

（2）护城河是价值实现的基础

①有哪些主要的护城河。时间是好生意和好企业的朋友。

所谓好生意，就是规模收益递增的生意，一般而言，具有网络效应、品牌效应、产品黏性、规模经济这几个特征中的一种。从用户端来说，需要边际效用递增,一般需要有网络效应和品牌效应;从企业端来说,需要边际成本递减,一般需要有规模经济。

最好的生意同时具有用户收益递增和企业成本递减的特性,差一些的生意可能同时只具备一个方面的特征。

20 世纪 50 年代之前,好生意通常是具有规模经济的生意,那时候主要的估值方法是 PB,投资的方法是找到具有规模经济的生意,在低 PB 的时候买入。

从 1950 年到 1990 年,好生意通常是具有品牌的生意。由于电视网媒体的传播,现代化渠道的出现和生产的规模经济,产品品牌大量出现,其中的很多已成为好的生意模型。典型的是以品牌作为护城河的消费品生意和专利为护城河的医药生意,投资的方法是寻找持久的品牌,在低 P/DCF 价值的时候买入。

1990 年以来,好生意通常是具有网络效应的生意。无论是 2C 的软件、互联网还是云计算,护城河都是建立产品和用户的黏性尤其是用户和用户之间的联系网络。网络效应的存在使大公司相对于竞争者的优势比品牌时代和规模经济时代强大很多,也使大公司还能够不断快速成长,投资的方法是找到可以构建强大网络效应的生意,在用户扩张的早期,在估值相当于整个网络的价值较大低估的时候买入,大部分的时候 P/DCF 估值法仍然适用。

②如何量化判断护城河。可以从体验的差异、成本效率的差异两个方面来判断护城河是否存在。

体验的差异:与同类企业相比,一个企业的产品服务带给消费者体验差异的程度。这种差异本质上还是产品的品质、整个生意的价值链价值、网络效应、品牌造成的。

成本效率的差异:一个企业的成本效率和另外一个企业的差异,主要是规模经济尤其是摩尔定律造成的。

所以看创新还是护城河，本质是类似的：创新是看新产品和旧产品的体验成本差异，护城河是看同样经营类似产品的不同企业可做出的体验成本差异。

(3) 企业家和组织促进价值实现

生意是由人做出来的，投资就是投资人。

投资者应当只投资于创业者本人运营的企业，只投资于创业者本人全力以赴的企业。因为多数时候，只有创业者本人才能应对各种困难，不断提升企业的高度。

伟大的企业家被证明是那些可以创造一个又一个伟大生意的人。这样的伟大企业家很少，发现一个都可以给投资带来巨大的财富。

一个强有力的效率组织的建立有利于实现上述目标。

一个伟大企业未来几年是否可以投资，最重要的就是看其过去几年是否有重大创新出现。一个重大创新可能会有 10 年以上的渗透期，可以为未来几年带来巨大的投资收益。反观如果过去几年都没有重大创新出现，不但未来收入难以增长还容易受到挑战。

衡量一个人、一个企业是否不断探索出重大创新，并且能够以优秀的生意模式实现，这是选择投资对象最重要的考虑要素。

(4) 小结

通过创新、生意、创业者以及 IRR 等基础要素构建投资系统，旨在实现几个方面的目标。

①创新促使生意具有高增长率；

②具有强大护城河的好生意实现高资本回报率；

③创业者推动创新不断出现，并创造好的组织和商业模式加深护城河，为客户和投资者创造价值；

④合适的价格使投资具有高回报率。

8.2.3 VC产业是主动管理的典范

1. VC产业集中体现了主动投资的优势

VC集中体现头部收益的属性：根据耶鲁大学的统计，1985年后的20年中，风险投资的年均回报率的中数低得令人吃惊，为3.1%，同期标准普尔500指数的年均回报率为11.9%。风险投资回报率分布很分散，最高为721%，最低为100%，标准差为51.1%。排名第四分之一分位的平均回报率为16.9%，大幅高出中数回报率；排名第四分之三分位的平均回报率仅为-6.7%，给投资者的资本金造成了明显的损失。即使在风险投资的鼎盛时期，投资收益依然令投资者感到失望。根据2001年对950家风险投资基金的统计，在截至2000年12月31日之前的20年中，年均收益率为19.6%。从绝对收益角度看，向投资者交出的答卷尚可。

但是，如果投资者没有选择风险投资，而是将同样的额度和规模投向同期的标准普尔500指数，每年的平均回报率为20.2%。换句话说，投资者只需投资普通的大盘股就可以获得与风险投资最好收益相当的水平，而且承担的风险要低很多。投资者普遍认为私人持股的初创企业的投资风险一定高于大市值的上市公司，但也很难准确说明高出多少。不过可以肯定，风险投资的投资者只有取得排名四分之一甚至排名前十分之一的回报率，才可以取得超越市场大盘的风险调整后的收益。[216] 头部VC、中部VC、标普收益率比较见图8-7。

另外，根据Cambridge Associates的统计，从1981年到2014年：前四分之一的风险投资基金的内部收益率为25%；所有风险投资基金的内部收益率大约在11.94%，同期标准普尔500指数的收益率为12.66%。风险投资基金的回报是非常头部化的，其中前20名的基金的内部收益率在30%到100%之间，占了整体风险投资基金回报的95%。可以想象20名以后的风险投资基金都是什么样的回报。[217] 前20名的VC回报占整体比重见图8-8。

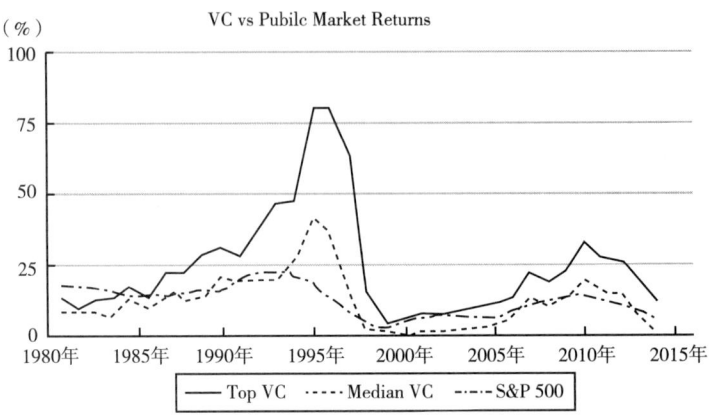

图 8-7 头部 VC、中部 VC、标普收益率比较

数据来源：Cambridge Associates。

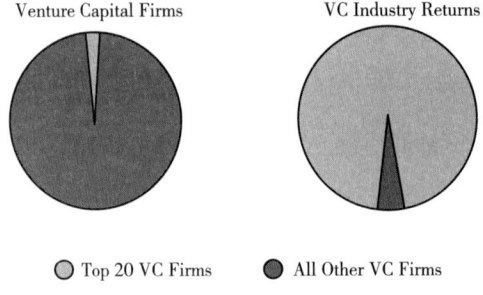

图 8-8 前 20 名的 VC 回报占整体比重

表 8-5 是从 1995 年到 2014 年美国市场募集的 VC 基金的回报率。历年平均业绩最好的 5% 的基金回报率为 69%，平均 12.6%，中位数 5.2%，最差的 5% 的基金年回报率为 -20%。

基金的回报倍数（Total - Value to Paid - in Capital，TVPI）就是基金总价值除以总投资。TVPI 的计算方法，就是投资期间获得的利息、股息收益，加上分配的现金或者股份价值，加上所持有未退出投资的评估价值（除以基金的有限合伙人 LP 已经出资的部分）。

表 8-5　1995—2014 年美国市场募集的 VC 基金的回报率

Vintage Year	Fund Count（个）	IRR: Net to Limited Partners (LP)						
		Average (LP)(%)	Top 5% (LP)(%)	Upper Quartile (LP)(%)	Median (LP)(%)	Lower Quartile (LP)(%)	Bottom 5% (LP)(%)	Standard Deviation (LP)(%)
1995	40	50.10	220.90	56.20	28.50	14.20	-0.80	60.90
1996	36	55.30	187.40	85.30	30.80	5.10	-8.50	70.30
1997	72	57.90	269.60	77.70	23.00	0.50	-15.20	91.40
1998	78	25.70	133.60	17.70	1.10	-6.00	-16.30	90.20
1999	109	-3.50	13.90	3.50	-2.40	-10.30	-28.30	20.20
2000	149	-3.40	11.10	3.70	-2.00	-8.00	-18.10	12.10
2001	69	1.30	22.40	8.40	3.00	-2.90	-20.70	18.40
2002	30	-0.70	11.50	7.00	-0.10	-3.50	-16.70	10.60
2003	40	-0.50	25.00	9.30	3.10	-4.80	-24.90	25.60
2004	57	1.60	28.70	7.40	1.40	-4.50	-20.50	20.60
2005	63	2.90	21.90	11.00	4.30	-2.10	-12.30	18.50
2006	85	4.90	20.90	13.30	6.30	-1.60	-11.20	13.20
2007	75	12.50	36.50	17.80	12.40	6.00	-7.70	14.90
2008	66	12.70	39.80	20.10	11.20	0.60	-8.40	16.40
2009	24	18.20	37.00	23.50	18.20	13.70	-8.00	12.60
2010	40	22.80	66.40	31.50	20.30	9.30	-4.00	22.30
2011	46	20.30	65.20	35.60	18.40	2.90	-20.90	28.80
2012	48	15.90	63.90	26.80	14.80	-2.70	-27.80	32.40
2013	45	14.30	89.70	25.50	6.60	-10.50	-32.00	38.20
2014	43	-5.70	37.10	7.50	-6.20	-16.20	-31.60	28.10
Total	1215	12.60	69.00	16.20	5.20	-4.70	-20.60	44.20

数据来源：Cambridge Associates。

TVPI 类似二级市场基金的净值，投资人的回报等于当前净值除以投资时候的初始净值。所以，从 TVPI 的角度看，总体上是一个净值回报的概念，最好的 5% 的基金回报在 4.15 倍，年化在 15% 附近。所有风险投资基金的均值是 1.67 倍，投资回报年化在 5.3%。

投入资本分红率（Distribution to Paid-in Capital，DPI）是项目的分红和已缴资本之间的比例，就是用已经拿到手的钱除以已经被召唤出去的钱的比率。

表 8-6、表 8-7 都说明了风险投资（VC）的技术周期性显著。1995 年到 1998 年成立的 VC，可以赶上 PC 互联网这一轮行情，投资雅虎、亚马逊、亿贝以及谷歌等公司，就可以获得高收益率。从 1999 年到 2009 年成立的 VC 基金的回报率就一般，IRR 没有超过 40% 的。从 2010 年开始到 2013 年，受益于移动互联网的兴起，VC 的回报率回升到 60% 以上，主要受益于 Facebook、Snap、Uber、Airbnb 几个公司。

表 8-6　1995—2014 年美国市场募集的 VC 基金的回报倍数 TVPI

Vintage Year	Fund Count（个）	TVPI：Net to Limited Partners（LP）							
		Pooled Return（LP）	Average（LP）	Top5%（LP）	Upper Quartile（LP）	Median（LP）	Lower Quartile（LP）	Bottom 5%（LP）	Standard Deviation（LP）
1995	40	5.17	4.52	14.03	4.09	2.53	1.64	0.94	7.16
1996	36	5.58	4.56	17.80	4.78	2.09	1.18	0.53	6.09
1997	72	2.97	2.79	8.14	3.11	1.62	1.02	0.39	3.50
1998	78	1.92	1.88	5.55	1.66	1.06	0.63	0.34	3.14
1999	109	0.98	0.94	2.05	1.23	0.84	0.41	0.13	0.82
2000	149	1.01	0.95	1.89	1.27	0.86	0.58	0.25	0.54
2001	69	1.25	1.35	3.34	1.65	1.21	0.79	0.23	0.91
2002	30	1.10	1.05	1.76	1.41	0.99	0.82	0.38	0.46
2003	40	1.61	1.52	4.06	1.63	1.19	0.76	0.26	1.36
2004	57	1.49	1.42	2.45	1.61	1.10	0.79	0.26	1.88
2005	63	1.61	1.55	3.32	1.73	1.16	0.90	0.50	1.67
2006	85	1.52	1.47	2.75	1.77	1.37	0.93	0.54	0.80
2007	75	1.83	1.82	3.17	2.02	1.64	1.27	0.71	0.94

续表

Vintage Year	Fund Count（个）	TVPI：Net to Limited Partners (LP)							
		Pooled Return (LP)	Average (LP)	Top5% (LP)	Upper Quartile (LP)	Median (LP)	Lower Quartile (LP)	Bottom 5% (LP)	Standard Deviation (LP)
2008	66	1.79	1.74	3.97	1.85	1.40	1.03	0.74	1.09
2009	24	1.80	1.70	2.24	2.03	1.71	1.46	0.78	0.46
2010	40	2.08	1.90	3.54	2.22	1.64	1.28	0.90	1.07
2011	46	2.12	1.67	3.39	1.85	1.39	1.07	0.59	1.40
2012	48	1.51	1.28	2.37	1.44	1.18	0.96	0.66	0.57
2013	45	1.30	1.13	1.84	1.25	1.06	0.89	0.80	0.33
2014	43	1.11	1.02	1.21	1.05	0.94	0.89	0.70	0.58
Total	1215	1.60	1.67	4.15	1.76	1.21	0.83	0.33	2.37

数据来源：Cambridge Associates。

表 8-7　1995—2014 年美国市场募集的 VC 基金的投入资本分红率 DPI

Vintage Year	Fund Count	DPI：Net to Limited Partners (LP)						
		Average (LP)	Top5% (LP)	Upper Quartile (LP)	Median (LP)	Lower Quartile (LP)	Bottom 5% (LP)	Standard Deviation (LP)
1995	40	4.51	14.03	4.01	2.53	1.62	0.94	7.16
1996	36	4.53	17.77	4.78	2.09	1.18	0.42	6.10
1997	72	2.77	8.14	3.11	1.62	1.02	0.32	3.51
1998	78	1.85	5.42	1.57	1.02	0.63	0.30	3.15
1999	109	0.87	1.88	1.17	0.75	0.35	0.10	0.81
2000	149	0.80	1.65	1.14	0.70	0.41	0.19	0.51
2001	69	1.10	3.00	1.45	0.86	0.59	0.11	0.86
2002	30	0.80	1.38	1.19	0.76	0.45	0.27	0.41
2003	40	1.12	3.27	1.42	0.80	0.41	0.13	1.18
2004	57	0.83	2.08	0.83	0.49	0.24	0.00	1.69

续表

				DPI: Net to Limited Partners (LP)				
Vintage Year	Fund Count	Average (LP)	Top5% (LP)	Upper Quartile (LP)	Median (LP)	Lower Quartile (LP)	Bottom 5% (LP)	Standard Deviation (LP)
2005	63	0.83	1.50	0.97	0.46	0.22	0.06	1.55
2006	85	0.65	1.53	0.86	0.55	0.28	0.02	0.64
2007	75	0.72	1.89	1.12	0.58	0.23	0.04	0.60
2008	66	0.55	2.18	0.63	0.31	0.11	0.00	0.82
2009	24	0.49	1.45	0.68	0.40	0.13	0.01	0.45
2010	40	0.41	1.00	0.60	0.23	0.06	0.00	0.60
2011	46	0.14	0.60	0.15	0.04	0.00	0.00	0.23
2012	48	0.07	0.38	0.06	0.00	0.00	0.00	0.12
2013	45	0.03	0.16	0.00	0.00	0.00	0.00	0.07
2014	43	0.00	0.00	0.00	0.00	0.00	0.00	0.03
Total	1215	1.10	3.35	1.17	0.60	0.18	0.00	2.41

数据来源：Cambridge Associates。

一个VC如果在技术周期低谷成立，就很难投资到伟大企业，从而回报低迷。反过来，如果在技术革命到来时成立，技术推动了大量伟大公司产生，那么就可以取得非常高的回报率。

从上述数字可见，VC行业是没有所谓效率的，也不适合指数投资。一方面，所有VC的中位数回报率低于标准普尔500。考虑到VC具有非常高的风险，收益率不能超过标准普尔500是没有意义的。另一方面，头部VC创造了非常高的回报率，前20名的回报率从30%到100%，也占据了95%的回报。如果没有投资到前20名VC基金中，投资VC基金就没有回报。

这充分说明了主动投资的价值。只有少数非常成功的项目具有高回报率，只有少数基金投资了这几个非常成功的项目。少数公司和投资了这些公司的基金获得非常高的回报率。

2. VC 产业没有历史数据，也很难使用人工智能

与二级市场不同，作为新的生意，VC 通常没有历史数据，无论是股价数据还是财务数据，天然不符合弱有效和半强有效。

因为企业是新的，没有历史数据，不能根据数据提炼规律；所以没办法预测未来的经营情况。行业之前也不存在，也没有行业历史数据可供训练模型，也不能帮助预测企业未来的发展。

很多创业企业成立不久，产品都不稳定，生意属性更无从谈起。基本都是看组织、看创业者，尽管有些创业者可以做出伟大企业、产生上万倍回报，但大概率是破产倒闭。

3. VC 长期会是主动投资的领域

VC 投资与早期初创企业的属性密切相关。在没有任何生意的历史数据和企业的历史数据的情况下，只能通过看人看组织创造价值。这是基金主动投资的基础。

VC 基金的投资团队要非常勤奋，看无数的企业，从其中找到最好的企业；要持续培养卓越的判断能力，挑出新时代的领导企业。

2003 年，美国红杉向投资人募集了 3.87 亿美元。2014 年，这只基金到期，扣除投资人的原始投资以后的盈利为 36 亿美元，由此计算该基金的内部收益率 IRR 达到 23.6%。作为基金的管理者，美国红杉收取回报的 30% 作为业绩奖励（即 11 亿美元），而基金投资者拿到了其余的 70% 作为回报（即 25 亿美元）。投资人的净回报率为年化 20%[218]。

除了优秀的 VC，也有优秀的 VC 投资人。耶鲁大学基金在 VC 领域创造了丰厚的回报。耶鲁大学构建了优秀的投资策略，在 VC 领域通过选择一流的投资管理团队来获得高回报率。从 1978 年开始的 29 年，耶鲁大学的风险投资基金获得了年化 30% 的平均回报率。

8.3 信息管理加强导致主动管理减少

8.3.1 被动管理成为全球大趋势

1. 大量主动基金跑输指数基金

（1）主动型共同基金跑输指数

根据阿诺特、铂金和叶甲在《投资组合管理杂志》发表的文章《20世纪80—90年代基金投资者享受到了怎样的服务》[219]，其考察了1979年、1984年、1989年规模至少1亿美元的所有股票型共同基金，尤其是幸存者偏差。在研究中，1979年有195只总资产超过1亿美元股票型基金，而在这20年后33只基金消失（约17%）。

即使去掉"幸存者偏差"，美国主动管理的共同基金整体业绩也比被动投资的代表先锋500指数基金的回报差，前者分别在10年、15年和20年期间，税前年化回报率落后了3.1%、3.5%和1.8%。如果考虑幸存者偏差，两者税前年化回报率的差异会进一步扩大0.5%、0.7%和0.4%。所以美国主动管理共同基金相对于指数取得了负的超额收益率[220]。美国共同基金与先锋500指数基金投资回报差异见图8-9。

进一步采用五分法对美国主动管理型基金公司根据业绩进行划分，即按照2002年底至2007年底业绩排名每20%分为五档，考察其在2008年底至2013年底的表现。结果发现在统计意义上，几乎不存在持续创造超额收益的基金。

统计结果如表8-8所示，以上一个五年收益率最好的20%的基金作为样本整体。在下一个五年这些高回报基金只有12%的比例还是最好的20%，28%的比例成为最差20%的基金，还有14%的比例被合并或清盘，剩余则表现平平。相反的,前五年收益率最低的20%基金中,有20.7%的比例在未来成为最好的20%基金之一。

各类主动管理基金收益率排名变化显示,高回报的基金可能不会持续优秀,可能会成为表现差的基金。

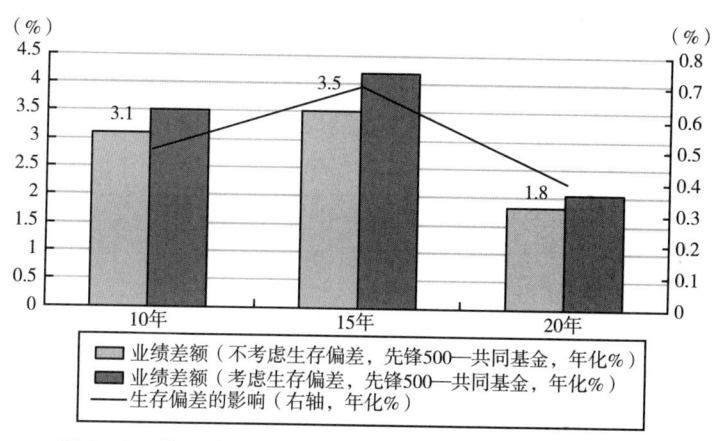

图8-9 美国共同基金与先锋500指数基金投资回报差异

表8-8 美国主动管理型基金超额收益不具有持续性

数位	基金数量	2003年末—2007年末业绩排名	前20%（2008年末—2013年末业绩排名,后同）	21%~40%	41%~60%	61%~80%	81%~100%	清盘/被并购	总计
1	1205	前20%	12.0%	14.8%	14.4%	16.8%	28.0%	14.0%	100.0%
2	1200	21%~40%	8.6%	16.8%	18.3%	17.0%	16.3%	23.0%	100.0%
3	1198	41%~60%	11.9%	15.9%	16.4%	13.8%	8.4%	33.6%	100.0%
4	1200	61%~80%	16.8%	9.1%	13.0%	10.0%	7.3%	43.8%	100.0%
5	1142	81%~100%	20.7%	8.9%	8.2%	9.7%	5.5%	46.9%	100.0%

数据来源：morningstar智能理财研究院。

如表8-9所示,美国股市1988—2017年共经历七轮牛熊切换。在1988年到2008年,主动管理型基金管理人尚有几次跑赢指数,而在2009年以后(尤其是2013年以后),主动管理型基金管理人的业绩几乎持续跑输指数,说明股市信息效率加强。

表8-9 1988—2017年所有主动股票基金样本的规模加权超额收益率（相对于S&P500）

1988—1997年	1988	1989	1990	1991	1992	1993	1994	1995	1996	1997	年平均
规模加权超额收益率	11.8%	2.9%	-0.9%	8.8%	6.6%	10.7%	2.1%	-1.0%	0.3%	-6.5%	3.5%
S&P500收益率	12.4%	27.3%	-6.6%	26.3%	4.5%	7.1%	-1.5%	34.1%	20.3%	31.0%	—
样本数量	17	19	20	23	24	33	33	34	42	47	—
1998—2007年	1998	1999	2000	2001	2002	2003	2004	2005	2006	2007	年平均
规模加权超额收益率	-4.0%	7.9%	10.3%	1.2%	4.0%	5.9%	5.0%	7.5%	3.0%	6.9%	4.8%
S&P500收益率	26.7%	19.5%	-10.1%	-13.0%	-23.4%	26.4%	9.0%	3.0%	13.6%	3.5%	—
样本数量	50	55	57	93	643	1029	1608	1694	1826	1954	—
2008—2017年	2008	2009	2010	2011	2012	2013	2014	2015	2016	2017	年平均
规模加权超额收益率	-1.7%	12.3%	3.5%	-5.6%	3.3%	-1.3%	-4.9%	-0.2%	-0.9%	3.8%	0.8%
S&P500收益率	-38.5%	23.5%	12.8%	0.0%	13.4%	29.6%	11.4%	-0.7%	9.5%	19.4%	—
样本数量	2074	2206	2306	2428	2586	2753	2939	3091	3268	3400	—

资料来源：Bloomberg，申万宏源研究。

（2）对冲基金也跑输指数

不只是共同基金难以跑赢指数，对冲基金也同样如此。图 8-10 是 1992 年以来美国对冲基金相对于标准普尔 500 指数的表现。多数的时候对冲基金没有跑赢指数。2010 年以来对冲基金持续没有跑赢指数。

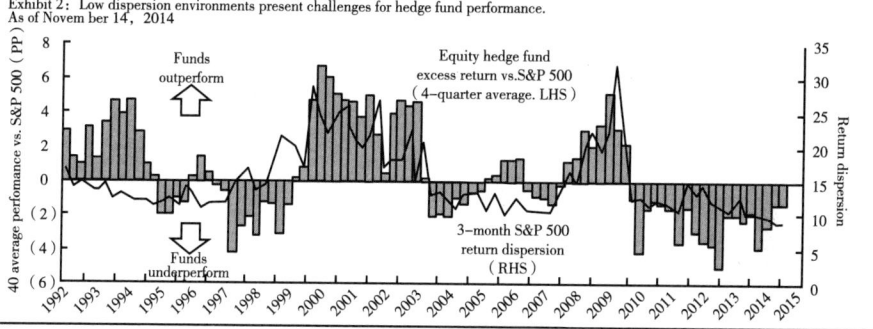

图 8-10　1992 年以来美国对冲基金相对于标准普尔 500 指数的表现

数据来源：HFR and Goldman Sachs Global Investment Research. Goldman Sachs Global Investment Research

从图 8-10 可见，美国对冲基金牛市跑输指数，熊市跑赢指数。持续的牛市下持续跑输指数。

中国的情况有所不同。从图 8-11 来看，中国封闭式基金的净值是显著跑赢沪深 300 指数的。

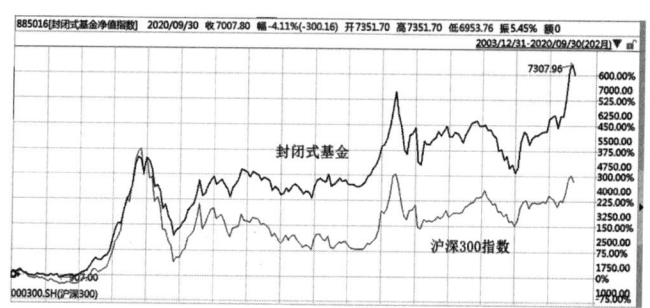

图 8-11　2003 年以来中国封闭式基金相对于沪深 300 指数的表现

数据来源：万得资讯。

从图 8-12 来看，开放式基金也是跑赢沪深 300 指数的。

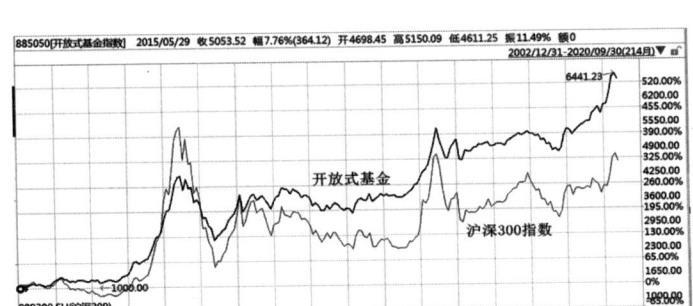

图 8-12　2003 年以来中国开放式基金相对于沪深 300 指数的表现

数据来源：万得资讯。

其中的主要原因是沪深 300 指数当中有很多长期没有表现的大盘股。如果更换一个指数（例如，中小板综和指数，情况就会有所不同），那么封闭式基金作为整体没有跑赢中小板综合指数（见图 8-13）。

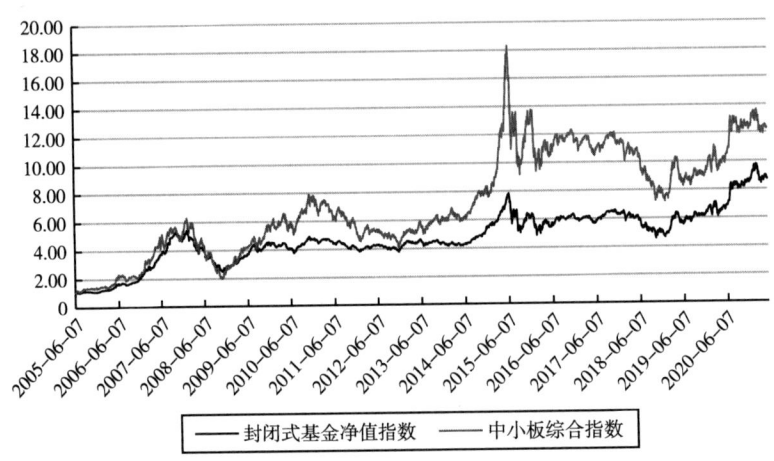

图 8-13　2003 年以来中国封闭式基金相对于中小板综合指数的表现

数据来源：万得资讯。

同样的情况也发生在开放式基金上。开放式基金作为整体没有跑赢中小板综合指数（见图8-14）。所以，在去掉一些长期缺乏表现的大盘股以后，国内的基金也很难跑赢中小板指数。

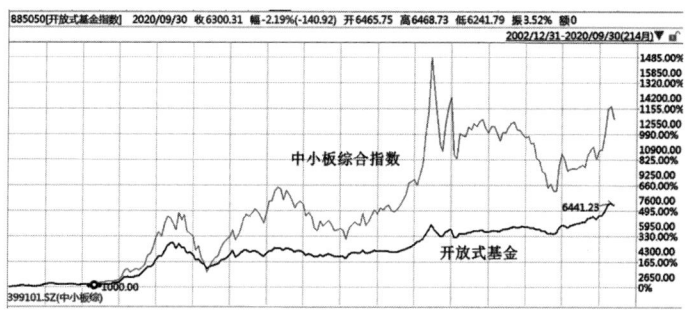

图8-14 2003年以来中国开放式基金相对于中小板综合指数的表现

数据来源：万得资讯。

2. 全球指数基金的占比不断提升

（1）全球趋势

从表8-10可以看出：过去二十年，全球交易型开放式指数基金（Exchange Traded Fund，ETF）的比例从小到大，预计会持续不断扩大。

表8-10　　　　　过去二十年全球各类共同基金权重占比　　　　　单位：只

年份	共同基金	封闭式基金	ETF	单位投资信托	合计
1999	6834	157	34	92	7116
2000	6956	150	66	74	7245
2001	6969	145	83	49	7246
2002	6380	161	102	36	6680
2003	7399	216	151	36	7801
2004	8093	255	228	37	8614
2005	8889	276	301	41	9507
2006	10395	299	423	50	11167
2007	11995	316	608	53	12973
2008	9619	185	531	29	10364

续表

年份	共同基金	封闭式基金	ETF	单位投资信托	合计
2009	11109	224	777	38	12149
2010	11831	239	992	51	13113
2011	11630	244	1048	60	12982
2012	13054	265	1337	72	14728
2013	15049	282	1675	87	17092
2014	15877	292	1975	101	18244
2015	15658	263	2101	94	18116
2016	16353	265	2524	85	19227
2017	18764	277	3401	85	22527
2018	17707	250	3371	70	21398

数据来源：ICI 和 SIS。

（2）中国 ETF 的比例

中国的 ETF 基金虽然起步晚，但是发展速度快，占基金市场的比重高（见图 8-15）。

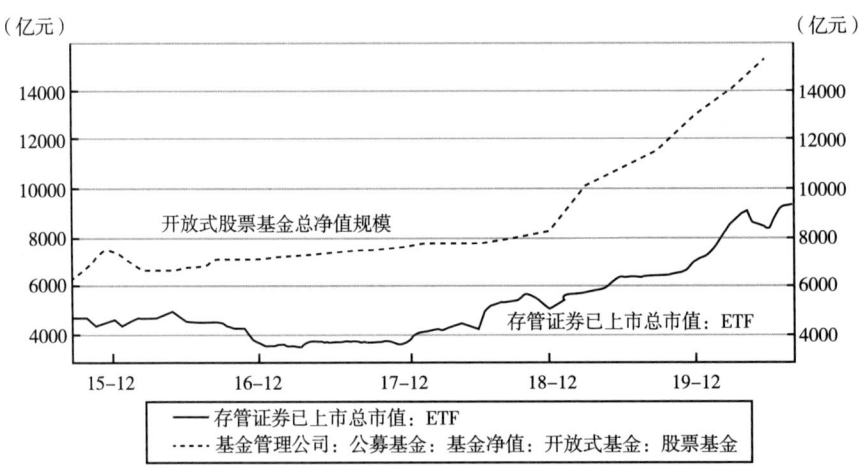

图 8-15 中国的 ETF 基金和开放式基金的规模

资料来源：Wind。

从2015年开始的大部分时间,中国的ETF基金占开放式股票基金比重在50%以上(见图8-16)。这个权重甚至高于发达国家。

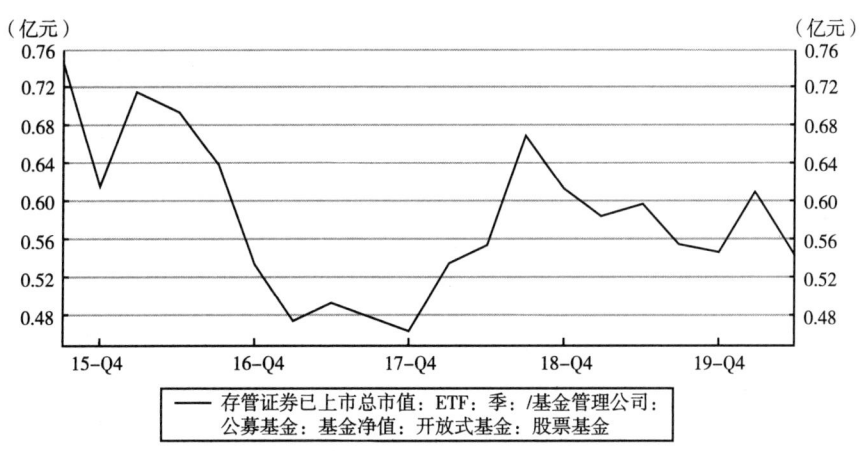

图8-16 中国的ETF基金占开放式基金的比重

资料来源:Wind。

8.3.2 信息技术的加强进一步促进被动管理

1. 信息技术加强导致主动基金跑赢市场日益困难

大数据的使用、各种人工智能技术的应用,会进一步提高市场效率,反过来促进被动基金发展。主动基金越努力,市场效率越高,被动基金表现越好,主动基金就越难战胜市场。越来越多的信息和分析技术促进市场效率的不断提升。结果就是主动基金跑赢市场的难度越来越大。

2. 低利率造成的牛市不利于主动管理

持续的利率降低造成持续的牛市。无论对冲基金还是主动管理的基金,都很难超越指数基金的回报。

3. 信息技术产业的赢家通吃

根据上文所述,信息技术产业具有赢家通吃的属性。随着信息技术产业的市值占比越来越大，类似于 FAANG 和腾讯、阿里巴巴持续保持高回报，在指数当中的比例越来越大，同时对其他的生意产生重大影响，使其他大量的公司很难有表现。结果是不买这些公司就很容易跑输指数。每个基金都有自己的策略，例如大盘小盘、价值成长基金，不一定都能买 FANNG、腾讯、阿里巴巴，就会持续"跑输"指数。

随着信息产业的日益发达和向其他领域渗透，这种效应会越来越强。同时，信息产业内部赢家通吃的属性明显，如果不能选对合适的公司，仍不能跑赢指数。

8.3.3 主动管理基金仍将存在

1. 被动基金的存在要以主动基金存在作为基础

如果没有主动基金，那么谁去发现优秀公司的价值呢？如果没有价值发现，那么指数基金去跟踪谁呢？主动基金是被动基金存在的基础，主动基金不断发现了优秀公司和较差公司，被动基金就可以"搭便车"。如果主动基金不去发现，股票市场的波动消失，不再具有发现功能，被动基金的表现基础也消失。

2. 优秀的主动管理基金持续存在

大量的主动管理基金当中，业绩自然有好有坏，有的超越指数而有的"跑输"指数。尽管多数主动基金大概率会"跑输"指数，但是少部分"跑赢"指数的主动基金就会创造价值。如果能够持续"跑赢"，就可以持续创造价值。

高科技产业的公司持续创造超额收益率，持续投资于这个行业的基金就可能获得超额收益率。在持续投资于信息产业的基金中，那些能透彻理解新出现的产业和生意模式的，就可以获得更好的回报率。

可以看到，中国公募基金当中最近三年表现比较优秀的是大部分是医疗行业基金。但是也有不同，收益率排行第一的富国新动力并不是只投资医疗行业，更不是医疗的 ETF，只是有很多的医疗股票和信息产业公司，通过在高科技产业中优选投资组合，实现了高回报率。中国公募基金中近三年表现排名见图 8–17。

序号	基金代码	基金简称	最近三年 总回报(%)	最近三年 同类排名	成立以来 总回报(%)	申购状态
1	001508.OF	富国新动力A	204.27	1/1467	263.00	暂停大额申购|开放赎回
2	001510.OF	富国新动力C	200.42	2/1467	256.00	暂停大额申购|开放赎回
3	004851.OF	广发医疗保健A	193.20	1/253	200.30	开放申购|开放赎回
4	004075.OF	交银医药创新	192.09	2/253	206.37	开放申购|开放赎回
5	003096.OF	中欧医疗健康C	183.94	1/548	204.67	暂停大额申购|开放赎回
6	003095.OF	中欧医疗健康A	183.92	2/548	206.63	暂停大额申购|开放赎回
7	519056.OF	海富通内需热点	175.87	3/548	193.80	开放申购|开放赎回
8	002079.OF	前海开源中国稀缺资产C	174.78	3/1467	153.90	开放申购|开放赎回
9	000727.OF	融通健康产业A	172.42	4/1467	190.40	开放申购|开放赎回
10	001766.OF	上投摩根医疗健康	171.28	3/253	127.60	开放申购|开放赎回
11	001679.OF	前海开源中国稀缺资产A	170.54	5/1467	142.30	开放申购|开放赎回
12	050026.OF	博时医疗保健行业A	167.67	4/548	336.91	开放申购|开放赎回
13	000960.OF	招商医药健康产业	165.77	4/253	186.50	开放申购|开放赎回

图 8–17　中国公募基金中近三年表现排名

数据来源：万得资讯。

3. 不同的主动管理基金的收益率差异日益拉大

由于前述的创新行业和传统的行业的回报率差异日益拉大，创新行业内部的回报率差异越来越大，所以主动管理基金的回报率差异会越来越显著。

一方面是大部分主动基金跑不赢指数，另一方面是最优秀的主动基金和指数的差异也越拉越大。最优秀的基金的回报率来自最优秀的公司，或者说是来自对最优秀的公司的选择能力。这部分最优秀的基金管理人也同样具有巨大的价值。

第 9 章

结论

在上述研究的基础上，本书形成如下结论。

本书目的是在检验中美股票市场信息效率的基础上，从信息学、信息经济学视角揭示股票市场信息效率现状的根本原因，并在此基础上提出长期提升市场信息效率的措施。

本书主要解答的问题是资本市场的超额收益率来自哪里。通过分析指出，超额收益率的良好解释因子是高资本回报率和高增长。高资本回报率来源于信息学的网络效应、学习曲线和品牌；高增长来源于信息经济学所强调的创新。

本书主要观点包括以下几个方面。第一，本书通过实证检验发现，当前美国股市信息效率达到弱有效尚未到达半强有效，中国股市尚未到达弱有效。第二，本书从信息学、信息经济学等角度解释了股票信息效率当前不高但不断提升的原因。这主要由于信息特质导致的高回报长期存在。一方面信息具有成本，每个人对信息的理解、反馈不同；另一方面，信息组合的创新促进了新的信息产业高增长，信息的网络效应使其获得高资本回报。第三，本书阐述了如何提升信息效率，建议投资人使用互联网提升信息获取、反馈效率并降低信息成本，并且投资于信息组合方式快速创新且具有网络效应的领域，从而推动股票市场信息效率提高。

本书的研究结果主要是运用信息学和信息经济学的原理解释了市场的信息效率还不高以及高增长和高净资产收益率可以获取超额回报的原因。

（1）网络效应、学习曲线和品牌带来高资本回报率

持续具有高回报率的行业通常分布在具有网络效应、学习曲线和品牌的行业，这些都是与信息相关的产业。信息学解释了网络效应、学习曲线和品牌对投资回报率的影响。

网络效应的公司会通过信息来构建链接用户与用户、供应商与用户、供应商与供应商的网络。典型的网络效应是梅特卡夫定律：一个网络的价值与

该网络用户数的平方成正比,单个用户价值增速和用户数增速类似。Facebook和腾讯都是梅特卡夫定律和网络效应的典型代表。

学习曲线是指随着累计产品产销量的增加,由于组织以及个人经验的积累,单位产品的品质以及价格以一定比例上升,或者产品的单位成本会以一定的比例下降。后来者难以赶超领先者。

品牌是指随着产品和用户信息联系的加强,产品的情感认同上升带来价格上涨。奢侈品行业是典型的品牌行业。

因此,随着用户数据、经验以及情感这些信息的累积,会出现单用户价值、品质以及单价的提升;也可能会出现单位产品成本的不断下降。结果是产品的利润率和资本回报率不断上升。由于这种价值与累计而不是当前的用户数据、经验和情感相关,需要足够多的投资以及长时间的信息积累才可能被赶超,因此高回报率可以长期持续。

(2)创新带来高增长

创新会带来高增长,从而带来高回报。熵是反映系统不确定性的数量表述。经济信息的作用是消除经济系统的不确定性。信息量等于熵的减少量。香农提出的信息熵把创新、惊异和利润联系在了一起,成为经济信息论的核心。一项发明或者创新成功的标志是能够给人带来信息惊异,然后才带来超额回报。

信息经济学检测了创新带来的超额收益率。斯蒂格利茨在《信息经济学》中证明了为何现代工业经济中的竞争都集中于创新行为。他认为,这是因为企业通过创新可能带来新的信息从而获得利润,而主动挑起价格竞争不创造利润。通过研发创新得到的专利信息会降低生产成本、提升产品质量或者增加差异性,进而提高定价。

信息和收益率的关系如下。信息的复制速度、复制成本以及复制以后的活跃度决定了收益率。创新大小决定了新的信息扩张的速度,生意的网络效应、学习曲线和品牌强弱决定了一个信息系统的复制难度和生意好坏。前者决定价值扩张的快慢，后者决定价值如何分配。在信息经济中，信息传递得越快，信息就越能够更有效地传达给每个人，生意扩张的速度就越快，生意创造的回报就越高。

本书的理论贡献和主要创新是运用信息学和信息经济学的原理解释了信息效率低下的原因和信息产业领域高回报率的内在机制。信息学和信息经济学的原理早已存在，但是用来解释市场信息效率低下还非常少见。研究发现获得高回报率的产业多数是以信息为主要生产要素的信息产业，由于信息学所揭示的类似梅特卡夫定律，带来高增长和高资本回报率，进而持续创造超额收益率。

本书将信息学、信息经济学、信息管理学以及有效市场信息理论相结合，得出研究结论，具有理论和实践意义。研究在指出股市信息效率为何不高的基础上，能够用信息学、信息经济学的理论解释高额回报率存在的原因；另外，从信息管理学的角度为投资者如何获得超额收益率提供了理论和实践基础。

本书在一定程度上填补了有关领域的空白。从已经获得的文献来看，发达国家的市场基本实现了市场信息弱有效但是没有实现市场信息半强有效，发展中国家的股市信息弱有效和半强有效都没有实现。这些文献普遍认为市场信息有效状况在当前并不存在。同时，一二级市场头部投资人的持续成功说明了有系统性的方法在长期实现投资成功。既然理论和实际脱节，探寻原因也就很有意义了。以往对市场信息效率的研究主要是对市场是否有效的检测，对市场信息效率低下的原因，主要也是从信息的获取难度和成本的角度进行分析，而缺乏从信息学、信息经济学、信息管理学多个角度对于超额回报产生的内在原因深入研究。

当然，由于作者能力所限，本书还存在一定的不足。主要体现在以下几个方面。当前的数据量化分析仍然不充分，难以对不同市场的各种信息效率都做量化分析，从而可以分析得更加严谨；对信息学、信息经济学、信息管理学在市场信息效率上的内在联系，分析仍然不够深入，可以基于信息的本质进一步加深；此外，对如何进一步完善市场信息效率理论，还没有一个成熟的建议，还在继续探索的过程中。

本书选题有较为广阔的后续研究空间，后续的研究方向包括以下几个方面：进一步加强对信息学理论的深入研究；基于更多的数据检验和量化分析，对市场信息效率理论提出改进建议，使其能够更符合多学科理论的发展，同时可以在实践中得到有效应用。

由于时间和研究资源所限，尽管作者在过去数载努力搜集更多的资料不断完善，本书仍存在诸多不足之处，包括：书中的案例还不够多，可以进一步选择更多的案例来说明市场信息效率的实际情况；书中的数据量化验证还可以更丰富，例如对于美国等市场的有效因子可以做出检验；对于网络效应、学习曲线和品牌在不同行业的信息效率提升曲线可以测算得更加清楚，从而对其他研究者更有参考价值；对于信息效率提升的建议也可以更加具有可操作性，从而容易实施。

参考文献

[1] Eugene F. Fama. The Behavior of Stock - Market Prices [J]. *Journal of Business*, 1965, 38 (1): 34 - 105.

[2] Fama E F. Efficient Capital Markets: A Review of Theory and Empirical Work [J]. *Journal of Finance*, 1970, 25 (2): 383 - 417.

[3] Shiller R J. The Use of Volatility Measures in Assessing Market Efficiency [J]. *The Journal of Finance*, 1981, 36 (2): 291 - 304.

[4] West K D. Bubbles, Fads and Stock Price Volatility Tests: A Partial Evaluation [J]. *The Journal of Finance*, 1988, 43 (3): 639 - 656.

[5] Mehra R, Prescott E C. The equity premium: A puzzle [J]. *Journal of Monetary Economics*, 1985, 15 (2): 145 - 161.

[6] Cutler D M, Summers P L H. Special Issue: The Econometrics of Financial Markets ‖ Speculative Dynamics [J]. *Review of Economic Studies*, 1991, 58 (3): 529 - 546.

[7] Gibson G R. edit. The Stock Markets of London, Paris and New York: A Comparison. New York: G. P. Putnman & Sons, 1889.

[8] Osborne M F M. Periodic Structure in the Brownian Motion of Stock Prices [J]. *Operations Research*, 1962, 10 (3): 345 - 379.

[9] Paul A Samuelson. Proof that Properly Anticipated Prices Fluctuate Ran-

domly [J]. *Industrial Management Review*, 1965 (6): 41 – 49.

[10] Eugene F. Fama. The Behavior of Stock – Market Prices [J]. *Journal of Business*, 1965, 38 (1): 34 – 105.

[11] Roberts H V. Statistical versus clinical Prediction of the Stock Market, unpublished paper presented at the Seminar on the Analysis of Security Prices, University of Chicago, 1967.

[12] Fama E F. Efficient Capital Markets: A Review of Theory and Empirical Work [J]. *Journal of Finance*, 1970, 25 (2): 383 – 417.

[13] Jensen M. Some Anomalous Evidence Regarding Market Efficiency [J]. *Journal of Financial Economics*, 1978, 6 (2/3): 95 – 101.

[14] Fama E F. Efficient Capital Markets: II [J]. *The Journal of Finance*, 1991, 46 (5): 43.

[15] 张晓瑞, 郭立夫. 中国股票市场有效性分析 [J]. 工业技术经济, 2004, 23 (6): 112 – 114.

[16] Brown R. A Brief Account of Microscopical Observations Made on the Particles Contained in the Pollen of Plants [J]. *Philosoph. Magazine*, 1828 (4): 161 – 173.

[17] Bachelier L. Théorie de la speculation [J]. *Annales Scientifiques de L'École Normale Supérieure*, 1900 (17): 21 – 86. (English translation edited by P. H. Cootner, 1964. Random Character of Stock Market Prices [J]. *Massachusetts Institute of Technology*, pp. 17 – 78; Mark Davis, and Alison Etheridge, 2006. *Louis Bachelier's Theory of Speculation*. Princeton and Oxford: Princeton University Press.)

[18] Cowles A. Can stock market forecasters forecast? [J]. *Econometrica*, 1933, 1 (3): 309 – 324.

[19] Working. Prices of Cash Wheat and Futures at Chicago Since 1883 [J]. *Wheat Studies*, 1934, 11 (3): 75 – 124.

[20] Cowles A., Jones H E. Some a posteriori probabilities in stock market action [J]. *Econometrica*, 1937, 5 (3): 280 – 294.

[21] Kendall M G, Hill A B. The analysis of economic time – series – part I: Prices [J]. *Journal of the Royal Statistical Society*, 1953, 116 (1): 11 – 34.

[22] Working H. A theory of anticipatory prices [J]. *American Economic Review*, 1958, 48 (2): 188 – 199.

[23] Roberts H V. Stock – Market \" Patterns \" and Financial Analysis: Methodological Suggestions [J]. *Journal of Finance*, 1959, 14 (1): 1 – 10.

[24] Osborne M F M. Brownian motion in the stock market [J]. *Operations research*, 1959, 7 (2): 145 – 173.

[25] Working H. Price Effects of Futures Trading [J]. *Food Research Institute Studies*, 1960, 1 (1): 1 – 31.

[26] Cowles, Alfred. A Revision of Previous Conclusions Regarding Stock Price Behavior [J]. *Econometrica*, 1960, 28 (4): 909 – 915.

[27] Houthakker H S. Systematic and Random Element in Short – term Price Movement [J]. *American Economic Review*, 1961, 51 (2): 164 – 172.

[28] Sidney S. Alexander. Price Movements in Speculative Markets: Trends or Random Walks [J]. *Industrial Management Review*, 1961 (2): 7 – 26.

[29] Cootner P H. Stock prices: Random vs. Systematic changes [J]. *Industrial Management Review*, 1962, 3 (Spring): 24 – 45.

[30] Osborne M F M. Periodic Structure in the Brownian Motion of Stock Prices [J]. *Operations Research*, 1962, 10 (3): 345 – 379.

[31] Mandelbrot B. The variation of other speculative prices [J]. *The Jour-*

nal of Business, 1963 (40): 393 – 413.

[32] Granger C W J, Morgenstern O. Spectral Analysis of New York Stock Market Prices [J]. *Kyklos*, 1963, 16 (1): 27.

[33] Fama E F. Mandelbrot and the stable Paretian Hypothesis [J]. *Business*, 1963, 36: 420 – 429.

[34] William L. Steiger. Non – randomness in the stock market: a new test on an existent hypothesis. Massachusetts Institute of Technology, School of Industrial Management: Ph. D Dissertation, 1963.

[35] Godfrey M D, Granger C W J, Morgenstern O. The random – walk hypothesis of stock market behaviora [J]. *Kyklos*, 1964, 17 (1): 1 – 30.

[36] Sidney S. Alexande, Cootner P H. Price Movements in Speculative Markets: Trends or Random Walks [J]. *Industrial Management Review*, 1964, 5 (2): 25 – 46.

[37] Eugene F. Fama. The Behavior of Stock – Market Prices [J]. *Journal of Business*, 1965, 38 (1): 34 – 105.

[38] Paul A Samuelson. Proof that Properly Anticipated Prices Fluctuate Randomly [J]. *Industrial Management Review*, 1965 (6): 41 – 49.

[39] Fama E F, Blume M. Filter rules and stock market trading [J]. *Journal of Business*, 1966 (39): 226 – 241.

[40] Benoit B. Mandelbrot. Forecasts of future prices, unbiased markets, and 'martingale' models [J]. *Journal of Business*, 1966, 39 (1): 242 – 255.

[41] Roberts H V. Statistical versus clinical Prediction of the Stock Market, unpublished paper presented at the Seminar on the Analysis of Security Prices, University of Chicago, 1967.

[42] Benoit B. Mandelbrot., Van Ness J W. Fractional Brownian motion,

fractional noises and applications [J]. *SIAM Review*, 1968, 10 (4): 422 – 436.

[43] Fama E F. Efficient Capital Markets: A Review of Theory and Empirical Work [J]. *Journal of Finance*, 1970, 25 (2): 383 – 417.

[44] Grossman S J. On The Efficiency of Competitive Stock Markets Where Traders Have Diverse Information [J]. *The Journal of Finance*, 1976, 31 (2): 573 – 585.

[45] Beja Avraham. The Limits of Price Information in Market Processes. Research Program in Finance Working Papers 61, University of California at Berkeley, 1977.

[46] Ball, R., Filter Rules: Interpretation of Market Efficiency, Experimental Problem and Australian Experience [J]. *Accounting Education*, 1978 (11): 1 – 7.

[47] Jensen M. Some Anomalous Evidence Regarding Market Efficiency [J]. *Journal of Financial Economics*, 1978, 6 (2/3): 95 – 101.

[48] Leroy S F., Porter R D. Stock price volatility: Tests based on implied variance bounds [J]. *Econometrica*, 1981 (49): 97 – 113.

[49] Shiller R J. The Use of Volatility Measures in Assessing Market Efficiency [J]. *The Journal of Finance*, 1981, 36 (2): 291 – 304.

[50] Osborne M F M, Murphy J E J. Financial Analogs of Physical Brownian Motion, as illustrated by Earnings [J]. *The Financial Review*, 1984, 19 (2): 153 – 172.

[51] De Bondt W F M, Thaler R. Does the Stock Market Overreact? [J]. *Journal of Finance*, 1985, 40 (3): 793 – 805.

[52] Marsh T A, Merton R C. Dividend Variability and Variance Bounds

Tests for the Rationality of Stock Market Prices [J]. *American Economic Review*, 1986, 76 (3): 483 – 498.

[53] Fischer B. Noise [J]. *Journal of Finance*, 1986, 41 (3): 529 – 543.

[54] French K R, Roll R. Stock return variances: The arrival of information and the reaction of traders [J]. *Journal of financial economics*, 1986, 17 (1): 5 – 26.

[55] Fama E F, French K R. Permanent and Temporary Components of Stock Prices [J]. *Journal of Political Economy*, 1988, 96 (2): 246 – 273.

[56] Campbell J Y, Shiller R J. The Dividend – Price Ratio and Ecxpectations of Future Divand Discount Factors [J]. *The Review of Financial Studies*, 1988, 1 (3): 195 – 228.

[57] Fama E F, French K R. Business conditions and expected returns on stocks and bonds [J]. *Journal of Financial Economics*, 1989, 25 (1): 23 – 49.

[58] David M. Cutler, James M. Poterba, Lawrence H. Summers, What moves stock prices? [J]. *The Journal of Portfolio Management*, 1989, 15 (3): 4 – 12.

[59] Jean – Jacques Laffont, Eric S. Maskin. The Efficient Market Hypothesis and Insider Trading on the Stock Market [J]. *Journal of Political Economy*, 1990, 98 (1): 70 – 93.

[60] Jegadeesh, N. Evidence of Predictable Behavior of Security Returns [J]. *Journal of Finance*, 1990, 45 (3): 881 – 898.

[61] Lehmann B N. Fads, martingales, and market efficiency [J]. *Quarterly Journal of Economics*, 1990, 105 (1): 1 – 28.

[62] Kim M J, Nelson C R, Startz R. Mean Reversion in Stock Prices? A Reappraisal of the Empirical Evidence [J]. *Review of Economic Studies*, 1991,

58 (3): 515 -528.

[63] Jegadeesh N, Titman S. Returns to buying winners and selling losers: Implications for stock market efficiency [J]. *Finance*, 1993, 48 (1): 65 -91.

[64] *Roll R*, Ross S A. On the Cross - Sectional Relation between Expected Returns and Betas [J]. *Journal of Finance*, 1994 (49): 101 -121.

[65] Shleifer A, Lakonishok J, Vishny R W. Contrarian Investment, Extrapolation, and Risk [J]. *The Journal of Finance*, 1994, 49 (5): 1541 -1578.

[66] Chan K C, Fong W M, Kho B C, et al. Information, trading and stock returns: Lessons from dually - listed securities [J]. *Nber Working Papers*, 1996, 20 (7): 1161 -1187.

[67] Fawson C, Glover T F, Fang W, et al. The weak - form efficiency of the Taiwan share market [J]. *Applied Economics Letters*, 1996, 3 (10): 663 -667.

[68] Dockery E, Vergari F. Testing the random walk hypothesis: evidence for the Budapest stock exchange [J]. *Applied Economics Letters*, 1997, 4 (10): 627 -629.

[69] Fama E F. Market efficiency, long - term returns, and behavioral finance [J]. *Journal of Financial Economics*, 1998, 49 (3): 283 -306.

[70] Zhang Y C. Toward a Theory of Marginally Efficient Markets [J]. *Physica A: Statistical Mechanics and its Applications*, 1999, 269 (1): 30 -44.

[71] Ojah K, Karemera D. Random walks and market efficiency tests of Latin American emerging equity markets: a revisit [J]. *The Financial Review*, 1999, 34 (2): 57 -72.

[72] Abeysekera S P. Efficient Markets Hypothesis and the Emerging Capital Market in Sri Lanka: Evidence from the Colombo Stock Exchange - A Note [J].

Journal of Business Finance & Accounting, 2001, 28 (1-2): 249-261.

[73] Chen S H, Yeh C H. On the emergent properties of artificial stock markets: the efficient market hypothesis and the rational expectations hypothesis [J]. *Journal of Economic Behavior & Organization*, 2002, 49 (2): 217-239.

[74] Worthington A C, Higgs H. Tests of random walks and market efficiency in Latin American stock markets: An empirical note [A]. *School of Economics and Finance Discussion Papers & Working Papers Series*, Australia: University of Wollongong, 2003 (9). No. 157.

[75] Worthington A C, Higgs H. Random walks and market efficiency in European equity markets [J]. *Global Journal of Finance and Economics*, 2004, 1 (1): 59-78.

[76] Timmermann A, Granger C W J. Efficient market hypothesis and forecasting [J]. *International Journal of Forecasting*, 2004, 20 (1): 15-27.

[77] Malkiel B G. Reflections on the Efficient Market Hypothesis: 30 Years Later [J]. *The Financial Review*, 2005 (40): 1-9.

[78] Toth B, Kertesz J. Increasing market efficiency: Evolution of cross-correlations of stock returns [J]. *Physica A Statistical Mechanics & Its Applications*, 2005, 360 (2): 505-515.

[79] Worthington A C, Higgs H. Efficiency in the Australian stock market, 1875-2006: A note on extreme long-run random walk behaviour [J]. *Applied Economics Letters*, 2009, 16 (3): 301-306.

[80] Suleman M T, Hamid K, Ali Shah S Z, et al. Testing the Weak Form of Efficient Market Hypothesis: Empirical Evidence from Asia-Pacific Markets [J]. *International Research Journal of Finance & Economics*, 2010 (58): 121-133.

[81] Ortiz R, Contreras M, Villena M. On the Efficient Market Hypothesis

of Stock Market Indexes: The Role of Non-synchronous Trading and Portfolio Effects [J]. *Quantitative Finance*, 2015 (10): 1-46.

[82] Jamaani F, Roca E. Are the regional Gulf stock markets weak-form efficient as single stock markets and as a regional stock market? [J]. *Research in International Business & Finance*, 2015, 33 (1): 221-246.

[83] Mohammad Mahdi Rounaghi, Farzaneh Nassir Zadeh. Investigation of market efficiency and Financial Stability between S&P 500 and London Stock Exchange: Monthly and yearly Forecasting of Time Series Stock Returns using ARMA model [J]. *Physica A Statistical Mechanics & Its Applications*, 2016, 456 (3): 10-21.

[84] Eugene. F. Fama, Lawrence Fisher, Michael C. Jensen, Richard Roll. The Adjustment of Stock Prices to New Information [J]. *International Economic Review*, 1969, 10 (1): 1-21.

[85] Ray Ball, Philip Brown. An Empirical Evaluation of Accounting Income Numbers [J]. *Journal of Accounting Research*, 1968, 6 (2): 159-178.

[86] Sanjoy Basu. The Investment Performance of Common Stocks in Relation to Their Price/Earnings Ratio: A Test of the Efficient Market Hypothesis [J]. *The Journal of Finance*, 1977, 32 (3): 663-682.

[87] Banz Rolf W. The relationship between return and market value of common stocks [J]. *Journal of Financial Economics*, 1981, 9 (1): 3-18.

[88] Marc R. Reinganum. Misspecification of capital asset pricing: Empirical anomalies based on earnings' yields and market values [J]. *Journal of Financial Economics*, 1981, 9 (1): 19-46.

[89] Fama E F, French K R. The Cross-Section of Expected Stock Returns [J]. *The Journal of Finance*, 1992, 47 (2): 427-465.

[90] De Bondt W F, Richard H. Thaler. Further Evidence on Investor Overreaction and Stock Market Seasonality [J]. *The Journal of Finance*, 1987, 42 (3): 557-581.

[91] Lakonishok J, Shleifer A, Vishny R W. Contrarian Investment, Extrapolation, and Risk [J]. *The Journal of Finance*, 1994, 49 (5): 1541-1578.

[92] Hoffman A J. Stock return anomalies: Evidence from the Johannesburg Stock Exchange [J]. *Investment Analysts Journal*, 2012, 41 (75): 21-41.

[93] Basu S, Duong T, Markov S, et al. How important are earnings announcements as an information source? [J]. *European Accounting Review*, 2013, 22 (2): 221-256.

[94] Ball, Shivakumar. How much new information is there in earnings? [J]. *Journal of Accounting Research*, 2008, 46 (5): 975-1016.

[95] Truong B, Tran D T. The price momentum and discounting effects on stock prices after earnings announcements: an empirical analysis [J]. *Applied Economics Letters*, 2014, 21 (6): 417-420.

[96] Bin Miao, Gillian H. Yeo. The Efficiency of Market Reaction to Earnings News [J]. *Social Science Electronic Journl*, 2014: 1-48.

[97] Sanjay Sehgal, Kumar Bijoy. Stock Price Reactions to Earnings Announcements: Evidence from India [J]. *Vision the Journal of Business Perspective*, 2015, 19 (1): 25-36.

[98] Ronald W. Masulis, Ashok N. Korwar. Seasoned equity offerings: An empirical investigation [J]. *Journal of Financial Economics*, 1986, 15 (1): 91-118.

[99] Stewart C. Myers. The Capital Structure Puzzle [J]. *The Journal of*

Finance, 1984, 39 (3): 574-592.

[100] Takashi Hatakeda, Nobuyuki Isagawa. Stock price behavior surrounding stock repurchase announcements: Evidence from Japan [J]. *Pacific-Basin Finance Journal*, 2004, 12 (3): 271-290.

[101] Demissew D. Ejara, Kimberly C. Gleason, Chun I. Lee. An Empirical Analysis of European Stock Repurchases [J]. *Journal of Multinational Financial Management*, 2010, 20 (2-3): 114-125.

[102] Wagner A F, Zeckhauser R J, Ziegler A. Company Stock Price Reactions to the 2016 Election Shock: Trump, Taxes and Trade [J]. *Journal of Financial Economics*, 2018, 130 (2): 428-451.

[103] 吴世农,黄志功.上市公司盈利信息报告、股价变动与股市效率的实证研究 [J]. 会计研究, 1997 (4): 13-18.

[104] 赵宇龙.会计盈余披露的信息含量——来自上海股市的经验数据 [J]. 经济研究, 1998 (7): 42-50.

[105] 张人骥,朱平方,王怀芳.上海证券市场过度反应的实证检验 [J]. 经济研究, 1998 (5): 59-65.

[106] 陈晓,陈小悦,刘钊.A股盈余报告的有用性研究——来自上海、深圳股市的实证证据 [J]. 经济研究, 1999 (6): 21-28.

[107] 吕长江,韩慧博.股利政策与盈余信息对A、B股市场影响的比较研究 [J]. 中国会计评论, 2003 (00): 165-175.

[108] 陈志国,周稳海.我国证券市场"末班车现象"与市场有效性的经验分析 [J]. 商业研究, 2005 (24): 141-144.

[109] 周孝华,傅能普.中国A股市场个股收益影响因素的实证分析 [J]. 技术经济, 2013, 32 (8): 113-117.

[110] 闻岳春,李峻屹.创业板大股东和高管增持的市场效应研究

[J]. 金融理论与实践, 2016 (5): 12-19.

[111] 武帅峰, 陈志国, 杨甜婕. 食品安全事件对相关上市公司的溢出效应研究——以酒鬼酒塑化剂风波为例 [J]. 财经理论与实践, 2014, 35 (188): 45-50.

[112] 严佳佳, 郭玮, 黄文彬. "沪港通"公告效应比较研究 [J]. 经济学动态. 2015 (12): 69-77.

[113] 宋博, 张洁. 重大事件下我国上证 A 股市场的短期过度反应研究 [J]. 数量经济研究, 2019, 10 (21): 164-177.

[114] 韩佳彤, 熊熊, 张维, 等. 中国股票市场"两会"效应分析 [J]. 经济评论, 2019, 000 (002): 101-112.

[115] Givoly Dan, Palmon Dan. Insider Trading and the Exploitation of Inside Information: Some Empirical Evidence [J]. *The Journal of Business*, 1985, 58 (1): 69-87.

[116] Jaffe J F. Special Information and Insider Trading [J]. *Journal of Business*, 1974, 47 (3): 410-428.

[117] Kim T. An Assessment of the Performance of Mutual Fund Management: 1969-1975 [J]. *Journal of Financial and Quantitative Analysis*, 1978, 13 (3): 385-406.

[118] John C. Bogle and Jan M. Twardowski. Institutional Investment Performance Compared: Banks, Investment Counselors, Insurance Companies and Mutual Funds [J]. *Financial Analysts Journal*, 1980, 36 (1): 33-41.

[119] Niederhoffer V, Osborne M F M. Market Making and Reversal on the Stock Exchange [J]. *Publications of the American Statal Association*, 1966, 61 (316): 897-916.

[120] Seyhun H. Nejat. Insider Profits, Cost of Trading, and Market Effi-

ciency [J]. *Journal of Financial Economics*, 1986, 16 (2): 189 – 212.

[121] Ippolito R A. Efficiency with Costly Information: A Study of Mutual Fund Performance, 1965 – 1984 [J]. *Quarterly Journal of Economics*, 1989, 104 (1): 1 – 23.

[122] Liu Pu, Smith Stanley D., Syed, Azmat A. Stock Price Reactions to The Wall Street Journal's Securities Recommendations [J]. *Journal of Financial and Quantitative Analysis*, 1990, 25 (3): 399 – 410.

[123] Leslie A. Jeng, Andrew Metrick, R. Zeckhauser. Estimating the Returns to Insider Trading: A Performance – Evaluation Perspective [J]. *Review of Economics and Statistics*, 2003, 85 (2): 453 – 471.

[124] David R. Gallagher, Elvis Jarnecic. International equity funds, performance, and investor flows: Australian evidence [J]. *Journal of Multinational Financial Management*, 2004, 14 (1): 81 – 95.

[125] Christiane Goodfellow, Dirk Schiereck, Steffen Wippler. Are behavioural finance equity funds a superior investment? A note on fund performance and market efficiency [J]. *Journal of Asset Management*, 2013, 14 (2): 111 – 119.

[126] Asebedo G, Grable J. Predicting Mutual Fund Over – Performance Over A Nine – Year Period [J]. *Journal of Financial Counseling & Planning*, 2004, 15 (1): 1 – 11.

[127] Zhu J. *Profitability and information content of insider trading in HK*. The University of Hong Kong (Pokfulam, Hong Kong): Ph. D Dissertation, 2002.

[128] Ravina E, Sapienza P. What Do Independent Directors Know? Evidence from Their Trading [J]. *NBER Chapters*, 2010, 23 (3): 962 – 1003.

[129] Yang, Sheu Chi Yih. Insider Ownership and Firm Performance in

Taiwan's Electronics Industry: A Technical Efficiency Perspective [J]. *Managerial and Decision Economics*, 2005, 26 (5): 307 - 318.

[130] Fidrmuc J P, Goergen M, Renneboog L. Insider Trading, News Releases, and Ownership Concentration [J]. *Journal of Finance*, 2006, 61 (6): 1 - 48.

[131] Wang W, Francis B B, Shin Y C. Do CEOs and CFOs Have Different Information Sets? Evidence from Insider Trades [J]. *Ssrn Electronic Journal*, 2007 (11): 1 - 45.

[132] Marin J M, Olivier J P. The Dog That Did Not Bark: Insider Trading and Crashes [J]. *The Journal of Finance*, 2008, 63 (5): 2429 - 2476.

[133] Jędrzej Białkowski, Jakubowski J. Determinants of Trading Activity on the Single - Stock Futures Market: Evidence from the Eurex Exchange [J]. *Journal of Derivatives*, 2012, 19 (3): 29 - 47.

[134] Jagolinzer A D, Larcker D F, Taylor D J. Corporate Governance and the Information Content of Insider Trades [J]. *Journal of Accounting Research*, 2011, 49 (5): 1249 - 1274.

[135] Kaspar Dardas. Identifying Profitable Insider Transactions [J]. *Journal of Investing*, 2012, 21 (2): 61 - 75.

[136] Kraft A, Lee B S, Lopatta K. Management earnings forecasts, insider trading, and information asymmetry [J]. *Journal of Corporate Finance*, 2013, 26 (1): 96 - 123.

[137] Igor, Goncharov, Allan, et al. Asymmetric trading by insiders - comparing abnormal returns and earnings prediction in Spain and Australia [J]. *Accounting & Finance*, 2011, 53 (1): 163 - 184.

[138] Nguyen V, Tran A, Zeckhauser R. Stock Splits to Profit Insider

Trading: Lessons from an Emerging Market [J]. *Journal of International Money and Finance*, 2017 (74): 69 – 87.

[139] Chiang C H, Chung S G, Louis H. Insider trading, stock return volatility, and the option market's pricing of the information content of insider trading [J]. *Journal of Banking & Finance*, 2017, 76 (MAR.): 65 – 73.

[140] 刘志远, 鄂华. 控股权转让内幕交易的实证研究 [J]. 中国会计评论, 2003 (00): 51 – 76.

[141] 曾庆生. 公司内部人具有交易时机的选择能力吗？——来自中国上市公司内部人卖出股票的证据 [J]. 金融研究, 2008 (10): 117 – 135.

[142] 曾庆生. 高管及其亲属买卖公司股票时"浑水摸鱼"了？——基于信息透明度对内部人交易信息含量的影响研究 [J]. 财经研究, 2014, 40 (12): 15 – 26, 88.

[143] 何青. 内部人交易与股票市场回报——来自中国市场的证据 [J]. 经济理论与经济管理, 2012 (2): 61 – 70.

[144] 邓德强, 金月娟. 我国内幕信息知情者择机获利能力分析——基于董监高和大股东交易的视角 [J]. 会计之友, 2014 (4): 106 – 110.

[145] 韩岚岚. 上市公司内幕交易人获取收益研究 [J]. 财会月刊 (中), 2015 (8): 116 – 121.

[146] 岑维, 童娜琼, 岳琳川. 信息优势、投资者关注与内部人交易超额收益 [J]. 金融评论, 2015 (2): 28 – 42.

[147] 孔东民, 刘莎莎, 陈小林, 邢精平. 个体沟通、交易行为与信息优势: 基于共同基金访问的证据 [J]. 经济研究, 2015, 50 (11): 106 – 119, 182.

[148] 陈灿. 大股东减持与机构投资者交易行为研究 [J]. 金融经济学研究, 2016 (4): 92 – 100.

[149] 郑洁，余丽霞. 我国上市公司资产重组与股价异常波动的关联性研究 [J]. 金融发展研究，2017（4）：60-67.

[150] 沈冰，周杰. 我国股票市场内幕信息操纵的现状及特征剖析 [J]. 财会月刊，2017，23（No.807）：98-104.

[151] 黄灿，李善民，庄明明，等. 内幕交易与股价同步性 [J]. 管理科学，2017，30（6）：3-18.

[152] 陈宪，袁娜，陈勇. 股权集中、机构持股与内幕交易：来自沪深A股的经验证据 [J]. 系统科学与数学，2018，38（10）：1186-1205.

[153] 陈宪，袁娜，陈勇. 股权集中、机构持股与内幕交易：来自沪深A股的经验证据 [J]. 系统科学与数学，2018，38（10）：1186-1205.

[154] 易荣华，张洋彬，刘家鹏. 证券市场效率及其计量研究方法综述：回顾与展望 [J]. 国际商务研究，2013（3）：64-74.

[155] Fama E F. Efficient Capital Markets: A Review of Theory and Empirical Work [J]. *Journal of Finance*，1970，25（2）：383-417.

[156] Worthington A C, Higgs H. Efficiency in the Australian stock market, 1875-2006: A note on extreme long-run random walk behaviour [J]. *Applied Economics Letters*，2009，16（3）：301-306.

[157] 吴世农. 我国证券市场效率的分析 [J]. 经济研究，1996（4）：13-19，48.

[158] 陈小悦，陈晓，顾斌. 中国股市弱型效率的实证研究 [J]. 会计研究，1997（9）：13-17.

[159] Ray Ball, Philip Brown. An Empirical Evaluation of Accounting Income Numbers [J]. *Journal of Accounting Research*，1968，6（2）：159-178.

[160] Eugene. F. Fama, Lawrence Fisher, Michael C. Jensen, Richard Roll. The Adjustment of Stock Prices to New Information [J]. *International Eco-*

nomic Review, 1969, 10 (1): 1-21.

[161] 赵宇龙. 会计盈余披露的信息含量——来自上海股市的经验数据 [J]. 经济研究, 1998 (7): 42-50.

[162] Kaspar Dardas. Identifying Profitable Insider Transactions [J]. *Journal of Investing*, 2012, 21 (2): 61-75.

[163] 岑维, 童娜琼, 岳琳川. 信息优势、投资者关注与内部人交易超额收益 [J]. 金融评论, 2015 (2): 28-42.

[164] 刘春花. 中国 A 股价值投资策略的有效性实证研究——基于 2012—2018 年历史数据 [J]. 环渤海经济瞭望, 2019, 299 (8): 156-159.

[165] 俞乔. 市场有效、周期异常与股价波动——对上海、深圳股票市场的实证分析 [J]. 经济研究, 1994 (9): 43-50.

[166] 吴世农. 我国证券市场效率的分析 [J]. 经济研究, 1996 (4): 13-19, 48.

[167] 贾权, 陈章武. 中国股市有效性的实证分析 [J]. 金融研究, 2003 (7): 86-92.

[168] 陆蓉, 徐龙炳. 中国股票市场对政策信息的不平衡性反应研究 [J]. 经济学 (季刊), 2004 (1): 319-330.

[169] 吴振翔, 陈敏. 中国股票市场弱有效性的统计套利检验 [J]. 系统工程理论与实践, 2007 (2): 92-98.

[170] 甘元霞, 谭硕. 中国 A 股市场效率变迁——基于沪深指数量价关系的研究 [J]. 投资研究, 2013, 32 (10): 139-147.

[171] 汪天都, 孙谦. 技术分析的经济收益与市场有效性 [J]. 国际商务研究, 2015, 36 (5): 87-96.

[172] 陈小悦, 陈晓, 顾斌. 中国股市弱型效率的实证研究 [J]. 会计

研究, 1997 (9): 13-17.

[173] Groenewold N, Tang S H K, Wu Y. The efficiency of the Chinese stock market and the role of the banks [J]. *Journal of Asian Economics*, 2004, 14 (4): 593-609.

[174] 张兵, 李晓明. 中国股票市场的渐进有效性研究 [J]. 经济研究, 2003 (1): 54-61, 87-94.

[175] 高蓉, 周爱民, 向兵. 股市动态弱式有效性研究——基于滚动广义谱方法 [J]. 投资研究, 2012, 31 (12): 137-147.

[176] 屈博, 庞金峰. 有摩擦条件下中国股票市场的弱式有效性研究 [J]. 金融与经济, 2016, (3): 73-78.

[177] 郑瑶, 董大勇, 朱宏泉. 网络证券信息交流减弱股市羊群效应吗: 基于中国证券市场的分析 [J]. 管理评论, 2015: 58-67.

[178] Fama E F. Efficient Capital Markets: A Review of Theory and Empirical Work [J]. *Journal of Finance*, 1970, 25 (2): 383-417.

[179] Grossman S J edit. *A characterization of the optimality of equilibrium in incomplete markets* [M]. Stanford Univ: Institute for Mathematical Studies in the Social Sciences, 1976.

[180] Grossman S J, Stiglitz J E. On the Impossibility of Informationally Efficient Markets [J]. *American Economic Review*, 1980, 70 (3): 393-408.

[181] Fischer B. Noise [J]. *Journal of Finance*, 1986, 41 (3): 529-543.

[182] 王智波. 有效市场假说的产生、发展与前沿动态 [J]. 华南师范大学学报, 2007 (2): 37-43.

[183] 唐国平, 黄帅. 有效市场: 假说还是理论——基于现有研究成果的述评与展望 [J]. 湖北社会科学, 2015 (10): 97-103.

［184］Daniel Kahneman, Amos Tversky. Prospect Theory: An Analysis of Decision under Risk [J]. *Econometrica*, 1979, 47 (2): 263-292.

［185］刘伟. 人的本性、市场有效性假说与金融危机——2017年诺贝尔经济学奖获得者理查德·泰勒思想评述 [J]. 福建论坛（人文社会科学版）, 2018 (2): 20-24.

［186］唐黎军. 证券市场个体投资策略与投资行为研究 [J]. 武汉大学: 博士学位论文, 2013.

［187］Daniel Kahneman, Amos Tversky. Prospect Theory: An Analysis of Decision under Risk [J]. Econometrica, 1979, 47 (2): 263-292.

［188］赵亚明, 胡海峰. 金融市场假说: 2013诺奖得主的分歧及其弥合 [J]. 理论探索, 2014 (01) 06-11.

［189］严九元. 2021, 残酷的K型复苏 [EB/OL]. [2021-01-19]. https://36kr.com/p/1065197336007040.

［190］Coase R H. The Nature of the Firm [J]. *Economica*, 1937, 4 (16): 386-405.

［191］Oliver E. Williamson. *Markets and hierarchies: analysis and antitrust implications* [M]. New York: The Free Press, 1975.

［192］本杰明·格雷厄姆. 聪明的投资者 [M]. 王中华, 黄一义, 译. 北京: 人民邮电出版社, 2010.

［193］大卫·F·史文森. 机构投资的创新之路: 最新版 [M]. 张磊, 译. 北京: 中国人民大学出版社, 2010.

［194］谭洪涛, 蔡利, 蔡春. 公允价值与股市过度反应——来自中国证券市场的经验证据 [J]. 经济研究, 2011 (7): 130-143.

［195］管悦, 冯忠磊. 财务信息披露, 市场反应与股票估值——来自A股市场的经验证据 [J]. 投资研究, 2020, 39 (3): 87-99.

[196] 亚当·斯密. 国富论 [M]. 郭大力, 王亚南, 译. 北京: 商务印书馆, 2014.

[197] C. E. Shannon. A mathematical theory of communication [J]. *The Bell System Technical Journal*, 1948, 27 (10): 623 - 656.

[198] 科弗, 托马斯. 信息论基础 [M]. 2版. 阮吉寿, 张华, 译. 北京: 机械工业出版社, 2008.

[199] 刘爱民. 用熵与互信息探究信息传输原理 [J]. 信息技术, 2005 (9): 75 - 77, 86.

[200] Zhang, Xing - Zhou, Liu, Jing - Jie, Xu, Zhi - Wei. Tencent and Facebook Data Validate Metcalfe's Law [J]. *Journal of Computer ence & Technology*, 2015, 30 (2): 246 - 251.

[201] 新浪财经. 比特币有了定价模型? 过去四年94%的价格波动可由此解释 [EB/OL]. [2017 - 11 - 12]. http: //finance. sina. com. cn/money/forex/bitcoin/2017 - 11 - 11/doc - ifynstfh 5413139. shtml.

[202] 约瑟夫·斯蒂格利茨. 信息经济学 - 应用 [M]. 纪沫, 陈佳, 刘海燕, 译. 北京: 中国金融出版社, 2009.

[203] 乔治·F·吉尔特. 知识与权力 [M]. 蒋宗强, 译. 北京: 中信出版股份有限公司, 2015.

[204] Dasgupta P, Stiglitz J. Industrial Structure and the Nature of Innovative Activity [J]. *The Economic Journal*, 1980, 90 (358): 266 - 293.

[205] 杨亭亭, 黎智滔, 李仲飞. 上市公司技术创新能力与股票收益——来自中国资本市场的证据 [J]. 当代财经, 2017 (8): 56 - 68.

[206] [奥地利] 约瑟夫·熊彼特. 经济发展理论 [M]. 北京: 商务印书馆, 1990 - 5.

[207] 新浪财经. 史上首次! 美股被动基金规模超过主动基金

[EB/OL]. [2019-09-12]. http：//finance.sina.com.cn/stock/relnews/us/2019-09-12/doc-iicezzrq5270685.shtml.

[208] 克莱顿·克里斯坦森. 创新者的窘境[M]. 胡建桥, 译. 北京：中信出版社, 2010.6.

[209] 彼得·蒂尔, 布莱克·马斯特斯. 从0到1：开启商业与未来的秘密[M]. 高玉芳, 译. 北京：中信出版社, 2015.1.

[210] 罗伯特·戈登. 美国增长的起落[M]. 张林山, 刘现伟, 孙凤仪, 译. 北京：中信出版社, 2018.

[211] Krugman P. The Myth of Asia's Miracle [J]. *Foreign Affairs*, 1994, 73（6）：62-78.

[212] 世界银行. 东亚奇迹：经济增长与公共政策[M]. 财政部世界银行业务司, 译. 北京：中国财政经济出版社, 1995.

[213] 迈克尔·波特. 国家竞争优势[M]. 李明轩, 邱如美, 译. 北京：中信出版社, 2007.1.

[214] 罗素, 诺维格. 人工智能：一种现代的方法[M]. 3版. 殷建平, 祝恩, 刘越, 等, 译. 北京：清华大学出版社, 2013.

[215] 未央研究. 金融科技浪潮下, 人工智能如何革新金融格局？[EB/OL]. [2017-09-27]. https：//www.iyiou.com/analysis/2017092756173.

[216] 大卫·F·史文森. 机构投资的创新之路：最新版[M]. 张磊, 译. 北京：中国人民大学出版社, 2010.

[217] 曲凯. VC到底有多赚钱？[EB/OL]. [2016-11-04]. https：//zhuanlan.zhihu.com/p/23639503.

[218] Founders Club. Understanding VC [EB/OL]. [2016-04]. https：//fundersclub.com/learn/guides/vc-101/understanding-venture-capital/.

[219] Arnott, Robert, D, et al. How Well Have Taxable Investors Been

Served in the 1980s and 1990s? [J]. *Journal of Portfolio Management*, 2000, 26 (4): 84 – 93.

［220］杨洋. 主动投资 vs 被动投资，谁获胜？［EB/OL］.［2015 – 04 – 10］. http：//blog. sina. com. cn/u/5369914154.